Pjotr A. Abrassimow
300 Meter vom Brandenburger Tor

Pjotr A. Abrassimow

300 Meter vom Brandenburger Tor

Erinnerungen eines Botschafters

Aus dem Russischen
von Juri Sharow

Deutsche Bearbeitung:
Harro Schweizer

Quadriga Verlag
J. Severin

Vorbemerkung

Wäre es heutzutage möglich, das Zentrum Berlins von Osten nach Westen von Unter den Linden auf direktem Wege nach Tiergarten zu durchfahren, müßte man gerade unter dem Brandenburger Tor die Staatsgrenze überqueren, die die beiden politisch, ideologisch und ökonomisch entgegengesetzten Welten trennt. Hier beginnt die belebte Magistrale der Hauptstadt der DDR, und dreihundert Meter weiter liegt die Botschaft der UdSSR, in der ich insgesamt 18 Jahre gelebt und gearbeitet habe. Die Geschichte dieses Hauses an der Berliner Allee Unter den Linden ist zugleich ein Stück Diplomatiegeschichte.

»Diploma« – so hießen im Alten Griechenland die zusammengelegten Doppeltafeln mit den aufgetragenen Schriften, die als Vollmachten den Sendboten in fremde Länder ausgehändigt wurden. Dieser Begriff bürgerte sich in Europa erst mit dem Ende des 18. Jahrhunderts ein. Er bezeichnete aber schon damals die offizielle Tätigkeit der Regierungen und ihrer speziellen Organe für auswärtige Beziehungen, also die Verwirklichung von Zielen und Aufgaben der staatlichen Außenpolitik sowie die Verteidigung von Rechten und Interessen der jeweiligen Länder im Ausland.

Die Diplomatie wird in der Regel in den Anleitungen für internationale Praxis oder in den Büchern für die Geschichte der Außenpolitik als die »Wissenschaft von den auswärtigen Beziehungen« oder auch als die »Kunst der Verhandlungen« definiert. Diplomatie stellt als wichtigstes Mittel der Außenpolitik selbst einen Teil der Politik dar. Die Politik ist – W. I. Lenin zufolge – eine Wissenschaft und eine Kunst zugleich.

Westliche Autoren führen gewöhnlich die diplomatische Kunst auf die subjektiven Eigenschaften des Diplomaten, auf die Besonderheiten seines Denkvermögens und seines Charakters zurück. Zwar darf man die persönlichen Eigenschaften keinesfalls außer acht lassen, doch besteht das Wesen der diplomatischen Kunst wesentlich darin, unter welchen sozialen und politischen Bedingungen sie sich entwickelt. Es sind die Einflüsse auf die anderen Staaten und die gesamte internationale Lage, die Interessen der im jeweiligen Lande herrschenden Klasse sowie die Interessen an der Festigung einer bestimmten Gesellschaftsordnung, die die diplomatische Kunst prägen.

Die Geschichte dieses einen Hauses Unter den Linden, die ich erzählen möchte, ist erstaunlich vielseitig und kompliziert, beginnt sie doch bereits im 18. Jahrhundert. Es geht mir dabei nicht um das konkrete Gebäude schlechthin, denn es wurde mehrmals grundlegend rekonstruiert, umgebaut, zerstört und wieder aufgebaut. Entscheidend sind die bedeutenden, epochemachenden Ereignisse, die in diesem und rund um dieses Haus stattfanden, und diese waren zahlreich.

Heute, da Unter den Linden, jener geräumigen Allee in der Hauptstadt der DDR, alle 338 Linden prächtig gediehen, wo die Berliner und ihre Gäste spazierengehen, wo lebhafter Auto- und Touristenverkehr herrscht, da wird sich kaum ein Straßenpassant finden, der nicht vor dem prächtigen Gebäude stehenbliebe. Die Busse halten hier an, und die Fremdenführer leiern routinemäßig ihre Geschichte über das Haus herunter, das eingehend in allen Reiseführern beschrieben ist. Das dreigeschossige Gebäude ist in strengen Linien gehalten, ein gemütlicher Hof trennt es von der Allee. Auf dem Turm des Hauses wird an Feiertagen die rote Flagge aufgezogen. Am Eingang ist eine kleine Tafel angebracht: »Die Botschaft der Union der Sozialistischen Sowjetrepubliken in der Deutschen Demokratischen Republik«.

Hier Unter den Linden, dreihundert Meter vom Brandenburger Tor, dem Symbol Berlins, entfernt, war einst die Botschaft des Russischen Reiches im Preußischen Königreich, dem späteren kaiserlichen Deutschland, untergebracht. Das Echo der Großen Oktoberrevolution erreichte auch dieses Haus, das nach Überzeugung seiner ehemaligen Hausherren die Unerschütterlichkeit der Reiche von Zaren und Kaisern verkörperte. Ein Jahr nach dem historischen Jahr 1917 begann hier die sowjetische Botschaft zu arbeiten – als Insel einer neuen

Welt, umgeben zunächst von einer unstabilen Weimarer Republik und später von einem braunen Wall der faschistischen Herrschaft. Die in der Botschaft Arbeitenden haben jedoch nie vergessen, daß auch ein »anderes« Deutschland außerhalb der Wände der Botschaft selbst in den schwierigsten Jahren des Hitlerterrors lebte und kämpfte.

Das Haus Unter den Linden –
ein Stück deutsch-sowjetischer Geschichte

Nachdem die Diplomatie im 15. Jahrhundert einen zunehmend professionellen Charakter annahm, entstanden auch die ersten ständigen Botschaften in Europa. Sie behaupteten sich jedoch erst nach dem Westfälischen Frieden von 1648 mehr oder weniger fest im politischen Leben der Staaten.

Botschaften als ständige Einrichtung in Rußland entstanden in der zweiten Hälfte des 17. Jahrhunderts; russische Botschaften im Ausland wurden in der gleichen Zeit geschaffen. Frankreich, England, Spanien und die Moskauer Russen gehörten zu den größten feudalen Monarchien des Mittelalters. Die ersten ständigen Botschafter wurden daher zuerst dort eingesetzt.

In Berlin erschienen die diplomatischen Vertreter Rußlands erst zur Zeit Peters I. Nachdem sich dessen Position als absolutistischer Alleinherrscher gefestigt hatte, wurde 1706 Albert von der Lith als erster ständiger Vertreter nach Berlin geschickt.

Das Gebäude Unter den Linden 7 (in den dreißiger Jahren unseres Jahrhunderts bekam es dann die Nummer 63) wurde 1837 zum Eigentum der russischen Regierung; davor verfügten die beim preußischen Hof akkreditierten russischen Gesandten über keine eigenen Diensträume.

Der Name des ersten Besitzers dieses Grundstücks ist nicht bekannt. Aus den Akten des Stadtarchivs ist nur ersichtlich, daß es zum Eigentum des Geheimen Rates und Quartiermeisters der Artillerie Ludwig Möller wurde, der es bei einer öffentlichen Versteigerung für 3500 Taler erstand und bald darauf mit dem Bau eines Hauses begann, das aus Hauptgebäude sowie zwei Seitenflügeln bestand. Ein Garten wurde auf der gegenüberliegenden Seite angelegt, der bis zur Behrenstraße reichte.

Über 14 Jahre war der Geheimrat Möller im Besitz des Hauses und verkaufte es am 12. April 1748 an den Geheimen

Finanzrat Sinnow für 6000 Taler. Nach dessen Tod erbte die preußische Kriegsratswitwe Anna-Sofia Krüger das Haus samt Garten, was damals auf einen Wert von 25 000 Taler geschätzt wurde. Weil das Haus aber weit von der Stadtmitte entfernt lag und ständiger Pflege bedurfte, war die Witwe bald gezwungen, das Haus an den Landrat Christopher von Tiverling für 28 000 Taler zu verkaufen, von dem es wiederum 1764 die Prinzessin Amalie von Preußen, die Schwester Friedrichs II., für 34 200 Taler erstand. Das Gebäude wurde 1767 unter der Leitung des Baumeisters Baumann repariert und umgebaut; das mittlere Tor wurde zur rechten Fassadenseite übertragen. Dadurch konnte das Appartement erweitert werden, das an der linken Flanke im Erdgeschoß lag und später den russischen und dann den sowjetischen Botschaftern zur Verfügung stand.

Prinzessin Amalie, die 1787 starb, vermachte den inzwischen erweiterten kleinen Palast dem Thronfolger Friedrich Wilhelm von Preußen. Der Kronprinz wohnte dort niemals und verkaufte diesen Besitz nach zwei Jahren mit Genehmigung Kaiser Friedrich Wilhelms II. (ohne Inventur und Möbel) an den Rittmeister des Gendarmerieregiments Valentin von Massow für 20 000 Taler. Dieser nun teilte das Grundstück in zwei Teile: Den zur Behrenstraße gelegenen Garten verkaufte er an seine Mutter für 4500 Taler, das Haus behielt er für sich selbst. 17 Jahre später war es die Herzogin Dorothea Dino, Gräfin Talleyrand-Périgord, geborene Prinzessin von Kurland, die das Haus für 66 000 Taler erstand.

Der Kurländische Palast war Anfang des vorigen Jahrhunderts ein angesehenes Zentrum des aristokratischen Lebens in Berlin. Prunkvolle Empfänge und Feste wurden dort veranstaltet. Der Rokokosaal, der sich in Schönheit und Zierlichkeit mit den berühmtesten Sälen des Schlosses Sanssouci bei Potsdam messen konnte, erstrahlte seit dieser Zeit bis zum Jahre 1942 in vollem Glanz.

Nachdem der russische Gesandte A. I. Ribopierre 1831 in Berlin eingetroffen war, wurde das Haus Unter den Linden Nr. 7 zur Unterbringung der russischen Mission gepachtet. Zar Nikolaus I., der mehrmals auf Grund seiner verwandtschaftli-

9

Unter den Linden mit
dem Gebäude der russi-
schen Diplomatischen
Mission in den
vierziger Jahren des
19. Jahrhunderts

Das Haus Unter den
Linden 7, bevor es
von Rußland erworben
wurde

Das Botschaftsgebäude
im Jahre 1904

chen Beziehungen zum Preußischen Königshaus Berlin besuchte, erwarb nach langer Suche 1837 das Haus Unter den Linden Nr. 7, um dort einen eigenen Palast einzurichten. 105 000 Taler erhielt die Herzogin Dino für das Haus samt »Inventur, Trumeaus, Schränken, Tischen und Hausrat, mit Ausnahme der beweglichen Habe der darin wohnenden Mieter«.

Von 1706, da der erste ständige Vertreter Rußlands in Berlin erschienen war, bis zum Erwerb des Botschaftshauses im Jahre 1837 hatten bereits 16 russische Botschafter und Gesandte in der Hauptstadt des damaligen Preußen einander abgelöst, darunter sieben Grafen, zwei Fürsten, zwei Barone – die Aristokratie hatte sich versammelt.

Das neuerworbene Haus wurde nicht nur für die Unterbringung der russischen Mission, der Hauskirche und als Wohnung des Gesandten benutzt. Auch der Zar und die Mitglieder der Zarenfamilie sollten dort bei ihren Berlinbesuchen absteigen können. Es war also notwendig, das Haus umzubauen und zu erweitern, eine Aufgabe, die der Berliner Architekt Knoblauch übernahm. 149 Fuhrwerke voll russischer Erde wurden auf den Hof vor die gerade erbaute Kirche gebracht, die russische Regierung stellte großzügig 68 000 Taler bereit für den Umbau und die Erweiterung des Hauses. Mit weiteren 25 000 Talern bezahlte man die Ausstattung der inneren Räume und das Mobiliar. Das Mecklenburger Schiff »Johanna« brachte die Fracht von 900 Pud Blech für das Dach von Petersburg nach Stettin, von wo es auf dem Landwege weitertransportiert wurde. 13 Spiegelgläser für die Fenster kamen ebenfalls aus Petersburg. 3500 Silberrubel wurden jährlich vom Ministerium des Inneren für die laufenden Kosten bereitgestellt.

Der Umbau des Botschaftshauses war im Mai 1841 abgeschlossen, die Fassade, die als klassisches Beispiel damaliger Baukunst galt, blieb seitdem unverändert bis zur Zerstörung des Gebäudes im Jahre 1942.

In den vierziger Jahren des vorigen Jahrhunderts erschien eine Gravüre, auf der das Botschaftshaus abgebildet war; darunter die kuriose Aufschrift in deutscher und französischer Sprache: »Russische Botschaftsabteilung in Berlin«.

Das Haus der russischen und später der sowjetischen Botschaft war seitdem das größte unter den ausländischen Missionen in Berlin. Sogar die prunkvolle Villa der italienischen Botschaft reichte an das russische Botschaftshaus weder an Größe noch innerer Ausstattung heran. Das Haus Unter den Linden Nr. 7 war für seine teueren Gemälde, Gobelins, Möbelstücke und das geschmackvolle Interieur berühmt. Die prachtvolle Innenausstattung stellte sogar den alten Palast des Reichspräsidenten in der Wilhelmstraße in den Schatten.

Im viereckigen Botschaftshaus mit seinem Innenhof gab es insgesamt 101 Zimmer, verteilt auf drei Etagen. Die Rückseite war sogar vieretagig. In diesem Teil der Botschaft befanden sich die Wohnräume der Mitarbeiter der Botschaft, einschließlich die des Botschafters (für den erst in der zweiten Hälfte der dreißiger Jahre dieses Jahrhunderts eine eigene Villa erworben wurde). Die kohlebeheizten altertümlichen Kachelöfen standen in allen Wohnräumen. Die Diensträume lagen im Erdgeschoß.

Der Weg in die Botschaft führte durch einen Torbogen mit einem massiven Tor aus Gußeisen. Eine breite Marmortreppe rechts neben dem Torbogen führte zum ersten Geschoß in die Repräsentationsräume der Botschaft. Der erste Saal war mit dem zweiten Saal verbunden. Von dort konnte man durch eine Tür in den Speisesaal gelangen. Im Marmorsaal mit seinen in zwei Reihen angeordneten langen schönen Tischen konnten 200 bis 250 Gäste empfangen werden.

Dem Marmorsaal folgte der Goldene Saal, dessen Interieur teilweise mit Gold verziert war. An den Wänden dieses Saales, in dem 40 bis 50 Gäste empfangen werden konnten, hingen wertvolle Gemälde, unter anderem von I. Repin, und alte Gobelins. Von dort konnte man den Wintergarten erreichen, wo die künstliche Beleuchtung in Verbindung mit Tageslicht, das durch die Decke drang, für einen wunderbaren Effekt sorgte. Der Stolz der Botschaft waren ein großes Speiseservice aus Silber und Kristall für Empfänge für annähernd 300 Personen, riesige Silbertabletts und -schalen, kristallene Pokale und Vasen. Alle Säle zusammengenommen faßten bei großen Empfängen über 700 Personen. In den Sälen und im Wintergarten gab es Dampfheizungen.

Mit Beginn des Ersten Weltkrieges 1914 brach Rußland die diplomatischen Beziehungen mit Deutschland ab, die russische Botschaft wurde nach Petersburg abberufen. Der letzte Botschafter war damals Sergej Nikolajewitsch Swerbejew. Die Einstellung der diplomatischen Beziehungen zwischen Rußland und Deutschland war nur äußere, formelle Widerspiegelung dessen, was schon längst reifte und sich in der Welt entwickelte, einer Welt, die in die Epoche des Imperialismus und der imperialistischen Kriege eingetreten war.

Die nach Monopolen und Großmacht strebenden Länder bereiteten sich seit längerer Zeit auf den Krieg vor. Deutschland war dabei besonders aktiv, da man der Meinung war, man sei im Kampf um Kolonien und Einflußsphären benachteiligt worden. Die Schaffung der Entente (England, Frankreich und Rußland) sowie des Viererbundes markierten das Kräfteverhältnis am Vorabend des Zusammenstoßes.

Letztlich waren es 38 Länder, die in diesen Krieg hineingezogen wurden. Auch die Parteien der II. Internationale betraten den falschen Weg und arbeiteten schließlich mit den an einer Neuverteilung der Welt interessierten Ländern zusammen. Der Erste Weltkrieg, der nach den Worten W. I. Lenins zum »Blutbad der Völker« geworden war, verschärfte schlagartig alle Widersprüche und vertiefte sie mit jeder Verlängerung des Krieges. Man spürte einen zunehmenden Drang nach revolutionärer Veränderung. Die Frage, wann und wo diese beginnen wird, beantwortete Lenin mit dem Hinweis, es würde das schwächste Glied im Gesamtsystem des Kapitalismus treffen. Rußland war kraft bestimmter Umstände dieses schwächste Glied.

*

In der Nacht vom 24. zum 25. Oktober 1917 vollzog sich die Große Sozialistische Oktoberrevolution, die schon längst von den Arbeitern Rußlands erwartet worden war, waren diese doch vom sozialen und nationalen Zwang unterdrückt und im

Krieg praktisch zum »Kanonenfutter« für die Entente geworden.

Der von W. I. Lenin unterschriebene Aufruf »An die Bürger Rußlands« erschien am 25. Oktober 1917 um 10.00 Uhr. Ihm folgten andere Dekrete der Sowjetmacht, darunter auch ein »Dekret über den Frieden«, das die prinzipielle Einstellung der Bolschewiki zum Krieg darlegte und die Leninsche Idee enthielt, wonach die friedliche Koexistenz von Staaten mit unterschiedlicher sozialer Ordnung möglich wäre. Mit diesem ersten außenpolitischen Akt, der nicht nur die Regierungen, sondern auch die Völker betraf, wurden der Krieg als »das größte Verbrechen gegen die Menschheit« verurteilt und sofortige Friedensverhandlungen angeboten. Um die praktische Arbeit in der Außenpolitik anzugehen, die sogleich einen wichtigen Platz in der Tätigkeit des eben entstandenen Staates einnahm, wurde das Volkskommissariat für Auswärtige Angelegenheiten geschaffen. Die sowjetische Diplomatie begann sich unter außerordentlich komplizierten und schwierigen Bedingungen zu entwickeln.

Es war nicht leicht, den Weg zum Sozialismus zu gehen. Die neue Volksmacht stieß auf einen heftigen Widerstand der Gegner der Revolution im Innern des Landes und auch im internationalen Bereich. Angesichts der Spaltung der kapitalistischen Welt in zwei kriegführende Blocks kam es zunächst nicht zu einer Einheitsfront gegen Sowjetrußland. Die Herrschenden in den Ententeländern wie auch in den Staaten des Viererbundes waren sich darüber einig, »den Kommunismus in der Wiege zu ersticken«, wie es Churchill formulierte, und dafür alles nur Mögliche zu unternehmen.

Eine der wichtigsten Aufgaben Sowjetrußlands, seiner Außenpolitik und Diplomatie, bestand somit darin, aus dem Krieg auszutreten und mit allen möglichen Mitteln einen allgemeinen und demokratischen Frieden zu erzwingen.

Da die Ententeländer die Verhandlungen über den Frieden mit Rußland ablehnten, begann die Sowjetregierung, solche Verhandlungen zuerst mit Deutschland und dessen Verbündeten Österreich-Ungarn, Bulgarien und Türkei. Diese gingen darauf ein, in der Hoffnung, ihre schlechte militärische Lage, bedingt durch den Kampf an zwei Fronten und eine zunehmende antimilitärische Stimmung in den eigenen Armeen, zu erleichtern. Diese Verhandlungen fanden in Brest-Litowsk statt.

Anfang 1918 traten deutsche Arbeiter in einen politischen Streik, mit dem sie gegen die Ansprüche der Kaisergeneräle in Brest-Litowsk protestierten und ihre Verbundenheit mit Sowjetrußland zeigten.

Das Land der Sowjets bekam nach dem Abschluß des Brester Friedens die Ruhe und die Möglichkeit, sich mit den unaufschiebbaren inneren Angelegenheiten, unter anderem auch mit der Schaffung der Streitkräfte, zu beschäftigen. Die Pläne der Entente, die Sowjetmacht mit Hilfe deutscher Bajonette zu stürzen, waren gescheitert.

Gegen die direkte Intervention von außen wurde auch die verstärkte diplomatische Arbeit gesetzt. W. W. Worowski war am 19. November 1917 der erste Bevollmächtigte Vertreter Sowjetrußlands im Ausland, und zwar für die skandinavischen Länder. Ihm folgten weitere Ernennungen. Die ersten sowjetischen Diplomaten stießen auf große Schwierigkeiten.

Deutschland gehörte zu den ersten kapitalistischen Ländern, mit welchen diplomatische Beziehungen aufgenommen und diplomatische Vertreter ausgetauscht wurden. A. A. Joffe wurde im März 1918 zum ersten ständigen Vertreter Sowjetrußlands in Berlin ernannt. Graf von Mirbach war der erste deutsche Gesandte in Moskau.

Der Sowjetstaat unterhielt 1918 die diplomatischen Beziehungen mit drei Ländern. In Moskau gab es nur zwei diplomatische Vertreter und im Ausland drei sowjetische Vertreter.

Am 9. April 1918 ging ein Telegramm in Berlin ein, das den folgenden Wortlaut trug:

»An den spanischen Botschafter in Berlin. Die russische Regierung spricht der Spanischen Botschaft in Berlin ihre tiefe Dankbarkeit für die Liebenswürdigkeit und Freundlichkeit aus, die in deren Fürsorge für die Erhaltung des Hauses und der sonstigen Habe der Botschaft Rußlands in Berlin ihren Aus-

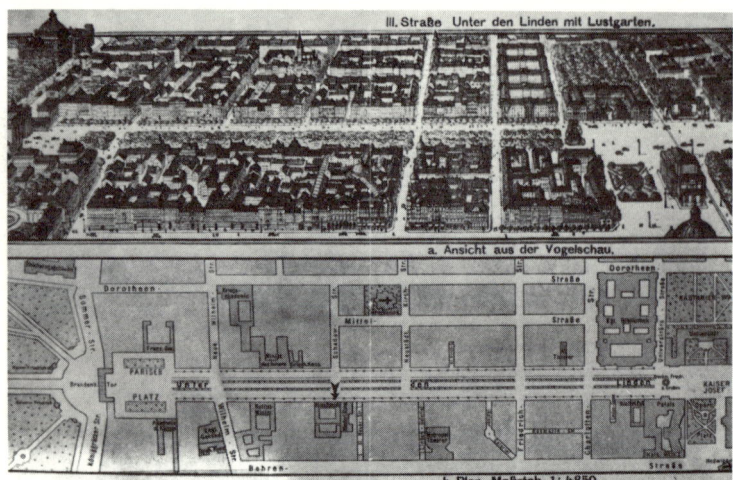

Modellzeichnung und
Straßenplan der näheren
Umgebung der russi-
schen Botschaft zur
Jahrhundertwende

Das Gebäude der sowje-
tischen Botschaft vor
dem ersten Weltkrieg

Zustand des Gebäudes
am 11. Mai 1945

16

druck fanden, und bittet darum, die Schlüssel der Botschaft dem zum Ersten Sekretär ernannten Bürger Sagorski zu übergeben, dem es obliegt, das genannte Haus in den erforderlichen Zustand für den in Kürze dort erfolgenden Einzug des Bevollmächtigten Vertreters der Russischen Republik und des Personals der Botschaft zu bringen.

Der Volkskommissar für Auswärtige Angelegenheiten Tschitscherin.«

W. M. Sagorski nahm zusammen mit Jakubowitsch, dem Zweiten Sekretär der diplomatischen Vertretung der Republik, die Schlüssel vom Residenten der spanischen königlichen Botschaft Gil Delgado in Empfang.

Die westeuropäischen Länder, ausgenommen Deutschland, erkannten die sowjetischen Vertreter nicht an; sie verkehrten nach wie vor mit den alten Botschaftern des zaristischen Rußland.

Deutschland nahm an der gegen Sowjetrußland gerichteten englisch-französisch-japanisch-amerikanischen Intervention nicht teil, ja, es konnte nicht teilnehmen, weil es sich im Kriegszustand mit diesem Block befand. Es unterstützte jedoch aktiv alle antisowjetischen Kräfte. Jeder Anlaß wurde von den deutschen Botschaftern genutzt, um scharfe Protestnoten an die Sowjetregierung zu richten; mitunter gab es noch nicht einmal einen Anlaß.

Aus jenen Tagen – dem Oktober 1918 – stammt die Episode, daß Karl Liebknecht, eben aus dem Gefängnis entlassen, in der zum Palast hergerichteten sowjetischen Botschaft feierlich empfangen wurde.

Da die deutsche Regierung nun die Niederlage an der Front erlitten hatte und sich mit den Siegern arrangieren wollte, paßte ein inszenierter Vorfall gut ins Bild: Eine Kiste mit sowjetischer Diplomatenpost zerbrach »zufällig« auf dem Berliner Bahnhof. Aus der Kiste fielen Flugblätter, die im voraus von den Organisatoren der Provokation vorbereitet waren und sich an die deutsche Arbeiterschaft wandten. Dieser Vorfall wurde zum Anlaß genommen, die Mitarbeiter der sowjetischen Botschaft des Landes zu verweisen.

Die Zeitung »Iswestija« veröffentlichte am 9. November 1918 folgende Mitteilung des Volkskommissariats für Auswärtige Angelegenheiten über Einzelheiten des Vorfalls in Berlin:

»Die aus Moskau eingetroffenen Kuriere erschienen am 4. November 1918 in der Russischen Botschaft in Berlin und teilten mit, daß das gesamte diplomatische Gepäck, das für Berlin, Wien, Schweiz und Schweden bestimmt war, sowie das persönliche Gepäck der Kuriere von der Eisenbahnpolizei beschlagnahmt worden sei.

Der russische Bevollmächtigte, Genosse Joffe, rief unverzüglich das Ministerium für Auswärtige Angelegenheiten an und schickte einen Mitarbeiter der diplomatischen Vertretung zur Eisenbahnstation. Während der folgenden Verhandlungen wurde erstmalig von jener Kiste gesprochen, die danach eine so große Rolle spielen sollte. Der Geheime Legationsrat Nadolny, Referent für russische Angelegenheiten im Ministerium für Auswärtige Angelegenheiten, erklärte dem Genossen Joffe, daß eine der von den Kurieren mitgebrachten Kisten beschädigt worden sei und daß diese Kiste Proklamationen in deutscher Sprache enthalte. Das gesamte Gepäck sei deshalb aufgehalten, aber nicht geöffnet worden.

Auf der Eisenbahnstation, wohin der Vertreter der sowjetischen Botschaft ging, hatte inzwischen ein deutscher Major, der mit seinen Offizieren erschienen war, befohlen, die Kisten unverzüglich zu öffnen, und als unser Vertreter diesbezüglich Protest einlegte, wurde ihm geantwortet, daß es hier nicht um auswärtige Angelegenheiten ginge, dies vielmehr eine militärische Maßnahme sei. Das diplomatische Gepäck wurde dann sofort geöffnet. Man erklärte erneut, daß eine der Kisten zuvor beschädigt worden sei, was gerade dann passierte, als keiner unserer Vertreter anwesend war. Dem Vertreter der Botschaft wurde die Proklamation gezeigt, die angeblich in der beschädigten Kiste gefunden wurde.

Genosse Joffe fuhr am 5. November zum Staatssekretär, um gegen das Geschehene zu protestieren. Er erinnerte den Staatssekretär an einen Vorfall, als der deutschen Botschaft in Bukarest Bomben und Seuchenbazillen heimlich untergeschoben wurden, die die Deutschen angeblich in Rumänien verbreiten wollten. Der Staatssekretär informierte dann den Genossen Joffe von einer Note, die bald darauf dem Volkskommissariat für Auswärtige Angelegenheiten in Moskau vorgelegt wurde und die Lenin während der Tagung des Kongresses der Sowjets am 6. November bekanntgab. Staatssekretär Solf fügte hinzu, daß der Inhalt nur jener Kiste untersucht wurde, die zufällig auf der Eisenbahnstation zerbrach. Er bedauerte, daß die anderen Kisten gewaltsam geöffnet wurden. Der Staatssekretär verständigte dann den Genossen Joffe darüber, daß alle offiziellen russischen Vertreter, die sich in Berlin aufhalten, am nächsten Tag, also am 6. November, zurückfahren müßten und daß das gesamte beschlagnahmte Gepäck mit Ausnahme der beschädigten Kiste zur Verfügung stehen würde. Der Staatssekretär betonte dabei, daß, obwohl die diplomatischen Beziehungen abgebrochen würden, nicht die üblichen Konsequenzen folgen würden.

Ein großes Polizeiaufgebot erschien am 6. November 1918 um 5.45 Uhr, und die Genossen Joffe, Rakowski und andere wurden gezwungen, sich zur Bahnstation zu begeben. Alle benachbarten Straßen wurden von der Polizei abgeriegelt.«

Wenn wir heute auf diese Ereignisse zurückblicken, die vor 60 Jahren geschehen sind, können wir unterstreichen, daß diese »zufällige Beschädigung« einer Kiste aus dem diplomatischen Gepäck ein Glied in der langen Kette grober und primitiver antisowjetischer und antisozialistischer Fälschungen war. Die Kette reicht bis in die Gegenwart.

Die Einzelheiten dieser geplanten »Beschädigung von Kisten mit Diplomatengepäck« auf dem Berliner Bahnhof Friedrichstraße sind inzwischen bekannt. Das Kaiserreich unternahm diese Provokation, als es schon dem Zusammenbruch nahe war. Es brauchte den Vorwand, damit Deutschland die Beziehungen mit der Sowjetunion brechen konnte. Man mußte beweisen, daß »Moskau dabei ist, die deutschen Arbeiter aufzuhetzen«, daß »die russische Botschaft planmäßig auf die Revolution hinarbeitet« und sich in die inneren Angelegenheiten Deutschlands einmischt.

Reichskanzler Prinz Max von Baden wandte sich damals an den Staatssekretär, den Sozialdemokraten Scheidemann, mit einer strengen Weisung, sich schnell etwas einfallen zu lassen. Wie es aus den Dokumenten hervorgeht, hatte Scheidemann am 28. Oktober 1918 einen »glänzenden Einfall«. Nicht ohne Stolz schreibt er über seine damaligen Überlegungen in seinen Lebenserinnerungen »Memoiren eines Sozialdemokraten«:

»Man müßte einige Dienstleute üben lassen, wie sie eine Kiste beim Heruntertragen auf einer steinernen Treppe derart von der Schulter auf eine Ecke fallen lassen, daß sie bestimmt zerbrechen müsse. Dann würden die Flugblätter herausquellen, der Beweis, daß die Botschaft ihre Exterritorialität in unzulässiger Weise mißbrauche, wäre erbracht, und man könne die entsprechenden Konsequenzen ziehen.«

Prinz Max von Baden ergänzt in seinen eigenen Erinnerungen: »Wir hatten also den gewünschten Vorwand...«

Diese Fälschung blieb, wie zu erwarten war, nicht ohne Wirkung. Die Presse verwies wie auf Kommando auf die angeblichen »Provokationen« und die »Einmischung der Bolschewiki« in die inneren Angelegenheiten Deutschlands. Die sowjetische Botschaft Unter den Linden und die gesamte sowjetische Außenpolitik wurden angegriffen. Die ersten giftigen Blumen des Antisowjetismus blühten auf deutschem Boden.

Die Abberufung der Mitarbeiter der sowjetischen Botschaft in Berlin war einer der letzten Verzweiflungsakte der Kaiserregierung; einige Tage später brach in Deutschland die Novemberrevolution aus. Die Krone des Kaisers fiel.

Die Nachrichten aus Berlin wurden in Moskau mit Enthusiasmus aufgenommen. Die Sowjetmacht wollte die Revolutionäre in Deutschland tatkräftig unterstützen. Die Lage des Sowjetstaates selbst war alles andere als rosig: Offensive der konterrevolutionären Kräfte, Zerrüttung, Hunger... Dennoch faßte man den Beschluß »Über Getreidelieferungen für das revolutionäre Deutschland«:

»Moskau, den 11. November 1918. Das Gesamtrussische Zentrale Exekutivkomitee beschloß entsprechend dem Willen des VI. Kongresses der Sowjets, zwei Güterzüge mit je 25 Waggons (je Waggon 1000 Pud) Getreide den für die Diktatur des Proletariats und die Macht der deutschen Arbeiter- und Soldatenräte Kämpfenden zur Verfügung zu stellen. Mit der Entsendung dieser beiden ersten Züge an die revolutionären Arbeiter und Soldaten im roten Berlin beauftragt das Gesamtrussische ZEK zugleich die örtlichen Sowjets der Arbeiter und Bauern, sofort einen besonderen Fonds zur Hilfe für die kämpfenden brüderlichen Arbeiter und Soldaten in Deutschland in Angriff zu nehmen.

Der Vorsitzende des Gesamtrussischen ZEK Swerdlow.«

Die revolutionären Ereignisse in Deutschland entwickelten sich stürmisch. Aus dem »Spartakusbund« entstand Ende 1918 die Kommunistische Partei Deutschlands. Ihre Gegner gingen jedoch zum Angriff über. Die Regierung zog am 11. Januar 1919 Truppenverbände zusammen und ging gegen die Arbeiter vor, die Führer der Revolution – Karl Liebknecht und Rosa Luxemburg – wurden bestialisch ermordet.

Die Wahlen zur Nationalversammlung Deutschlands fanden im Januar 1919 in einer Atmosphäre offenen Terrors statt. Sie verabschiedete später auf ihrer Sitzung vom 31. Juli desselben Jahres die Verfassung Deutschlands. Die Periode der Weimarer Republik begann.

In Deutschland wurde damals eine Bewegung unter der Losung »Hände weg von Sowjetrußland!« in Gang gebracht. Unter der Leitung von Clara Zetkin wurde im August 1921 ein Hilfskomitee für die Arbeiter Sowjetrußlands geschaffen, das nicht nur Kampagnen organisierte, sondern auch die gegen den jungen Sowjetstaat gerichtete Propaganda bekämpfte.

Lenin maß zu jener Zeit der Herstellung gegenseitig vorteilhafter Beziehungen mit Deutschland große Bedeutung bei. Durch den Versailler Friedensvertrag wurden dem Handel zwischen Deutschland und Sowjetrußland ernsthafte Hindernisse in den Weg gelegt. J. Lomonossow, sowjetischer Handelsvertreter im Ausland, schrieb am 2. November 1920, Deutschland sei am Handel mit Sowjetrußland sehr interessiert. Es benötige sowjetisches Getreide, und nur die Arbeit für den sowjetischen

»Hände weg von Sowjet-
Rußland« – eine Parole
während der November-
ereignisse 1918 in Berlin

Deutsche Revolutionäre
am Brandenburger Tor
während der November-
revolution 1918

Markt könnte die wachsende Arbeitslosigkeit im Lande eindämmen. Deutschland wäre zudem in der Lage, rund 1200 neue Lokomotiven im Jahr zu verkaufen, alte Lokomotiven zu reparieren, Werkzeugmaschinen und andere Technik sowie vor allem Erzeugnisse der hochentwickelten elektrotechnischen Industrie zu liefern, die für die Verwirklichung der Elektrifizierungspläne Sowjetrußlands so notwendig waren.

Die größten deutschen Banken waren bereit, den sowjetisch-deutschen Handel zu finanzieren, doch der Versailler Friedensvertrag verbot Deutschland jegliche Abmachungen mit Sowjetrußland. Mit anderen Worten, für den Handel mit Deutschland war ein Vermittler notwendig. Als solche Vermittler konnten neutrale Staaten oder britische Banken auftreten.

Auf Lenins Vorschlag wurden bilaterale Verhandlungen in Berlin und Moskau aufgenommen. Am 6. Mai 1921 vereinbarten die Sowjetrepublik und Deutschland das »Zeitweilige Abkommen über die Wiederaufnahme der Handelsbeziehungen und die Ernennung gegenseitiger Vertretungen«. Danach sollten offizielle Vertretungen mit Konsulatfunktionen sowie Handelsvertretungen eröffnet werden. Im Abkommen, das de facto die Anerkennung der Sowjetrepublik durch die deutsche Regierung bedeutete, hieß es: »Die Vertretung der RSFSR in Deutschland wird als die alleinige Vertretung des Russischen Staates in Deutschland anerkannt.« Das Abkommen bedeutete die Anerkennung der Sowjetregierung de jure noch nicht, doch es erweiterte den Tätigkeitsbereich der Vertretungen bis hin zum Schutz der Bürgerrechte beider Länder, regelte die Fragen des Handels und der Schiffahrt. Auch die Anerkennung der Unantastbarkeit sowjetischen Eigentums auf dem Territorium Deutschlands, darunter des Botschaftsgebäudes, war wichtig. Nach Abschluß des Abkommens wurde der Warenaustausch zwischen den beiden Ländern wieder aufgenommen.

Unter direkter Anleitung Lenins bereitete sich die junge sowjetische Diplomatie auf die internationale Wirtschaftskonferenz in Genua vor, die ihre Arbeit am 10. April 1922 aufnahm. Die sowjetische Delegation, der die Diplomaten G. W. Tschitscherin, W. W. Worowski, L. W. Krassin und M. M. Litwinow angehörten, legte erstmalig vor einem großen internationalen Auditorium das Leninsche Programm der friedlichen Koexistenz von Staaten mit unterschiedlicher Gesellschaftsordnung und die konkreten Vorschläge über eine allgemeine Rüstungsbeschränkung dar.

Die westlichen Staaten lehnten die sowjetischen Vorschläge ab und erhoben Forderungen, die einer Kapitulation gleichgekommen wären. Die sowjetische Delegation wies verständlicherweise diese Forderungen zurück. Die Konferenz geriet in eine Sackgasse. Da versetzte die sowjetische Delegation den westlichen Plänen einen unerwarteten Schlag mit dem Abschluß des sowjetisch-deutschen Vertrages von Rapallo.

Der am 16. April 1922 unterzeichnete Vertrag erwies sich als ein überaus großer Erfolg der sowjetischen Diplomatie, ein Erfolg von großer politischer Tragweite. Der Vertrag bedeutete den Durchbruch der antisowjetischen Kette der westlichen Staaten. Damit war ein Präzedenzfall geschaffen für die Regelung der Beziehungen zwischen Sowjetrußland und diesen Staaten, indem die gegenseitigen Ansprüche auf der Grundlage der Prinzipien der friedlichen Zusammenarbeit zu regeln wären.

Durch die Unterzeichnung des Rapallo-Vertrages hat die Sowjetregierung das internationale Ansehen ihres Staates gefestigt. Der Vertrag verankerte die Gleichberechtigung beider Systeme und schuf die Grundlage, auf der der Sowjetstaat seine Beziehungen zu den westlichen Ländern normalisieren konnte. Auch für Deutschland hatte der Rapallo-Vertrag eine große politische und wirtschaftliche Bedeutung. Er ebnete den Weg zur Entwicklung gleichberechtigter und gegenseitig vorteilhafter Wirtschafts- und Handelsbeziehungen mit Sowjetrußland. Nachdem die Versuche der deutschen Regierung mißlungen waren, eine Abmachung mit den Entente-Ländern zum Nachteil Sowjetrußlands zu erwirken, erhoffte sie, ihre Position gegenüber den westlichen Ländern durch die Regelung mit der Sowjetregierung zu festigen.

Im Leninschen Entwurf für einen Beschluß des Gesamtrussischen Zentralen Exekutivkomitees zum Bericht der sowjetischen Delegation auf der Genua-Konferenz wurden die Sowjetregierung und das Volkskommissariat für Auswärtige Angelegenheiten beauftragt, sich von diesem Vertrag leiten zu lassen und »Abweichungen von Verträgen nach dem Rapallo-Typ nur in äußersten Fällen, die für die werktätigen Massen der RSFSR von überaus großem Vorteil sind«, zuzulassen.

Im Frühjahr 1922 wurden die diplomatischen Beziehungen zwischen beiden Ländern mit dem Abschluß des Rapallo-Vertrages wiederhergestellt. Der sowjetische Botschafter Nikolai Krestinski überreichte dem Reichspräsidenten Friedrich Ebert sein Beglaubigungsschreiben:

»Ich habe die Ehre, Ihnen das Beglaubigungsschreiben zu überreichen, das mich als Bevollmächtigten Vertreter und Botschafter der Regierung Rußlands im Deutschen Reich akkreditiert. Für den wirtschaftlichen Aufbau in beiden Ländern ist es erforderlich, lebhafte und freundschaftliche Handelsbeziehungen aufzunehmen. Die Einsicht in diese Notwendigkeit hat die Regierungen beider Länder veranlaßt, den Rapallo-Vertrag abzuschließen, der eine solide Grundlage für die Wirtschafts- und Handelsbeziehungen bilden soll. Meine Regierung ist der Ansicht, daß der nächste Schritt, der den wirtschaftlichen Interessen beider Länder entsprechen würde, die Ausdehnung der bereits abgeschlossenen Vereinbarungen auf die im Arbeiter- und Bauern-Bündnis mit der RSFSR vereinten Republiken sein sollte. (...)

Ich grüße Sie als Präsidenten der Deutschen Republik und bitte Sie, meine besten Wünsche für das Gedeihen der Deutschen Republik und für das Wohlergehen des deutschen Volkes entgegenzunehmen.«

In seiner Erwiderung erklärte der Reichspräsident: »Ich habe die Ehre, von Ihnen das Beglaubigungsschreiben entgegenzunehmen, mit dem Sie das Gesamtrussische Zentralexekutivkomitee als Bevollmächtigten Vertreter und Botschafter der Russischen Regierung akkreditiert.

Mit diesem Akt werden die diplomatischen Beziehungen zwischen unseren beiden Staaten in vollem Umfang wiederaufgenommen. Die deutsche Regierung ist gleichfalls aufrichtig bestrebt, nach ihren Möglichkeiten zum wirtschaftlichen Wiederaufbau unserer Länder beizutragen. Die Bestimmungen des Rapallo-Vertrages verfolgen ausschließlich friedliche Ziele und erwachsen aus der Einsicht in die Notwendigkeit, normale wirtschaftliche Beziehungen zwischen den beiden großen Völkern wiederherzustellen.

Ich schließe mich dem von Ihnen geäußerten Wunsch an, im Interesse der gemeinsamen wirtschaftlichen Zusammenarbeit auf dieser Grundlage möglichst schnell ein Abkommen mit den Staaten abzuschließen, die im Bündnis mit der Russischen Sowjetregierung eine Union bilden. (...)

Ich danke Ihnen von ganzem Herzen für Ihre freundlichen Wünsche und begrüße Sie im Namen der Deutschen Regierung als Botschafter der Russischen Sowjetregierung.«

Über 100 000 Berliner Arbeiter zogen in jenen Tagen Unter den Linden an der sowjetischen Botschaft vorbei und begrüßten die Wiederherstellung der diplomatischen Beziehungen mit dem Sowjetstaat.

So wurde eine neue Seite in der Geschichte diplomatischer Beziehungen des ersten Sowjetstaates mit Deutschland aufgeschlagen. Es war N. N. Krestinski, dem die Ehre zuteil geworden war, diese Beziehungen zu entwickeln und zu vervollkommnen.

Nikolai Nikolajewitsch Krestinski wurde 1883 in Mogiljow, Belorußland, geboren. Als Rechtsanwalt ausgebildet, war er 1917 bis 1921 Mitglied des Zentralkomitees der Russischen Kommunistischen Partei (Bolschewiki), von 1918 bis 1921 Volkskommissar für Finanzwesen und von 1921 bis 1930 Botschafter in Berlin. Nach seiner Rückkehr in die Sowjetunion wurde er zum ersten stellvertretenden Volkskommissar für Auswärtige Angelegenheiten der UdSSR ernannt.

*

Die Arbeitsatmosphäre im sowjetischen Gebäude Unter den Linden war gezeichnet von einer ständigen Auseinandersetzung der deutschen Regierung mit dem sowjetischen Staat; andauernde Provokationen und Kritteleien an der Tätigkeit der

Botschaft und anderer sowjetischer Vertretungen waren Ausdruck davon. Zudem war Berlin zu Beginn der zwanziger Jahre zum größten Zentrum der weißgardistischen Emigranten geworden – die Stadt zählte etwa 100 000 Flüchtlinge aus Sowjetrußland. Natürlich versuchten diese alles zu unternehmen, um die Entwicklung normaler Beziehungen zwischen der UdSSR und Deutschland zu untergraben.

1922 veranstaltete die sowjetische Botschaft in Berlin die erste Kunstausstellung. Was heute selbstverständlich ist, war damals sensationell: die erste Ausstellung der neuen revolutionären Kunst im Westen. Zahlreiche Berliner und Gäste der Stadt – vom Kunstkenner bis zum einfachen Arbeiter – drängelten sich im Ausstellungsraum. Die Werke der jungen Maler Gerassimow, Joganson und Grekow beeindruckten durch Ausdruck und revolutionären Optimismus. Es waren auch Plakate von Majakowski aus den sogenannten »ROSTA-Fenstern« sowie Werke der bereits anerkannten Maler Chagall und Kandinsky vertreten. Diese Ausstellung ermöglichte vielen Besuchern, das Land der Sowjets und die dort sich vollziehenden Ereignisse mit anderen Augen zu sehen.

In den zwanziger Jahren und zu Beginn der dreißiger Jahre verbesserten sich die Beziehungen zwischen der Sowjetunion und Deutschland zunehmend, auch wenn sie durch die Instabilität der Weimarer Republik gewissen Schwankungen unterlagen.

Im Oktober 1925 wurde zwischen der UdSSR und Deutschland ein Wirtschaftsvertrag abgeschlossen. Dieser bedeutete einen ersten Erfolg auf internationaler Ebene in der Regelung rechtlicher und Handelsprobleme zwischen Staaten unterschiedlicher sozialökonomischer Ordnung. Es wurde ferner ein konsularischer Vertrag geschlossen. Abschluß und Verwirklichung dieses Moskauer Wirtschaftsvertrages entsprachen dem Konzept der friedlichen Koexistenz und somit den Interessen des sowjetischen und des deutschen Volkes und festigten die gutnachbarlichen Beziehungen zwischen beiden Staaten.

Sechs Monate später, am 24. April 1926, wurde in Berlin das deutsch-sowjetische Neutralitätsabkommen mit einer Laufzeit von fünf Jahren unterzeichnet. In einer Situation, als einflußreiche Kreise in Deutschland vehement nach einer außenpolitischen Umorientierung auf die westlichen Staaten strebten, insbesondere nach einer Annäherung an Großbritannien verlangten, war der neue Vertrag ein bedeutender Erfolg der sowjetischen Diplomatie.

Die Wirtschaftsbeziehungen zwischen beiden Ländern entwickelten sich in dieser Zeit recht intensiv. Ein Jahr vor Hitlers Machtantritt stand die UdSSR laut Angaben der sowjetischen Botschaft an erster Stelle der deutschen Exportbilanz. Etwa ein Drittel der gesamten Produktion des deutschen Maschinenbaus ging in die UdSSR, das zweite Drittel wurde in andere Länder ausgeführt, und rund ein Drittel verblieb auf dem deutschen Markt. Ein Drittel des gesamten Aktivsaldos der deutschen Außenhandelsbilanz machten die Handelsbeziehungen mit der UdSSR aus. Im ersten Halbjahr 1932 entfielen auf die UdSSR sogar 41 Prozent des deutschen Maschinenexports.

Trotz dieser allgemein positiven Entwicklung unternahmen deutsche einflußreiche Kreise wiederholt propagandistische Kampagnen gegen die Sowjetunion. Es ist bemerkenswert, daß sich dabei die Sozialdemokraten besonders engagierten. Im Auftrag Moskaus und manchmal auch auf eigene Initiative erhob die Botschaft Protest bei der deutschen Regierung. Im Februar 1930 suchte Botschafter Krestinski das deutsche Außenministerium auf und gab dem Staatssekretär Schubert eine Erklärung ab:

»Die tägliche Hetze, die in den letzten Monaten in der Presse gegen uns betrieben wird, läßt unsere Öffentlichkeit jeden Ihrer politischen Schritte äußerst besorgt verfolgen. Alle Beteuerungen, die deutsche Regierung wolle nach wie vor eine freundschaftliche Zusammenarbeit mit der UdSSR pflegen, stoßen in unserem Lande auf Mißtrauen, wenn man sich Inhalt und Ton deutscher Pressemeldungen über die UdSSR vergegenwärtigt. Ich kann mich des Eindrucks nicht erwehren, daß der Grund für die derzeit gegen uns gerichtete Stimmung in den inneren Verhältnissen in Deutschland und in unserer Innenpolitik zu suchen ist: Die Sozialdemokraten und mit ihnen die anderen politischen Parteien wollen offenbar die Sowjetregierung für die Aktivitäten der deutschen Kommunisten verantwortlich machen. Ich möchte keine unbeweisbaren Anschuldigungen vorbringen, doch habe ich den Eindruck, wäre der Pressesprecher der deutschen Regierung kein Sozialdemokrat, würde er mit mehr Entschlossenheit auf die Presse einwirken. Die Ausfälle der deutschen Presse richten sich in letzter Zeit nicht gegen die sowjetisch-deutschen Beziehungen, sondern gegen unsere Innenpolitik. Bei uns vollzieht sich auf dem Lande ein stürmischer revolutionärer Prozeß der Kollektivierung. Das ruft unzählige feindselige Artikel hervor. Arbeiter in den Städten und Bauern auf dem Lande bringen Beschlüsse vor, die Kirchen zu schließen. Die deutsche Presse reagiert darauf mit einer Flut von Beschimpfungen.«

Anfang 1932 traf in Moskau eine besorgniserregende Mitteilung aus Berlin ein:

»Die Ergebnisse der Präsidentschaftswahlen und der Wahlen zu den Landtagen offenbaren die Tendenz einer bedeutenden Stärkung des faschistischen Lagers, in erster Linie der Nazis. Seit 1928 beobachten wir ein schwindelerregendes Anwachsen der Nazianhänger, und mit einer Veränderung ist derzeit kaum zu rechnen. Ob eine Koalition der Zentrumspartei mit den Nazis auf der Basis einer gemeinsamen Regierung oder einer Tolerierung eingegangen wird, läßt sich noch schwerlich sagen. Es ist jedoch der verstärkte Drang der Nazis zu spüren, an die Macht zu gelangen, und früher oder später wird es ihnen auch gelingen. Deshalb dürfen kommende politische Veränderungen nicht unbeachtet bleiben. Jene Angaben, die wir auf Grund von Journalistenberichten und unserer Sondierungsergebnisse machten, können sich als falsch erweisen. Wir unterhalten ja keine unmittelbaren Kontakte zu den Nazis. Indessen muß das Interview Hitlers für ausländische Journalisten beachtet werden. In diesem Interview und auch in seinen zahlreichen Reden sprach Hitler offen von einem notwendigen Kampf gegen die UdSSR. Deutschland ist nicht Italien, und Hitler ist nicht Mussolini. Wir stellen dies fest und haben dabei nicht die Absicht, Panik zu stiften, sondern tun dies, um zu zeigen, wie notwendig es ist, die gegenwärtige Entwicklung genau im Auge zu behalten; nur so werden wir die Möglichkeit haben, die Situation und alle in Deutschland wirkenden Faktoren richtig einzuschätzen.«

Der 14. August 1932 war ein heißer Tag während eines ungewöhnlich warmen Berliner Sommers, der nationale Feiertag der Weimarer Republik. Der sowjetische Botschafter L. M. Chintschuk hatte in sein Landhaus am Wannsee eine alte Berliner Arbeiterfamilie eingeladen, die zu den echten Kommunisten zählte. Man sprach nicht nur vom Wetter. Die Gäste erzählten vom kompromißlosen Kampf der Thälmann-Leute gegen die Nazis, die unter Ausnutzung der Spaltung in der Arbeiterbewegung, der Unentschlossenheit und Demagogie der sozialdemokratischen Führung nicht nur die groß- und kleinbürgerlichen Kreise, sondern auch einen bedeutenden Teil der Arbeiterschaft für sich gewannen. Der sowjetische Botschafter bemerkte, die Anzeichen seien unheilverkündend; alles deute darauf hin, daß die Weimarer Republik ihren nächsten Jahrestag kaum erleben wird...

Wenige Tage später gab der sowjetische Botschafter eine Meldung nach Moskau durch mit einer kurzen Einschätzung der Situation; seine wichtigste Schlußfolgerung: »Die Möglichkeit einer Vereinbarung zwischen Papen und Hitler auf der Grundlage von Hindenburgs Vorschlag ist nicht ausgeschlossen.«

Feierlich und repräsentativ war der Empfang in der sowjetischen Botschaft anläßlich des 15. Jahrestages der Großen Sozialistischen Oktoberrevolution. Die ankommende Wagenkolonne reichte von der Botschaft bis zum Brandenburger Tor. Am nächsten Tag druckten die Berliner Zeitungen die Ansprache des Botschafters ab, schrieben aber auch über den riesigen Samowar im Großen Saal sowie über die vielen seltenen Fischsorten und den reichlich vorhandenen Kaviar. Die Berichterstatter sprachen von über tausend Gästen. In den Zeitungen stand aber nichts über die besondere Aufmerksamkeit und das Interesse vieler Berliner an jenem Ereignis in der sowjetischen Botschaft.

30

So wurde 45 Jahre später, am Vorabend des 60. Jahrestages der Großen Sozialistischen Oktoberrevolution, unsere Aufmerksamkeit auf einen Brief aus Erfurt gelenkt. Die Autorin des Briefes, Senta Horn, gratulierte uns herzlich zum Fest und schrieb unter anderem:

»Wenn ich nach Berlin komme, gehe ich immer in das kleine Café Unter den Linden und schaue von dort auf das Gebäude der sowjetischen Botschaft. Da kommen mir Erinnerungen ... Ich hatte die Möglichkeit, vier Jahre (1932 bis 1936) bei der sowjetischen Botschaft zu arbeiten. In der Zeit des Faschismus war mir die Botschaft ein regelrechtes Zuhause. Unvergeßlich sind für mich die wunderbare Einfachheit der sowjetischen Menschen und die Atmosphäre wirklicher Kameradschaft in der Botschaft geblieben. Die Jahre der Arbeit in der Botschaft stärkten meine Achtung und Liebe gegenüber Sowjetbürgern.«

Dieser Brief inspirierte uns, Material über die Botschaft zu sammeln. Senta Horn (in den Nachkriegsjahren arbeitete sie im Staatsapparat der DDR) wurde bei ihrem Besuch in Berlin von der Botschaft zur Besichtigung des neuen Gebäudes eingeladen. In Erfurt hatte sie noch einzigartige Photos, die die Einrichtung und die Innenhöfe des während des Krieges zerstörten Gebäudes zeigen. Ihre Erzählungen und Erinnerungen an Einzelheiten halfen, nicht nur das Bild der Räume des alten Gebäudes wiedererstehen zu lassen, sie ergänzten auch unsere Vorstellung von der Botschaftsarbeit in den schweren Zeiten sowie von den Menschen, die in der Botschaft Unter den Linden damals verkehrten.

Voller Bitternis beobachteten die Mitarbeiter der Botschaft am 27. Februar 1933 von ihren Zimmern aus den Brand des Reichstagsgebäudes in etwa 300 Meter Entfernung. Im Haus Unter den Linden gab es keinen Zweifel: Der Brand des Reichstagsgebäudes war das Werk der Faschisten, und man mußte einen hinterhältigen Schlag erwarten, der nicht nur die Kommunisten, sondern auch alle antinazistisch gesinnten Deutschen treffen würde. Und wirklich: Wenige Stunden nach dem Brand setzten Massenverhaftungen ein.

Am nächsten Tag gab die Botschaft ein Telegramm nach Moskau durch: »Heute wurde im deutschen Außenministerium ein scharfer Protest erhoben gegen Nazi-Plakate, die Artikel im ›Angriff‹ sowie gegen die Ausweiskontrollen bei allen Personen, die das sowjetische Wohnhaus in der Geisbergstraße verließen. Zweimal kam die Polizei der ›Derop‹ (Deutsch-Russische Gesellschaft für den Handel mit Erdölprodukten, P. A.) vorbei, durchsuchte die Räume und ging wieder. Abends drang eine Gruppe von Nazis in SS-Uniform in die sowjetische Schule ein, durchsuchte sämtliche Räume und entfernte sich; außer dem Portier war niemand anwesend. Ich habe telefonisch Protest beim deutschen Außenministerium eingelegt.

Den Reichstagsbrand hatten die Nazis zweifellos mit dem Ziel inszeniert, die kommunistische Partei zu zerschlagen und die Wahlen für sich zu entscheiden. Heute abend brachen Nazi-Leute in SS-Uniform in die Wohnung des ›Iswestija‹-Korrespondenten Kait ein und führten eine Hausdurchsuchung durch. Als wir davon erfuhren, riefen wir die Polizei und benachrichtigten gleichzeitig das deutsche Außenministerium. Die Polizei schloß gemeinsam mit den Nazis die Durchsuchung ab und verhaftete Kait, wovon auch das hiesige Außenministerium benachrichtigt wurde.«

Senta Horn schilderte ein kleines Ereignis, das sie nach dem Reichstagsbrand während des darauffolgenden Leipziger Prozesses erlebt hatte: »Ich kam zufällig an einem Zimmer in der Wohnung des Botschafters vorbei. Dort saß eine schwarz gekleidete, mir unbekannte Frau, mit einem auf bäuerliche Art gebundenen Kopftuch. ›Guten Tag!‹ grüßte ich sie freundlich. Die Frau sprang auf, verbarg das Gesicht in den Händen und rief schluchzend: ›Faschisten! Überall Faschisten!‹ Die Mitarbeiter der Botschaft eilten ins Zimmer herbei, beruhigten sie und erklärten, ich hätte mit den Faschisten nichts gemein, mein Vater sei Kommunist . . . Erst später erfuhr ich, daß diese Frau die Mutter Georgi Dimitroffs war, der in jenen Tagen mit großer Würde und Ausdauer einen ungleichen Kampf im Leipziger Prozeß führte. Als der Prozeß zu Ende war, verließ sie das Haus Unter den Linden.«

Nach Abschluß des Leipziger Prozesses richtete die bevollmächtigte Vertretung der UdSSR in Deutschland eine Note an das deutsche Außenministerium, in der es unter anderem hieß:

»Vor einiger Zeit wandten sich die Verwandten der im Leipziger Prozeß freigesprochenen und derzeit in Berlin inhaftierten Bulgaren Dimitroff, Popoff und Taneff an die Botschaft der UdSSR in Deutschland. Sie hatten im Gespräch mit dem diplomatischen Vertreter Bulgariens in Berlin, Pomenoff, in Erfahrung gebracht, daß die bulgarische Regierung die obengenannten Bulgaren nicht mehr als Bürger Bulgariens ansieht. Angesichts dieser Tatsache baten die Verwandten der obengenannten Personen die Botschaft der UdSSR in Deutschland in ihrem eigenen Namen sowie im Auftrag Dimitroffs, Popoffs und Taneffs, den letzteren die sowjetische Staatsbürgerschaft zu übertragen.

Die Botschaft der UdSSR in Deutschland leitete dieses Gesuch auf dem üblichen Wege nach Moskau weiter. Die Botschaft der UdSSR hat bereits die Entscheidung der Regierung der UdSSR erhalten, derzufolge die Sowjetregierung am 15. Februar 1934 dem Gesuch der Verwandten Dimitroffs, Popoffs und Taneffs stattgegeben hatte, die letzteren in der UdSSR zu empfangen und ihnen die sowjetische Staatsbürgerschaft zu gewähren.

Jetzt ersucht die Botschaft das Außenministerium um Maßnahmen zur sofortigen Freilassung der Sowjetbürger Dimitroff, Popoff und Taneff aus der Haft, damit sie möglichst bald in die UdSSR abreisen können.«

Dank des energischen Engagements der Sowjetregierung war es gelungen, die drei Bulgaren vor den Nazis zu retten. Georgi Dimitroff traf sich noch mit seiner Mutter in Berlin, bevor er mit seinen Kameraden in die Sowjetunion reiste.

*

Die Atmosphäre in Berlin wurde immer gespannter und unruhiger. Es kam, wie die sowjetische Botschaft nach Moskau mitgeteilt hatte: Die Faschisten waren nach dem Reichstagsbrand auf jegliche Weise bestrebt, den Sowjetbürgern den

Aufenthalt in Deutschland unerträglich zu machen. Mit Hetz-
reden trat Hitler selbst hervor. Am 3. März 1933 erklärte der
Botschaftsrat der sowjetischen Botschaft Alexandrowski im
deutschen Außenministerium:

»Ich komme hierher wegen der gestrigen Rede des Reichskanzlers Hitler. Ich habe keine Anweisungen Moskaus, auf
diese Rede zu reagieren, und ich möchte auch in diesem
Gespräch die Stellungnahme meiner Regierung nicht vorweg-
nehmen. Die Botschaft kann bereits jetzt nicht umhin, die
Aufmerksamkeit des Außenministeriums darauf zu lenken,
daß die gestrige Rede des Reichskanzlers gewisse Befürchtun-
gen ausgelöst hat. Die ganze Art und Weise und die Aggressivität der Ausfälle, die sich der Reichskanzler gegenüber unserem
Land erlaubte, können in der heutigen unruhigen und angespannten Situation in der deutschen Hauptstadt von gewissen
verantwortungslosen Elementen der Stadt als Vorwand verstanden werden, gegen die sowjetischen Bürger, Einrichtungen und sogar gegen die Handelsvertretung und selbst gegen
die Botschaft vorzugehen, wodurch die Beziehungen zwischen
unseren Ländern in Frage gestellt würden.«

Tatsächlich wurde einige Tage später von der sowjetischen
Botschaft Unter den Linden festgehalten: »In der Nacht drang
eine Gruppe SA-Leute in die Wohnung des ›Derop‹-Vorsitzen-
den Jenko ein und durchsuchte sie; eine Durchsuchung fand
auch beim Mitarbeiter der Zeitschrift ›Kultura i technika‹,
Tretler, statt...« Ausschreitungen solcher Art hörten nicht
auf. Der sowjetische Botschafter meldete nach Moskau:

»Ich bin bestrebt, eine ruhige Atmosphäre zu schaffen und
kämpfe gegen jegliche unbedachte Äußerung bei den sowjetischen Mitarbeitern. Ich hoffe, daß es mir gelingen wird, um so
mehr, als es uns bislang gelungen ist, alle Angriffe zurückzu-
schlagen, die gegen die sowjetischen Einrichtungen und Bürger
gerichtet waren. In der vergangenen Nacht hielt Hitler eine
lange, langweilige und hysterische Rede, doch die UdSSR ließ
er in Ruhe. Aus anderen Briefen wissen Sie, daß die Nazis
mehrere Konzentrationsstätten hier in Berlin, aber auch in
anderen Städten errichtet haben. Zuerst führen die Nazis die

Verhafteten in diese Häuser und mißhandeln sie. In den Straßen findet man Leichen junger Leute. Unter der Bevölkerung herrschen Angst und Mutlosigkeit, aber die Arbeiter, vor allem die Kommunisten, haben sich von ihrem Schreck erholt und beginnen mit Aktionen, allerdings noch in geringem Ausmaß. In Köln fand eine Demonstration von 500 Arbeitern statt.«

Einige Zeit später wurde der deutsche Botschafter in Moskau, Dirksen, zum Volkskommissar für Auswärtige Angelegenheiten der UdSSR gerufen, der ihm einen scharfen Protest wegen »der massiven Hetze in Deutschland gegenüber allem, was sowjetisch heißt«, aussprach. Dirksen erhielt auch eine schriftliche Erklärung:

»Dem Herrn Botschafter müssen aus den sowjetischen Zeitungen die unzähligen Ausschreitungen gegen sowjetische Zweigstellen der Handelsvertretung und andere wirtschaftliche Organisationen sowie gegen Sowjetbürger bekannt sein, die von deutschen offiziellen und inoffiziellen Kreisen zugelassen wurden. Diese Ausschreitungen nahmen solche Ausmaße an, daß sie nicht mehr als einzelne episodische oder lokale Erscheinungen gedeutet werden können, vielmehr lassen sie eine durchaus organisierte antisowjetische Kampagne erkennen, die aus einem einheitlichen Zentrum gelenkt wird. Diese Ausschreitungen rufen in der sowjetischen Öffentlichkeit, und insbesondere in wirtschaftlichen Kreisen, tiefste Entrüstung hervor. Aber auch die Sowjetregierung selbst war gezwungen, sich mit außerordentlichem Ernst diesen Ereignissen zu widmen und zu erklären, daß das Vertrauen gegenüber jenen Erklärungen ins Schwanken gerät, die Herr Neurath und Herr Dirksen den Vertretern des Volkskommissariats für Auswärtige Angelegenheiten und der Reichskanzler im Reichstag abgegeben haben, wonach die deutsche Regierung bestrebt sei, freundschaftliche Beziehungen zur Sowjetunion zu pflegen. Das Vorgehen der deutschen Behörde in ganz Deutschland widerspricht eklatant ihren Beteuerungen. Man wird kaum noch Leute auch außerhalb der beiden Länder finden, die, wenn sie über die von mir erwähnten Tatsachen und Ereignisse lesen, die Meinung vertreten können, daß zwischen der UdSSR und Deutschland die früheren Beziehungen fortbestünden. Ganz zu schweigen von den rechtlichen Verletzungen, die mit der Durchsuchung in der Hamburger Zweigstelle der Handelsvertretung zugelassen wurden oder davon, daß die sowjetischen Konsulate über die Verhaftung von Sowjetbürgern nicht informiert wurden. Diese Verhaftungen und Durchsuchungen erfolgen in den meisten Fällen auf gesetzwidrige Weise, ohne die Spur einer Rechtfertigung; Mißhandlungen von Sowjetbürgern lassen sich schwerlich mit den Gesetzen eines zivilisierten Staates vereinbaren.

Angesichts dessen bin ich gezwungen, im Auftrag der Regierung entschiedensten Protest auszusprechen, den Herrn Botschafter auf die Ernsthaftigkeit der entstandenen Situation zu verweisen und ihn darum zu bitten, möglichst bald Erklärungen vorzulegen und die Deutsche Regierung um Antwort bezüglich ihrer Position und Absicht zu ersuchen, weitere Ausschreitungen gegenüber sowjetischen Einrichtungen und Bürgern zu unterbinden und die Schuldigen zu bestrafen.«

Die Reaktion aus Berlin blieb nicht aus. Ganz unerwartet wünschte der Reichskanzler höchstpersönlich, den sowjetischen Botschafter zu empfangen. Hitler verhielt sich dabei betont liebenswürdig, sprach wie üblich viel, besonders über seine eigene Persönlichkeit. Über dieses Gespräch teilte der Botschafter nach Moskau unter anderem folgendes mit:

»Nach meiner Erklärung hielt Hitler eine lange Rede, in der er davon sprach, daß die Regierung Deutschlands nunmehr fest und stabil sei und daß diejenigen einen Fehler machen würden, die meinten, in Deutschland stünden irgendwelche politischen Änderungen bevor. Dies sei als Tatsache festzuhalten, und unsere beiden Staaten sollten die gegenseitige Existenz für lange Zeit anerkennen und sich davon in ihrem Handeln leiten lassen. Unsere Länder seien eigenständig und dürften sich nicht in die inneren Angelegenheiten des anderen einmischen. Ich warf an dieser Stelle sofort ein, eine solche Nichteinmischung sei unsererseits stets ein strikt eingehaltenes Prinzip gewesen. Hitler fuhr fort, daß die Macht der Nationalsozialisten in Deutschland ein für allemal errichtet worden sei und daß es keine Änderungen geben werde. Er habe sich davon überzeugt, daß die Feinde des Nationalsozialismus überaus schwach gewesen seien. Er habe die Kraft und die Bedeutung der Kommunistischen Partei und der Sozialdemokratie überschätzt; schließlich hätten sie gar keine Anhänger. Hätte er selber an der Spitze der Kommunistischen Partei oder der Sozialdemokratie gestanden, könnte die Sache ganz anders aussehen.«

Die Provokationen gegen Sowjetbürger im faschistischen Deutschland hörten deshalb nicht auf, sie wurden eher ausgefeilter und raffinierter. Auch die offiziellen Dokumente zeigten mitunter das wahre Gesicht des Faschismus. So überreichte beispielsweise die deutsche Delegation auf der Internationalen Wirtschaftskonferenz in London dem Vorsitzenden der Wirtschaftskommission ein Memorandum, in dem es unter anderem hieß:

»Die zweite Maßnahme besteht darin, dem ›Volk ohne Raum‹ neue Territorien zur Verfügung zu stellen, wo diese energische Rasse Kolonien gründen und großangelegte friedliche Arbeit betreiben könnte ... Wir leiden nicht an Überproduktion, sondern an erzwungener Unterkonsumtion ... Krieg, Revolution und innere Zerrüttung haben ihren Ausgang in Rußland, in den weiten Ostgebieten genommen ... Dieser Zerstörungsprozeß setzt sich immer noch weiter fort. Jetzt ist der Augenblick gekommen, ihm Einhalt zu gebieten.«

Diese Passage wurde in der sowjetischen Botschaft als direkte Aufforderung der deutschen Delegation an die Vertreter der anderen Staaten verstanden, durch gemeinsame Bemühungen der Revolution und der »inneren Zerrüttung« in Rußland ein Ende zu setzen, d. h., man rief zum Krieg gegen die UdSSR auf. Ferner ergibt sich aus dem Kontext des Absatzes, daß Deutschland zwecks Kolonisierung das Territorium der Sowjetunion verlangte.

In einem Gespräch am 19. Januar 1936 zwischen dem interimistischen Geschäftsträger der UdSSR in Deutschland, Bessonow, und dem Leiter der Abteilung IV im deutschen Auswärtigen Amt, Meier, machte der sowjetische Vertreter darauf aufmerksam, daß die Regierung der UdSSR dieselbe geblieben sei, die sie auch früher war, und sie werde es auch künftig sein, solange die UdSSR besteht. Sie betreibe ein und dieselbe Politik – die Politik der Freundschaft und des Friedens gegenüber allen Völkern. Dagegen sei es in Deutschland zu einem Regierungswechsel gekommen, wobei es die neue Regierung entgegen ihren Friedensbeteuerungen gegenüber der UdSSR dulde, daß zum »Kreuzzug« gegen die UdSSR aufgerufen, ja dazu ermutigt würde. Bessonow verwies darauf, daß der Volkskommissar für Auswärtige Angelegenheiten der UdSSR, M. M. Litwinow, in seiner jüngsten Rede auf der Tagung des Zentralen Exekutivkomitees der UdSSR auf die wichtigsten Fakten verwiesen habe: die weitere Verbreitung des Buches von Hitler mit einem unveränderten Kapitel über die Organisierung eines Feldzuges gegen die UdSSR, die Tätigkeit des russischen Emigranten Rosenberg als Leiter der außenpolitischen Abteilung der Nationalsozialistischen Partei und schließlich die betonte Freundlichkeit gegenüber Japan, das eine ausgesprochen aggressive Politik gegenüber der UdSSR betreibe.

Litwinow lenkte die Aufmerksamkeit der britischen Regierung während eines Empfangs für den britischen Lordsiegelbewahrer Eden in Moskau im Frühjahr 1935 darauf, daß die Sowjetunion nicht die geringsten Zweifel an den aggressiven Absichten Deutschlands hege. Die deutsche Außenpolitik werde von zwei Grundideen bestimmt: der Idee der Revanche und der Idee der Herrschaft in Europa. Doch gegenwärtig wäre es wohl verfrüht zu sagen, welche Idee das Handeln bestimmen wird. Es wäre beispielsweise durchaus möglich, ja wahrscheinlicher, daß sich der erste Schlag nicht gegen die UdSSR richten werde, denn zwischen Deutschland und der UdSSR liegen ja noch andere Staaten, die überrannt werden müßten, und andererseits sei sich Deutschland der Stärke der Roten Armee bewußt. Auch die Lehren der Geschichte habe Deutschland nicht vergessen, die besagen, daß es zwar mitunter gelingt, in unser Land einzudringen, daß es doch kein leichtes ist, dort Fuß zu fassen beziehungsweise unbeschadet wieder abzuziehen. Wenn Hitler gegenwärtig einen Plan der Expansion nach

Osten betreibe, so wolle er damit die westlichen Staaten verwirren. Wenn diese Aufrüstung das von Hitler erstrebte Niveau erreicht habe, so bemerkte der Volkskommissar, könnten die Kanonen auch in eine ganz andere Richtung schießen.

Einige Zeit später empfing Litwinow den deutschen Botschafter Schulenburg. Dieser bat, nicht an eine Aggressivität Deutschlands gegenüber der UdSSR zu glauben. Litwinow erinnerte jedoch diesen nicht nur an »Mein Kampf«, sondern auch an jene Reden Hitlers, in denen er zum Beispiel von einer Expansion nach Osten sprach oder die Bevölkerungsdichte im eigenen Land und in der UdSSR kalkulierte. Wenn eine und dieselbe Person, so Litwinow, heute unumwunden von Angriff spricht und morgen beteuert, man habe keine Absicht anzugreifen, so wäre man gut beraten, ließe man sich von der schlimmeren Erklärung leiten und träfe entsprechende Vorsichtsmaßnahmen. Selbst wenn man sich in der Absicht des Gegners irrte, riskierte man nichts; würde man aber keine Maßnahmen treffen, riskierte man die eigene Existenz.

In der sowjetischen Botschaft Unter den Linden verfolgte man aufmerksam die faschistischen Zusammenrottungen und besonders die Parteitage. Sorgfältig wurden antisowjetische und antikommunistische Ansprachen der Naziführung festgehalten. Davon zeugen auch Auszüge aus einem Brief des sowjetischen Botschafters in Deutschland, J. S. Suriz, an das Volkskommissariat der UdSSR für Auswärtige Angelegenheiten:

»Das zügellose Schimpfen auf dem Nürnberger Parteitag gegen den Bolschewismus und die UdSSR, die Polemik Goebbels' gegen kommunistische Literatur und Losungen der deutschen Kommunisten von 1932, der Charakter sämtlicher Reden auf dem Parteitag, die weniger die eigenen Perspektiven betrafen als vielmehr gegen die UdSSR gerichtet waren – alle diese Umstände zeugen von einer großen inneren Unordnung im Dritten Reich. In seiner Eröffnungsrede erklärte Heß auf dem Parteitag, daß der Kampf gegen den Bolschewismus im Weltmaßstab die zentrale Frage darstelle. Heß hob hervor, daß Deutschland einen mächtigen antibolschewistischen Faktor bilde. Hitlers Proklamation endete mit dem Aufruf zum Kampf gegen das »internationale jüdische Revolutionszentrum in Moskau«. Unmittelbar mit diesem Aufruf verknüpfte Hitler die Einführung der zweijährigen Wehrpflicht. Die Rede von Goebbels, die in Presseorganen unter der Schlagzeile »Alarmsignal gegen Moskau« erschienen ist, enthält schon im ersten Satz den Hinweis, diese Ansprache sei nicht nur gegen den theoretischen Marxismus, sondern auch gegen den Sowjetstaat gerichtet, wo der Marxismus in der Praxis realisiert worden sei. Die Rede besteht bekanntlich aus äußerst beleidigenden und provokativen Ausfällen und enthält den direkten Appell zur endgültigen Entscheidung im Kampf gegen den Bolschewismus und zur Schaffung eines internationalen antisowjetischen Blocks.«

Auf seiner Rückreise aus Italien in die Sowjetunion hielt sich Maxim Gorki im Jahre 1936 zum letzten Mal in Berlin auf. Er wohnte während seines Aufenthaltes in der sowjetischen Botschaft, im Gästeappartement, wo seinerzeit Tschitscherin, Litwinow, Lunatscharski, Jakir, Maiski und andere bekannte Persönlichkeiten des Sowjetstaates gewohnt hatten. Wie Augenzeugen berichteten, sah Gorki nicht sehr gut aus: Er war abgemagert und von der Reise erschöpft. Betrübt und enttäuscht kehrte Gorki von einem Spaziergang durch die Stadt zurück; das ihm wohlvertraute Berlin gehörte der Vergangenheit an; das Bild des Faschismus setzte sich immer mehr durch.

In der Hitler-Zeit waren, wie bereits erwähnt, die Kontakte des sowjetischen Botschafters mit offiziellen Personen des Gastlandes wie auch mit dem diplomatischen Korps recht selten. Nur der Botschafter einer Großmacht war häufig im sowjetischen Haus Unter den Linden oder empfing die sowjetischen Botschafter Chintschuk und Suriz in seiner Residenz: der Botschafter der Vereinigten Staaten von Amerika, William Dodd, ein Pazifist und liberal denkender Vertreter des amerikanischen Bürgertums, der alle Ungerechtigkeit und Gewalt verabscheute. Folgende Worte aus seinem Tagebuch zeugen von seiner Einstellung zum faschistischen Regime: ». . . die Liebe zu Tieren – sie stellt einen deutschen Charakterzug dar . . . es ist hier gesetzlich verboten, Tiere zu mißhandeln. Zu einer Zeit, da Hunderte ohne gerichtliche Aburteilung oder ohne den Nachweis einer Schuld hingerichtet werden, da die Bevölkerung buchstäblich vor Angst zittert, genießen die Tiere einen Schutz, um den Männer und Frauen sie wahrlich beneiden können. Beinahe möchte man sich wünschen, ein Pferd zu sein.«

Seinen ersten Besuch in der sowjetischen Botschaft machte er am 23. November 1933, gleich nach der Anerkennung der UdSSR durch die Vereinigten Staaten. In sein Tagebuch schrieb er über den sowjetischen Botschafter: »Ein Mann mit außerordentlich würdigem Aussehen, tadellos gekleidet und mit einwandfreien Manieren – in diesem Sinne ist er dem französischen Botschafter sehr ähnlich. Fast eine ganze Stunde unterhielten wir uns auf deutsch über wirtschaftliche Themen.« Später vermerkte er: »Er ist ein angenehmer und kluger Mensch, aber ein Kommunist. In Berlin ignorieren ihn fast alle Diplomaten, mit Ausnahme des französischen Botschafters François-Poncet. Ich freue mich, ihn zu sehen.« Auch Dodd war für eine der Hauptthesen des Antikommunismus empfänglich, die These vom »totalitären Regime« in der UdSSR. Doch Ende 1936 schrieb er in seinem Tagebuch: »Ich glaube, daß Hitler der Stimme der Vernunft erst dann Gehör schenkt, wenn alle demokratischen Länder, einschließlich Rußland, sich gegen ihn verbünden.«

Über einen Empfang im eleganten Berliner Hotel »Adlon« berichtete er erneut von den Bemühungen der offiziellen Behörden und vieler Vertreter des diplomatischen Korps, den sowjetischen Botschafter zu isolieren: »Am Nebentisch saßen die Botschafter Englands und Rußlands, die miteinander kaum sprachen, und Monsieur François-Poncet, der mit den beiden freundlich umzugehen schien. Der arme Russe, wohl der hellste Kopf unter den hiesigen Diplomaten, war fast völlig isoliert. Prinz Louis Ferdinand ging auf ihn zu, um ihn zu begrüßen, hatte jedoch im voraus Miss Schulz wissen lassen, daß er sich an ihren Tisch nicht setzen könne, falls der Russe dort säße.«

Unter dem 19. November 1936 machte Dodd folgende Tagebucheintragung: »Um halb zwölf besuchte ich den sowjetischen Botschafter in seiner herrlichen Villa, die weit größer als die italienische Botschaft ist. In sein Arbeitszimmer führte mich nur ein Butler, während in anderen Botschaften mehrere Diener zur Stelle sind. Dieser machte keinerlei Andeutung, Trinkgeld bekommen zu wollen; das ist wohl sonst der einzige Ort in Berlin, wo Sie nicht eine halbe Mark oder eine ganze Mark bei jedem Besuch spenden müssen.«

Für uns ist das Tagebuch des USA-Botschafters Dodd natürlich nicht nur deshalb interessant, weil darin auch die sowjetische Botschaft und sowjetische Diplomaten geschildert werden. Wenn Dodd seine Beobachtungen über die Beziehungen zwischen den bürgerlichen Staaten, die Alltagsroutine des diplomatischen Dienstes in der Hauptstadt des faschistischen Deutschland beschreibt, so bekommt man den Eindruck, daß jedem dieser Staatsvertreter als führendes und leitendes Prinzip in den Beziehungen mit anderen Staaten unverändert der Spruch des preußischen Königs Friedrich II. diente: »Wenn schon Betrug, dann begehen wir ihn!« Hitler betrügt seine Kreditgeber; gegenseitig betrügen sich Hitler und Mussolini; England arbeitet mit den Vereinigten Staaten zusammen, um bei den Abrüstungsverhandlungen Frankreich zu betrügen, und verbündet sich mit Frankreich, um die USA in Wirtschaftsfragen zu hintergehen ...

Indem sie immer wieder von »Frieden« sprachen, entfalteten Hitler und Goebbels in jenen Jahren eine abscheuliche Kampagne der Demagogie. Wie in den Dokumenten der sowjetischen Botschaft in Berlin festgehalten ist, wurde das Wort »Frieden« damals besonders vom deutschen Außenminister Neurath und später von Ribbentrop strapaziert, die den diplomatischen Apparat Deutschlands in ein Werkzeug der Heimtücke, der Erpressung, der systematischen Mißachtung internationaler Verträge und der Vorbereitung eines Angriffs verwandelt hatten. Und von »Frieden« sprach stets das »Finanz-Genie« der Nazis, Schacht, der die Umstellung der deutschen Wirtschaft auf den militärischen Bereich vorantrieb und die Finanzierung der Kriegsmaschinerie organisierte.

Hinter diesem Schleier rüsteten verschiedene westliche Staaten das deutsche Militär auf, gaben Geld für die Aufstellung und Bewaffnung einer Eroberungsarmee, ließen Verletzungen des Völkerrechts zu und ermunterten so den Faschismus. Dieser Politik der Begünstigung des Aggressors lag blinder Antikommunismus, der Haß der ganzen westlichen Welt gegen die Sowjetunion zugrunde. So sprach der englische Außenminister Halifax während der Beratung mit Hitler Ende 1937 in Berchtesgaden von Deutschland als »Bollwerk des Westens gegen den Bolschewismus«.

Hitlers nervenaufreibendes Spiel gegen die Sowjetunion dauerte an. Anfang 1938 richtete der Volkskommissar für Auswärtige Angelegenheiten der UdSSR an den interimistischen Geschäftsträger der UdSSR in Deutschland, G. A. Astachow, ein Schreiben folgenden Inhalts: »Von sowjetischen Einrichtungen, unter anderem vom Volkskommissariat für Rüstungsindustrie, kommen immer neue Klagen über die grobe Behandlung sowjetischer Bürger an deutschen Grenzübergängen, über die Anwendung physischer Gewalt, ganz zu schweigen von Leibesvisitationen, Entkleidungen usw. Ihre Proteste beim Außenamt haben keine Ergebnisse gezeigt, deshalb ist eine entschiedenere Erklärung nötig. Erinnern Sie das Außenamt daran, daß der Reisetransit für die Deutschen wichtiger ist als für uns, weil wir andere recht bequeme Wege in andere europäische Länder finden können, während die Deutschen solche Wege für die Reisen in den Nahen und Fernen Osten – neben der UdSSR – nicht finden. Erklären Sie, daß unsere Bürger nicht gewillt sind, sich den von den Deutschen praktizierten Erniedrigungen an den Grenze auszusetzen und es vorziehen würden, auf den Transit durch Deutschland zu verzichten; allerdings muß man dann damit rechnen, daß auch die Deutschen auf den Transit durch die UdSSR verzichten müssen. Sagen Sie, daß es die letzte Warnung ist, und falls bei uns erneut Klagen einlaufen, werden wir einen Weg betreten müssen, den wir selbst nicht wünschen und der den Deutschen wenig Nutzen verspricht. Mit Kanzleischreiben und bloßen Dementi werden wir uns nicht abspeisen lassen. Wir haben nichts gegen Zollkontrollen, die für Reisende aller Nationalitäten gleich sind; eine solche Kontrolle praktizieren auch wir, doch kommt es dabei niemals zu Erniedrigung oder gar Mißhandlung der Reisenden. Eine identische Erklärung werden wir hier der Botschaft überreichen.«

Das faschistische Deutschland bereitete sich in jenen Jahren mit aller Kraft auf das bevorstehende Abenteuer vor: Die Rüstungsfabriken arbeiteten auf vollen Touren, junge Männer lernten im Gleichschritt nicht nur zu marschieren, sondern auch zu denken.

Es war nicht leicht, aus dem sowjetischen Haus Unter den Linden, das die Faschisten mit einer Mauer der Feindseligkeit umgeben hatten, die Entwicklung der Ereignisse in Deutschland zu beobachten. Aber die Geschichte bestätigte das, was im Februar 1938 der interimistische Geschäftsträger der UdSSR in Deutschland an das Volkskommissariat für Auswärtige Angelegenheiten der UdSSR geschrieben hatte:

»Das eisige Schweigen, mit dem die deutsche Presse die jüngste Ansprache des österreichischen Kanzlers Schuschnigg versah, obwohl sie im Rundfunk übertragen wurde, der Lärm, den man um die ›Tätigkeit der Komintern‹ macht und um die ›Vorbereitung‹ der jüngsten Ereignisse in Wien, all diese Anzeichen sprechen dafür, daß Hitler nicht gewillt ist, mit der Verwirklichung seines langersehnten Traums – des Anschlusses Österreichs – zu zögern. Was den weiteren Verlauf der Dinge anbelangt, so überwiegt die Meinung, daß nach Österreich die Tschechoslowakei das nächste Opfer sein wird. Weniger klar sieht es für die deutschen Minderheiten in Polen und Litauen aus ... Das sind die wichtigsten Eindrücke, die man in Gesprächen mit Diplomaten und ausländischen Korrespondenten in der letzten Zeit gewinnt. Verständlicherweise kann man für den Wahrheitswert der Gerüchte nicht bürgen, gerade weil sie sich schwer überprüfen lassen und weil meine Bewegungsmöglichkeiten immer mehr eingeengt werden. Besuche bei Kollegen (insbesondere aus befreundeten Ländern) müssen exakt berechnet sein und selten geschehen, um diese nicht ›in Mißkredit‹ zu bringen. Zudem wagen nur wenige, uns aufzusuchen

44

(von Gruppeneinladungen abgesehen), denn jede Visite bei uns macht den Besucher in den Augen der Deutschen verdächtig, was keinen erfreuen kann. Bei Empfängen der Deutschen bin ich so gut wie nie ... Mit gutem Grund kann man erwarten, daß sich diese Situation noch verschlechtern wird, weil die Deutschen einen entsprechenden Druck auf Diplomaten wie auch auf Auslandskorrespondenten ausüben werden, um uns um jeden Preis zu isolieren. Die unmittelbare Verschlechterung der Beziehungen äußert sich vorerst in einem Belagerungszustand rund um unsere Konsulate und in der Verstärkung der antisowjetischen Agitation in der Presse, die einen gemeineren und frecheren Charakter als je zuvor angenommen hat. In gewisser Hinsicht wird die antisowjetische Kampagne (insbesondere hinsichtlich der Roten Armee, der staatlichen Geheimpolizei usw.) auch durch innenpolitische Motive bestimmt, um die Aufmerksamkeit von politischen Säuberungsaktionen abzulenken. Es liegt auf der Hand, daß sich der antisowjetische Kurs verstärken wird und allem Anschein nach gerade mit der Amtseinführung Ribbentrops noch drastischer werden wird.«

Im Sommer jenes Jahres 1938 ging in Moskau eine beunruhigende Nachricht ein – über die neuerliche Verstärkung der Kriegsvorbereitungen in Deutschland: »Großtruppenübungen (ohne Einladung ausländischer Militärattachés) finden in mehreren Landesteilen statt, offiziell wird die Bildung sogenannter Sperrzonen für Militärs entlang der französischen, der tschechoslowakischen und der östlichen Grenze (dort werden neue Befestigungsanlagen gebaut) bekanntgegeben; der allgemeine Arbeitsdienst wird eingeführt. Dies alles wird von der deutschen Regierung in der Presse veröffentlicht. Der andauernde Kursverfall an der Berliner Börse ist schon an sich ein charakteristisches Symptom für zunehmende Nervosität. Hinzu kommen andere Informationen, die gesichert erscheinen: die Verlegung einer Vielzahl von Arbeitern (genannt wird die Zahl 300 000) in die Grenzgebiete für den Bau von Befestigungen, die Mobilisierung von Lastkraftwagen, die Aussetzung des Sommerurlaubs in einer Reihe von Einrichtungen (darunter auch bei der Polizei). Immer offener wird unter anderem über die durchgeführte Mobilmachung von Reservisten bis zum Alter von fast 50 Jahren und über die Beschlagnahme aller Benzinvorräte durch den Staat gesprochen. Es steht außer Zweifel, daß die Tschechoslowakei das Ziel dieses Abenteuers ist.«

*

Verschiedene sowjetische Diplomaten, die jahrelang in Deutschland gearbeitet haben, erzählen, daß die Empfänge in der sowjetischen Botschaft während der Hitler-Diktatur nicht sehr groß waren: Ihnen wohnten höchstens 250 bis 300 Personen bei, einschließlich ausländischer Diplomaten, die in Berlin akkreditiert waren. Von seiten der Deutschen erschienen Beamte des Außenamtes und anderer Ämter sowie Militärs. Die Weigerung der meisten Eingeladenen, den Empfängen in der sowjetischen Botschaft beizuwohnen, löste offenbar bei den Diplomaten Unter den Linden Verbitterung aus. 1937 schrieb in diesem Zusammenhang der Kommissar für Auswärtige Angelegenheiten der UdSSR, Litwinow, dem Botschafter der Sowjetunion in Deutschland, Suriz: »Ich empfehle Ihnen, sich über die Weigerung der Deutschen, Ihren Empfängen und Essen beizuwohnen sowie über die Tatsache, daß man Sie nicht einlädt, nicht allzu sehr aufzuregen. Wir hier nehmen das völlig gelassen hin.«

Der Geheimbericht der Gestapo über die Tätigkeit der sowjetischen Einrichtungen in Deutschland im Jahre 1939 stellt fest, daß der sowjetische Botschafter Merekalow in dieser Zeit lediglich beim Neujahrsempfang für das diplomatische Korps, auf der »Grünen Woche«, in der Automobilausstellung sowie auf der Leipziger Messe gewesen war.

*

Der Wechsel von den dreißiger zu den vierziger Jahren ist ein außerordentlich bewegter und ereignisreicher Abschnitt der Weltgeschichte. Er ist auch eine wichtige Etappe in den sowjetisch-deutschen Beziehungen. So fällt in diese Jahre sowohl der Abschluß des Nichtangriffsvertrages zwischen der UdSSR und

46

Deutschland (am 23. August 1939) als auch der heimtückische Überfall der Hitler-Truppen auf unser Land (am 22. Juni 1941).

Mit den Ereignissen jener Jahre sind im Westen nicht wenige Legenden verknüpft, die aber auf ein und dasselbe hinauslaufen: Die auf Frieden ausgerichtete Außenpolitik der Sowjetunion und der Einsatz der sowjetischen Diplomatie gegen einen Krieg und für internationale Sicherheit sollen damit verunglimpft werden. Besonders polemisiert wird gegen den Abschluß des Nichtangriffsvertrages mit Deutschland. Deshalb möchte ich daran erinnern, daß die Sowjetunion diesen Schritt tun mußte, als die westlichen Staaten deutlich gemacht hatten, daß sie den aggressiven Bestrebungen des faschistischen Deutschland keineswegs entgegentreten wollten, sondern lediglich bestrebt waren, diese Aggression Hitlers gegen den Osten zu lenken. Außer der Unterzeichnung des erwähnten Vertrages blieb uns einfach kein anderer Ausweg, um den Krieg hinauszuzögern und Zeit für die Erhöhung unserer Verteidigungsfähigkeit zu gewinnen. Die Geschichte bot uns keine andere Alternative.

Völlig unbegründet sind auch die Behauptungen, daß die sowjetische Führung angeblich die Bedeutung der Vereinbarungen mit Deutschland überschätzte und sich deshalb auf die Verteidigung des Landes gegen die Hitler-Aggression vorbereitete. Die Führung unserer Partei und die Regierung der UdSSR waren sich über die heraufziehende Gefahr vollkommen im klaren. Deshalb wurde im Jahre 1940 und in der ersten Jahreshälfte 1941 eine ganze Reihe erforderlicher Maßnahmen getroffen, um die Armee zahlenmäßig zu vergrößern, ihre technische Ausrüstung zu verstärken, die Qualität der Gefechtsausbildung und der ideologisch-politischen Schulung zu erhöhen und die militärische Disziplin zu festigen. Uns stand jedoch nicht die erforderliche Zeit zur Verfügung, um die Modernisierung der Armee und Flotte abzuschließen. Darin bestand unser Unglück. Wenn schon ein Vorwurf an die Adresse des Volkskommissariats für Verteidigung der UdSSR, des Generalstabs und persönlich an Josef Stalin zu richten wäre, dann der, daß ein Irrtum bei der Einschätzung des möglichen Zeitpunkt des Überfalls und der Vorbereitung auf die Abwehr der erten Schläge begangen wurde, was selbstverständlich den Verlauf der ersten Kriegsetappe negativ beeinflussen mußte. Doch der allgemeine Kurs der Außenpolitik wie auch die Haltung der UdSSR zu Deutschland waren – auch von heute aus gesehen – völlig korrekt.

*

Wer im sowjetischen Haus Unter den Linden am Vorabend des Krieges gearbeitet hat, erinnert sich nicht nur an die strahlenden Paradehallen, sondern auch an den tief in die Erde reichenden Luftschutzbunker, der wenige Tage vor dem Überfall der Hitler-Truppen auf unsere Heimat fertiggestellt wurde. Diesen Bunker baute – recht gemächlich – die sogenannte »Organisation Todt«, der die Pioniertruppen der Wehrmacht sowie die Bauabteilungen des Arbeitsdienstes unterstanden. Schon Anfang Juni, ein paar Wochen vor dem Überfall auf die UdSSR, kam General Todt höchstpersönlich in die Botschaft, um wortreich die Verzögerung des Bunkerbaues damit zu begründen, daß angeblich alle Kräfte für die bevorstehende Landung der Wehrmacht auf den Britischen Inseln konzentriert werden müßten. Natürlich war das lediglich ein Versuch, das »Unternehmen Barbarossa« zu tarnen, das bald anlaufen sollte.

Das Haus der sowjetischen Botschaft Unter den Linden war damals ein dreigeschossiges Gebäude mit glatter Fassade und langem Balkon. Erdgeschoß und zweiter Stock waren mit Fensterflügeln versehen. Im ersten Stock aber, wo sich Paradehallen befanden, glänzten in den flügellosen Fenstern Spiegelglasscheiben, die fast bis zur Decke reichten. Außen war das Haus blaßgrün gestrichen, entlang des Dachrandes verlief eine nicht sehr hohe Balustrade mit dem Wappen der Sowjetunion, hinter dem sich der Fahnenmast erhob. An den revolutionären Feiertagen und auch an den deutschen Feiertagen wehte dort die rote Fahne mit Hammer und Sichel. Eine hohes Tor, das ebenso hoch wie das Gebäude selbst war, verdeckte den Innenbogen, der in den ersten kopfsteingepflasterten Hof führte.

Beiderseits des Bogens führten halbrunde Stufen von der Straße zu den breiten, verschnörkelten Glastüren hinauf, rechts in die Paradehallen und links in die Diensträume, von wo man über eine gußeiserne Wendeltreppe nach oben steigen konnte.

Die offizielle Residenz des Botschafters befand sich damals in der Einemstraße – heute Berlin (West) – in einer Villa inmitten eines Parks, umgeben von alten Bäumen. Der Botschafter gab dort nur Empfänge für einen kleineren Kreis, blieb selbst aber stets in einer kleinen Wohnung im ersten Stock des Botschaftsgebäudes; die Zeit war unruhig und erforderte ständig Sofortkontakte mit Moskau, die sich nur von der Botschaft aus jederzeit herstellen ließen.

Im Frühjahr 1941 verstärkten sich in Berlin besorgniserregende Gerüchte über einen bevorstehenden Überfall Deutschlands auf die UdSSR. Besonders beunruhigten die systematischen Verletzungen der sowjetischen Staatsgrenze durch deutsche Flugzeuge. Am 21. April richtete unsere Botschaft einen Protest an das deutsche Außenamt.

Anfang Mai fand in der Botschaft eine Beratung im engsten Kreise statt. Der Botschafter, der soeben aus Moskau zurückgekehrt war, informierte über Stalins Ansichten zur internationalen Lage und die zunehmende Gefahr eines Angriffs Hitlers gegen die UdSSR.

Obwohl diese Schlußfolgerung durch unwiderlegbare Tatsachen erhärtet wurde, hegte jeder Mitarbeiter der Botschaft im Innersten die Hoffnung, daß es der Sowjetunion gelingen würde, die friedliche Atempause noch für einige Zeit andauern zu lassen. Die erste Junihälfte war für alle eine Zeit wachsender Besorgnis. Die Gefahr des deutschen Überfalls wurde immer deutlicher spürbar.

Nachdem die sowjetische Presse die TASS-Erklärung vom 14. Juni über die sowjetisch-deutschen Beziehungen veröffentlicht hatte, studierten die Mitarbeiter der Botschaft aufmerksam die deutsche Presse. Dabei stellte sich heraus, daß die Erklärung weder in den großen Blättern noch in der Provinzpresse abgedruckt war. Auch der Rundfunk verlor kein Wort darüber. Die Aktion der Sowjetregierung bewies, daß die UdSSR keinen Krieg mit Deutschland wünschte und noch im letzten Augenblick versuchte, diesen mit Hilfe von Verhandlungen zu verhindern.

Die TASS-Erklärung wurde sofort allen ausländischen Korrespondenten in Berlin bekannt und lebhaft erörtert. Das deutsche Außenministerium war gezwungen, eine Sonderpressekonferenz durchzuführen, auf der der Leiter der Presseabteilung, Schmidt, versuchte, den Sinn der TASS-Erklärung zu verdrehen und sie so auszulegen, als sei sie ein Dementi der Gerüchte über eine Konzentration deutscher Truppen an der sowjetischen Grenze. Die deutsche Regierung schwieg nach wie vor. Nach dem 14. Juni wuchs die Spannung in den sowjetisch-deutschen Beziehungen buchstäblich von Tag zu Tag.

Der letzte Tag des Friedens – Sonnabend der 21. Juni – war in Berlin so sonnig und heiß wie schon lange nicht mehr. Der Arbeitstag in der Botschaft begann wie üblich. Allerdings wurde schon in den ersten Stunden der gewohnte Arbeitsrhythmus gestört: Aus Moskau traf ein Telegramm ein, das den Botschafter anwies, unverzüglich den deutschen Außenminister oder dessen Stellvertreter aufzusuchen und eine Protestnote zu überreichen, in der 180 Verletzungen des sowjetischen Luftraums durch deutsche Flugzeuge festgestellt wurden.

Um 9.30 Uhr rief der erste Sekretär der Botschaft beim Auswärtigen Amt an und übermittelte die nachdrückliche Bitte des Botschafters um einen sofortigen Termin beim Minister oder beim Staatssekretär. Der Sekretär erhielt die Antwort, seine Bitte würde unverzüglich an Ribbentrop weitergeleitet, sobald dieser ins Ministerium käme. Die Zeit verging, doch aus dem Auswärtigen Amt kam immer wieder dieselbe Antwort: Weder der Minister noch der Staatssekretär seien im Ministerium.

Sowohl der Inhalt unserer Verbalnote als auch der offensichtliche Unwillen des Ministers, den Botschafter zu empfangen, löste unter allen Mitarbeitern der Botschaft Unruhe aus.

Gegen 18 Uhr wies der sowjetische Botschafter alle Mitarbeiter an, sich an diesem Abend sowie am darauffolgenden

Morgen nicht für längere Zeit aus dem Botschaftsgebäude zu entfernen. Auch befahl der Botschafter, den Bereitschaftsdienst der Botschaft zu verstärken.

Um 22.00 Uhr erfuhren die Diplomaten im Haus Unter den Linden, daß sich der Botschafter zur Stunde bei Staatssekretär von Weizsäcker befände, der ihm schließlich für 21.30 Uhr eine Unterredung gewährt hatte, zu einer Zeit also, die für routinemäßige Begegnungen keinesfalls üblich war. Von Weizsäcker empfing den Botschafter betont zurückhaltend und versuchte sogar, ihn zu unterbrechen, als der Botschafter den Inhalt der Verbalnote der Sowjetregierung über die Verletzungen des sowjetischen Luftraumes durch deutsche Flugzeuge darlegte. Von Weizsäcker behauptete, nicht die UdSSR, vielmehr Deutschland habe Grund für eine solche Beschwerde.

Der Staatssekretär des deutschen Außenministeriums zeichnete dieses Gespräch später wie folgt auf:

»Berlin, den 21. Juni 1941

Der Russische Botschafter, der heute den Herrn Reichsaußenminister hatte aufsuchen wollen und an seiner Stelle an mich verwiesen wurde, suchte mich heute abend um 21.30 Uhr auf und übergab mir die beiliegende Verbalnote.

Diese Note greift zurück auf eine Beschwerde der Russischen Regierung vom 21. 4. d. J. betreffend die Überfliegung Sowjetgebietes durch deutsche Flugzeuge in 80 Fällen. Inzwischen hätten sich, so sagt die Note, noch weitere 180 ähnliche Fälle ereignet, derentwegen die Sowjet-Grenzwache jeweils bei den deutschen Grenzvertretern durch einen Protest vorstellig geworden sei. Auch hätten die Einflüge einen systematischen und absichtlichen Charakter angenommen. Zum Schluß spricht die Verbalnote die Erwartung aus, die Deutsche Regierung werde Maßnahmen zwecks Einstellung dieser Grenzverletzungen ergreifen.

Ich habe dem Sowjetbotschafter Folgendes erwidert: Da mir das Nähere nicht bekannt und insbesondere über die angeblichen an der Grenze zwischen den örtlichen Instanzen stattgehabten Proteste nichts geläufig sei, müsse ich die Verbalnote den zuständigen Stellen zur Kenntnis bringen. Ich wolle der deutschen Antwort nicht vorgreifen. Nur so viel möchte ich bereits vorweg sagen, daß mir umgekehrt eine Fülle sowjetrussischer Flugzeug-Grenzverletzungen über deutschem Gebiet bekannt geworden sei; zu einer Beschwerde habe infolgedessen die Deutsche Regierung Anlaß und nicht die Russische.

Als der Sowjetbotschafter das Gespräch noch etwas fortspinnen wollte, habe ich ihm erklärt, da ich vollkommen anderer Ansicht sei als er und die Meinung meiner Regierung vorbehalten müsse, wäre es besser, das Gespräch jetzt nicht zu vertiefen. Die Antwort würde später erfolgen.

Der Botschafter stimmte dem Verfahren zu und verließ mich.

Ich habe zu dem Gespräch, da ein deutscher Dolmetscher für das Russische zur Zeit nicht aufzutreiben war, Herrn Gesandten von Grundherr als Zeugen zugezogen.

Hiermit dem Herrn Reichsaußenminister. von Weizsäcker«

(Aus dem Archiv des Reichsministeriums des Auswärtigen, Band 5)

Das Verhalten v. Weizsäckers und insbesondere sein Unwillen, die Ursachen der unruhigen Situation an der sowjetischen Grenze zu erörtern, wurde unwillkürlich in Zusammenhang gebracht mit den verstärkten militärischen Aktivitäten der Deutschen an den sowjetischen Grenzen sowie mit anonymen Anrufen und Briefen an die Botschaft, die vor einem möglichen Überfall warnten.

Gegen 23.00 Uhr mitteleuropäischer Zeit traf aus Moskau ein Telegramm ein, in dem es hieß, daß der Volkskommissar für Auswärtige Angelegenheiten der UdSSR soeben den deutschen Botschafter Schulenburg zu sich bestellt und ihm Fragen über die sowjetisch-deutschen Beziehungen gestellt habe. Der Botschafter wurde angewiesen, unverzüglich ein neues Treffen mit dem Minister oder dessen Stellvertreter zu verlangen und diesen mit den gleichen Fragen zu konfrontieren.

Obwohl es schon spät war, beinahe Mitternacht, wurde im Büro des Ministers angerufen. Man erhielt die Antwort, weder der Minister noch der Staatssekretär seien im Ministerium anwesend, doch würden sie über die Bitte des sowjetischen Botschafters informiert, sobald jemand von ihnen im Außenministerium einträfe. Weitere Anrufe im Ministerium blieben ergebnislos.

In der Nacht vom 21. zum 22. Juni kam um 3.00 Uhr ein Telefonanruf aus dem Auswärtigen Amt. Ein Beamter teilte mit, daß der Reichsminister den Botschafter bäte, unverzüglich ins Ministerium zu kommen. Besorgnis und Spannung nahmen zu. Fünfzehn bis zwanzig Minuten später fuhr der Botschafter mit dem Ersten Sekretär Bereshkow in die Wilhelmstraße.

Ribbentrop hatte sich nun herabgelassen, den sowjetischen Botschafter zu empfangen, um ihm eine von Inhalt und Form her unverschämte Erklärung abzugeben. Der Inhalt des Gesprächs, das zwischen dem Reichsaußenminister und dem sowjetischen Botschafter in Berlin am 22. Juni um 4.00 Uhr früh im Auswärtigen Amt stattfand, wird im Tagebuch des Gesandten Schmidt aus dem Büro des Reichsaußenministers wie folgt wiedergegeben:

»Der Herr Reichsaußenminister begann die Unterredung mit der Bemerkung, daß die deutschfeindliche Haltung der Sowjet-Regierung und die schwere Bedrohung, die Deutschland in dem russischen Aufmarsch an der deutschen Ostgrenze erblicke, das Reich zu militärischen Gegenmaßnahmen gezwungen haben. Im einzelnen ist die Begründung für die deutsche Haltung in einem Memorandum dargelegt worden, das der Herr Reichsaußenminister dem Sowjetbotschafter anschließend überreichte. Der Herr Reichsaußenminister fügte hinzu, daß er diese Entwicklung des deutsch-russischen Verhältnisses sehr bedauere, da gerade er alles versucht habe, ein besseres Verhältnis zwischen den beiden Ländern herzustellen. Es hätte sich jedoch leider herausgestellt, daß die weltanschaulichen Gegensätze zwischen den beiden Ländern stärker geworden seien als die Vernunft, auf die er, der Herr Reichsaußenminister, seine Hoffnung gesetzt hätte. Weiteres habe er, so schloß der Herr Reichsaußenminister, seinen Bemerkungen nicht hinzuzufügen.

Der Sowjetbotschafter erwiderte, daß er um einen Empfang beim Herrn Reichsaußenminister gebeten habe, weil er im

Namen der Sowjetregierung einige Fragen vorbringen wollte, die seiner Ansicht nach der Klärung bedürften.

Der Herr Reichsaußenminister erwiderte darauf, daß er dem, was er bereits ausgeführt habe, nichts weiter hinzuzufügen hätte. Er habe gehofft, daß die beiden Länder zu einem vernünftigen Verhältnis miteinander gelangen würden. Diese große Hoffnung sei jedoch aus Gründen enttäuscht worden, die im einzelnen in dem soeben überreichten Memorandum ausgeführt würden. Die deutschfeindliche Politik der Sowjetregierung, die ihren Höhepunkt in dem Abschluß eines Paktes mit Jugoslawien im Augenblick des deutsch-jugoslawischen Konfliktes gefunden habe, sei schon seit Jahresfrist erkennbar gewesen. In einem Augenblick, in dem Deutschland in einen Kampf auf Tod und Leben verwickelt sei, habe die Haltung Sowjetrußlands, besonders der Aufmarsch der russischen Streitkräfte an der Sowjetgrenze, eine so schwere Bedrohung des Reichs dargestellt, daß sich der Führer entschließen mußte, militärische Gegenmaßnahmen zu ergreifen. Die Politik des Ausgleichs zwischen beiden Ländern habe also keinen Erfolg gehabt. Dies sei jedoch keineswegs die Schuld der Reichsregierung, die den deutsch-russischen Vertrag bis ins einzelne genau befolgt habe, sondern sei vielmehr zurückzuführen auf eine bereits seit längerer Zeit bestehende feindliche Einstellung Sowjetrußlands gegenüber Deutschland. Unter dem Eindruck der schweren Bedrohung politischer und militärischer Art, die von Sowjetrußland ausgehe, habe Deutschland seit heute vormittag die entsprechenden Gegenmaßnahmen auf militärischem Gebiet getroffen. Der Herr Reichsaußenminister bedauerte, diesen Bemerkungen nichts weiter hinzufügen zu können, besonders da er selbst habe feststellen müssen, daß es ihm trotz ernsthafter Bemühungen nicht gelungen sei, zwischen beiden Ländern ein vernünftiges Verhältnis herzustellen.

Der Sowjetbotschafter erwiderte kurz, daß er auch seinerseits diese Entwicklung außerordentlich bedaure, die auf einer vollständig irrtümlichen Auffassung der Deutschen Regierung beruhe, und er angesichts dieser Sachlage nichts weiter zu bemerken habe, als daß der Status der Russischen

Botschaft nunmehr wohl mit der zuständigen deutschen Stelle geregelt werden würde. Darauf verabschiedete er sich kurz von dem Herrn Reichsaußenminister.«

(Aus dem Archiv des Reichsministeriums des Auswärtigen, Band 5)

Ein anderer Zeuge der Begegnung zwischen dem sowjetischen Botschafter und Ribbentrop, der sowjetische Diplomat Bereshkow, beschreibt die Szene folgendermaßen:

»Als wir dicht vor dem Schreibtisch standen, erhob sich Ribbentrop, nickte wortlos, reichte uns die Hand und forderte uns auf, ihm zu dem runden Tisch zu folgen. Sein Gesicht war aufgedunsen und gerötet, die Augen, die erstarrt zu sein schienen, trübe und entzündet. Er schritt uns mit gesenktem Kopf und leicht schwankend voraus. Ob er getrunken hat? dachte ich ...

Sich fast bei jedem Wort verhaspelnd, begann er, recht verworren zu erklären, der deutschen Regierung lägen Angaben über eine verstärkte Konzentration sowjetischer Truppen an der deutschen Grenze vor. Unter Mißachtung der Tatsache, daß die sowjetische Botschaft in den letzten Wochen die deutsche Seite im Auftrage ihrer Regierung wiederholt auf eklatante Fälle von Grenzverletzungen durch deutsche Soldaten und Flugzeuge hingewiesen hatte, behauptete Ribbentrop, Angehörige der Sowjetarmee hätten die deutsche Grenze verletzt und wären auf deutsches Territorium vorgedrungen, obwohl es in Wirklichkeit derartige Fälle nicht gegeben hatte.

Alsdann erklärte Ribbentrop, er werde uns nun kurz den Inhalt eines Memorandums von Hitler darlegen, dessen Text er uns sogleich überreichte. Die entstandene Lage, so fuhr er fort, betrachte die deutsche Regierung als eine Bedrohung Deutschlands in einem Augenblick, da es mit den Angelsachsen einen Kampf auf Leben und Tod führe. Die deutsche Regierung und der Führer persönlich hätten den Eindruck, daß die Sowjetunion beabsichtige, dem deutschen Volk einen Schlag in den Rücken zu versetzen. Der Führer habe eine solche Bedrohung nicht dulden können und sich entschlossen, Maßnahmen zum Schutze des Lebens und der Sicherheit der deutschen Nation zu ergreifen. Des Führers Entschluß sei unabänderlich. Vor einer Stunde hätten deutsche Truppen die Grenze der Sowjetunion überschritten.

Dann versicherte Ribbentrop, dieses Vorgehen Deutschlands sei keine Aggression, sondern nur eine Verteidigungsmaßnahme. Schließlich erhob sich Ribbentrop und bemühte sich, recht feierlich zu wirken. Aber seiner Stimme fehlten Festigkeit und Sicherheit, als er den letzten Satz sprach: ›Der Führer hat mich beauftragt, Sie offiziell von diesen Verteidigungsmaßnahmen in Kenntnis zu setzen . . .‹

Wir standen ebenfalls auf. Das Gespräch war beendet. Nun wußten wir, daß in unserer Heimat bereits geschossen wurde. Erst nach dem vollzogenen räuberischen Überfall war uns der Krieg offiziell erklärt worden. Daran ließ sich nichts mehr ändern. Bevor er ging, sagte der sowjetische Botschafter:

›Das ist eine dreiste, durch nichts provozierte Aggression. Es wird Ihnen noch leid tun, den räuberischen Überfall auf die Sowjetunion verübt zu haben. Sie werden das schwer büßen müssen.‹

Wir wandten uns dem Ausgang zu. Und da ereignete sich etwas Überraschendes. Ribbentrop hastete uns nach. Er flüsterte uns zu, daß er persönlich gegen diesen Entschluß des ›Führers‹ gewesen sei. Er habe sogar versucht, Hitler den Überfall auf die Sowjetunion auszureden. Er, Ribbentrop, halte das für Wahnsinn. Aber er habe nichts ausrichten können. Hitler hätte diesen Entschluß gefaßt, er wollte auf niemanden hören.

›Richten Sie in Moskau aus, daß ich gegen den Überfall gewesen bin‹, waren die letzten Worte, die wir vernahmen, als wir auf den Korridor hinaustraten . . .

Weshalb war er so nervös, dieser faschistische Halsabschneider, der ebenso wie die anderen Nazi-Anführer ein erbitterter Feind des Kommunismus war und unserem Land wie auch den Sowjetmenschen einen fast krankhaften Haß entgegenbrachte? Wo war die ihm sonst eigene dreiste Überheblichkeit geblieben? Gewiß log er, als er uns weismachen wollte, er hätte Hitler den Überfall auf die Sowjetunion auszureden versucht.

Aber was bedeuteten seine letzten Worte? ... Ribbentrop hat in diesem verhängnisvollen Augenblick, da er einen Beschluß, der letztlich zum Untergang des Hitlerreiches führte, offiziell bekanntgab, möglicherweise eine düstere Vorahnung gehabt. War das etwa auch der Grund, weshalb er damals einen Schluck zuviel aus der Flasche genommen hatte?

Als wir uns der Botschaft näherten, bemerkten wir, daß das Gebäude unter verstärkter Bewachung stand. Statt des üblichen Polizisten vor dem Tor hatte jetzt auf dem Bürgersteig eine ganze Kette von Soldaten in SS-Uniform Aufstellung genommen.«

Inzwischen waren die Kontakte der Botschaft zur Außenwelt abgebrochen, alle Telefonapparate waren abgeschaltet. Um vier Uhr begann die Morgendämmerung. Endlich erschien das Auto des Botschafters scharf bremsend vor dem Tor. Die Mitarbeiter stürzten dem Botschafter entgegen. Auf ihre Frage, was geschehen sei, hörten sie nur ein Wort: »Krieg«.

Der Botschafter berief unverzüglich in seinem Arbeitszimmer eine Sondersitzung aller leitenden Angestellten der Botschaft ein, um Maßnahmen zum Schutz der Botschaft und der sowjetischen Bürger in Deutschland und in den von Hitler besetzten Gebieten zu erörtern. Jeden Augenblick mußte mit irgendeiner Provokation oder gar mit gewaltsamen Übergriffen auf das Botschaftsgebäude gerechnet werden. Als erstes mußten die vertraulichen Unterlagen vernichtet werden. Daran gingen die Mitarbeiter der Botschaft, ohne auch nur eine Minute zu verlieren. Um 6.00 Uhr war die Arbeit erledigt. Danach versammelten sich die Botschaftsangestellten um den Rundfunkempfänger und warteten gespannt auf die ersten Nachrichten. Alle Sender des »Dritten Reiches« begannen ihre Programme mit der sinfonischen Dichtung »Les Préludes« von Liszt. Um 6.05 Uhr verlas Goebbels den »Aufruf« Hitlers an das deutsche Volk im Zusammenhang mit dem Überfall auf die UdSSR. Er wurde vom deutschen Rundfunk wiederholt gesendet und in Form eines Flugblattes zusammen mit den Morgenausgaben der Berliner Zeitungen verbreitet.

Alle Versuche der Botschaft, den Wortlaut des deutschen

Memorandums, das Ribbentrop dem sowjetischen Botschafter am frühen Morgen des 22. Juni ausgehändigt hatte, nach Moskau durchzugeben, waren ohne Erfolg. Das Gebäude war von der Außenwelt völlig isoliert, alle Fernsprechverbindungen waren abgeschaltet. Auch war es nicht gelungen, den deutschen Fernschreiber für die Übermittlung eines verschlüsselten Telegramms nach Moskau zu benutzen.

Die kleine Gruppe von Sowjetbürgern war von ihrer Heimat völlig abgeschnitten. Die Botschaft war von bewaffneten SS-Leuten umstellt. So begann für die Mitarbeiter des sowjetischen diplomatischen Dienstes der erste Tag unseres Großen Vaterländischen Krieges, wie wir in der Sowjetunion diesen Krieg zur Verteidigung unseres Landes nennen.

Die Botschaft mußte so schnell wie möglich Verbindung zu den Leitern sämtlicher sowjetischer Einrichtungen in Berlin aufnehmen, ihnen die entstandene Situation erläutern und Ratschläge geben, wie sie sich bei eventuellen Hausdurchsuchungen, Festnahmen und Provokationen verhalten sollten. Ohne Fernsprechverbindung war das alles nicht so einfach, zumal die meisten leitenden Mitarbeiter der Botschaft in verschiedenen Teilen Berlins wohnten. Einige von ihnen erfuhren erst gegen Mittag von den Ereignissen; denn es war Sonntag, und die Menschen ließen sich Zeit mit dem Aufstehen und Frühstücken. Erst nachdem sie das Radio eingeschaltet oder das Haus verlassen hatten, konnten sie erfahren, daß auch für unser Land der Krieg begonnen hatte. Erst gegen Mittag wußten alle, was geschehen war.

Im Verlauf der nächsten Stunden trafen Diplomaten, Mitarbeiter der Konsularabteilung, des Militär- und des Marineattachés in der Botschaft ein, einige mit Frauen und Kindern. Zuerst kamen die Bewohner der Botschaftsvilla in der Einemstraße. Ihnen folgten die anderen, deren Wohnungen in den verschiedenen Stadtteilen lagen. Auf dem Hof stapelten sich Koffer, Tüten, Pakete und andere Gegenstände – alles, was die Menschen in der Eile mitnehmen konnten. Bald waren alle Räume mit Menschen gefüllt. Die Innenhöfe erinnerten an ein Zigeunerlager. Für alle Sowjetbürger, die vom Krieg in Berlin überrascht wurden, begann ein neuer Lebensabschnitt voller Sorge und Ungewißheit.

Wer in der deutschen Metropole lebte, konnte das Botschaftsgebäude am 22. Juni bis 18.00 Uhr erreichen. Danach wurde der Zutritt zur Botschaft von SS-Leuten verwehrt, die das Gebäude umstellt hatten. Alle Schutzsuchenden mußten irgendwie untergebracht, verpflegt und aufgemuntert werden. Viele dieser Leute waren mit den Nerven am Ende, besonders jene mit Kleinkindern. Anfangs kam es zu hysterischen Ausbrüchen, was offensichtlich auf die schlechten Unterbringungs- und Verpflegungsverhältnisse, das allgemeine Durcheinander und den Mangel an Schlaf zurückzuführen war. Doch allmählich kam das Leben, selbst unter diesen ungewöhnlichen Bedingungen, in geordnete Bahnen. Eine kleine Redaktionsgruppe, die Radio Moskau hörte und Berichte von TASS, dem sowjetischen Informationsbüro, und andere Nachrichten aus der Heimat aufzeichnete, gab täglich ein Bulletin heraus. Die Schreibkräfte vervielfältigten das Informationsmaterial, das in verschiedenen Räumen der Botschaft, wo jedermann es lesen konnte, ausgehängt und im Speiseraum auch verlesen wurde.

Fast eine Woche lang mußten die Menschen im Botschaftsgebäude hungern, weil die SS-Leute jeden am Verlassen des Gebäudes hinderten. Erst am sechsten Tag konnte durch Vermittlung des schwedischen Botschafters in Berlin der Kauf von Lebensmitteln vereinbart werden.

Die Nazis hingegen riefen nach und nach die Familienangehörigen ihrer Diplomaten und anderer Mitarbeiter aus Moskau zurück. So blieben in der Sowjetunion nur 120 offizielle deutsche Vertreter. Die Zahl der sowjetischen Bürger in Deutschland und in den von Hitler besetzten Gebieten belief sich dagegen auf ungefähr tausend, darunter viele Kinder und sogar schwangere Frauen. Alle, die außerhalb Berlins arbeiteten, wurden von der Gestapo im Morgengrauen des 22. Juni aus ihren Wohnungen geholt, mitunter nur mit Schlafanzug und Hausschuhen bekleidet, und in Sonderlager abtransportiert, bevor sie einige Tage später abreisen durften.

Die Tage und Nächte zogen sich für die 59 Menschen in der

Botschaft zermürbend langsam und eintönig dahin. Zugleich waren Meldungen über den Verlauf der Kämpfe zu hören und in deutschen Zeitungen Bilder von verwundeten und gefangenen Rotarmisten, zerstörten und brennenden sowjetischen Städten zu sehen. Alle wollten nur das eine: so schnell wie möglich Deutschland verlassen, um gemeinsam am Widerstand gegen den deutschen Überfall teilzunehmen.

Die Sowjetregierung vereinbarte mit der Regierung Schwedens, daß diese die Interessen der UdSSR in Deutschland vertreten sollte (die deutschen Interessen in der UdSSR nahm die bulgarische Vertretung wahr). Am 29. Juni 1941 wandte sich das Volkskommissariat für Auswärtige Angelegenheiten an die schwedische Mission in Moskau mit dem Vorschlag, die Mitarbeiter des sowjetischen Dienstes und der anderen sowjetischen Einrichtungen in Deutschland gegen die deutschen Diplomaten und andere deutsche Bürger auszutauschen.

Der Aufenthalt im Gebäude der Botschaft Unter den Linden endete für die Sowjetbürger ganz unerwartet. Am 2. Juli um Mitternacht erhielt die Botschaft eine Mitteilung aus dem deutschen Außenministerium mit der Aufforderung, binnen einer bis anderthalb Stunden für die Abfahrt zum Bahnhof bereit zu sein. Sorgenvoll und beunruhigt verließen die Mitarbeiter der Botschaft ihr altes Gebäude, das ihnen in diesen schweren Tagen Schutz und Obdach bot. Würden sie es jemals wiedersehen?

Die Autos fuhren mit hoher Geschwindigkeit. Die gesamte Strecke säumten verstärkte Polizeistreifen und SS-Patrouillen. Vor und hinter der Fahrzeugkolonne fuhren SS-Leute auf Motorrädern.

Gleich nach dem Eintreffen im Bahnhof wurden die sowjetischen Bürger in einem Sonderzug untergebracht. Niemand ahnte damals, daß man in diesem Zug fast zwei Wochen lang zubringen mußte.

In Leninakan wurden den türkischen Behörden 237 deutsche Bürger übergeben. Zur gleichen Zeit übergab man den türkischen Behörden alle Mitarbeiter des sowjetischen diplomatischen Dienstes und alle übrigen Bürger der UdSSR, die bis dahin in anderen sowjetischen Einrichtungen in Deutschland beschäftigt waren.

Viele Mitarbeiter der Botschaft meldeten sich nach ihrer Rückkehr in die Heimat als Freiwillige an die Front, um am Krieg gegen die deutschen Eindringlinge teilzunehmen. Diejenigen von ihnen, die im Mai 1945 nach Berlin zurückkehrten, fanden anstelle des Botschaftsgebäudes Unter den Linden einen Trümmerhaufen.

Der Große
Vaterländische Krieg
1941–1945

Unser Krieg gegen den deutschen Faschismus, der Große Vaterländische Krieg, begann im Gebiet zwischen der Barentssee und dem Schwarzen Meer. Dabei ging es nicht nur um die Verteidigung der revolutionären Errungenschaften der UdSSR sowie um die Existenz der Sowjetunion schlechthin, es ging auch um die Befreiung der Völker Europas vom Faschismus einschließlich seiner völligen Vernichtung. Es stand also auch die Zukunft des deutschen Volkes auf dem Spiel, das die Nazis zu einem blinden Werkzeug ihrer nach Weltherrschaft strebenden Politik machen wollten.

Die kriegführenden Seiten kämpften nicht nur an den Fronten. Außerordentlich rege war auch der diplomatische Widerstreit. Um sich eine Vorstellung von der Größe und der Dramatik der Kriegsjahre zu verschaffen, soll wenigstens kurz über den Krieg selbst und dessen diplomatische Geschichte erzählt werden, um so mehr, als die deutsche Frage unverkennbar den wichtigsten Platz in dieser Geschichte einnahm. So war es im Verlauf der Bildung einer antifaschistischen Koalition, so war es auch in Teheran, Jalta und Potsdam.

Die Rote Armee führte schwere Verteidigungskämpfe. Hitler setzte gegen die UdSSR seine riesige Kriegsmaschinerie sowie die Streitkräfte der Verbündeten des faschistischen Deutschlands ein. Zum Zeitpunkt des Überfalls waren an der Ostfront 190 Divisionen konzentriert, darunter ausgewählte Panzerverbände mit 3500 Panzern sowie 50 000 Geschütze und Granatwerfer. Fast die gesamten deutschen Heereskräfte mit 50 000 Geschützen und Granatwerfern wurden aufgeboten sowie über 3900 Kampfflugzeuge, die über 60 Prozent der Luftstreitkräfte Deutschlands ausmachten. Die sowjetischdeutsche Front wurde die entscheidende Front des Zweiten Weltkrieges.

Unser Volk und vor allem unsere gesamten Streitkräfte standen nun vor harten Prüfungen. Trotz einzelner erfolgreicher Gegenangriffe unserer Truppen rückte die Front immer weiter nach Osten und näherte sich Moskau und Leningrad. Die Kriegslage in den Sommer- und Herbstmonaten 1941 war außerordentlich schwierig. Überall tobten blutige Kämpfe. Hitler war bestrebt, Moskau noch vor Wintereinbruch um jeden Preis zu nehmen. Doch allein in den ersten zwei Monaten verloren die Deutschen über 400 000 Soldaten und Offiziere, zweimal mehr, als während ihrer gesamten vorausgegangenen zweijährigen Kriegshandlungen in Europa.

Die Verteidiger von Brest, die erbitterten Kämpfe bei Smolensk, Odessa, Sewastopol und Leningrad haben gezeigt, daß die deutschen Eindringlinge hier nicht mit leichten Siegen rechnen konnten, die sie bis dahin im Westen so berauscht hatten.

Unter Leitung der Partei verwandelte sich unser Land in ein regelrechtes Kriegslager. In der Ukraine, Belorußland und den Ostseerepubliken begann man mit der Mobilisierung für einen aktiven Kampf gegen die Okkupanten. Zu diesem Ziel wurden auf dem zeitweilig besetzten Territorium Untergrundorganisationen geschaffen und Partisanenabteilungen aufgestellt, die dem Nachschub des Gegners empfindliche Schläge versetzten.

Die Niederlage der deutschen Truppen bei Moskau im Dezember 1941 veränderte die Situation; die Gegenoffensive der sowjetischen Truppen dauerte bis Mitte März 1942 an. Die Rote Armee hatte der Wehrmacht in der Schlacht bei Moskau eine außerordentlich schwere Niederlage beigebracht. Mehrere Generale der Hitlerarmee mußten dies später anerkennen. Die Pläne eines Blitzkrieges waren somit gescheitert. Nach den schweren Verlusten waren die deutschen Truppen gezwungen, zur Verteidigung überzugehen.

Die entscheidende Rolle der Sowjetunion im Kampf gegen den deutschen Faschismus veranlaßte die Regierungen Großbritanniens und der USA, die Kriegshandlungen der UdSSR zu unterstützen. So entstand gegen Ende 1941 die Antihitlerkoalition.

Ende Sommer 1942 wurde ich wie viele andere von der Front abberufen; um den Einsatz im feindlichen Hinterland vorzubereiten, wurde ich in den Zentralstab der Partisanenbewegung eingewiesen. Am 5. September erging eine Anordnung des Volkskommissars für Verteidigung, Josef Stalin, »Über die Aufgaben der Partisanenbewegung«. Darin wurde die zunehmende Bedeutung des Partisanenkampfes im Krieg hervorgehoben. Unter anderem hieß es: »Und nun, da die Rote Armee an den Fronten unter Anspannung aller ihrer Kräfte die Freiheit und Unabhängigkeit ihres Staates verteidigt, wird die Partisanenbewegung auf unserem zeitweilig von den deutschen Okkupanten besetzten Territorium zu einer entscheidenden Voraussetzung des Sieges über den Feind.«

Die Arbeit im Zentralstab der Partisanenbewegung war auf den Obersten Befehlshaber ausgerichtet: Er konnte jede Minute anrufen, eine Meldung anfordern oder jemanden zu sich rufen. Der Stabschef kam gewöhnlich gegen 11.00 Uhr, etwa eine Stunde vor dem möglichen Anruf Stalins, und ließ sich die Nachtmeldungen vorlesen. Der Arbeitstag des Obersten Befehlshabers begann gegen 12.00 Uhr, die Stoßzeiten fielen jedoch auf die Abend- und Nachtstunden – auf seine »nächstgelegene Datscha« begab sich Stalin erst gegen Morgen.

Dem Zentralstab der Partisanenbewegung standen zahlreiche Flugzeuge zur Verfügung: Stalin betrachtete die reibungslose und zuverlässige Verbindung zu den Partisanenverbänden und -abteilungen als eine außerordentlich wichtige Angelegenheit. So forderte er ausführliche und tägliche Berichte. Laut Angaben des Zentralstabs kämpften auf dem Territorium Belorußlands und anderer Unionsrepubliken Hunderte und Tausende Antifaschisten aus Polen, der Tschechoslowakei, Bulgarien und vielen anderen Ländern Seite an Seite mit sowjetischen Patrioten gegen die Okkupanten.

Im Mai 1942 ging im Zentralstab der Partisanenbewegung eine Meldung ein: »Zur Partisanenabteilung kam ein deutscher Gefreiter, Fritz Schmenkel, der den Wunsch äußerte, den Kampf gegen die deutschen Okkupanten zu unterstützen. Er

64

zeigte sich als verwegener Aufklärer gegen deutsche Posten und erwies sich im Kampf als standhafter MG-Schütze.« Bevor er zu den Partisanen übergelaufen war, diente Schmenkel im Artillerieregiment der 4. Armee der Heeresgruppe Mitte. Er verließ seine Einheit und hielt sich über längere Zeit bei Kolchosbauern versteckt. Eines Tages kam er ohne Schulterklappen und Gewehr zum Kolchosbauern Michail Jakowlewitsch Sidorow. Mehr mit Gesten als mit Worten erklärte er, daß er kein Faschist sei. Er sei nicht gekommen, um zu töten und zu plündern, sondern um Hilfe zu finden. Die Familie Sidorow versteckte Schmenkel und stellte die Verbindung mit einer Partisanenabteilung her.

Schmenkel gewann schnell das Vertrauen der Partisanen und nahm bald an unzähligen Kämpfen, Hinterhalten, Überfällen auf deutsche Garnisonen, Eisenbahnen und Verkehrsstraßen sowie an Aufklärungen teil. Fritz Schmenkel, den die Partisanen »Wanja« nannten, legte großen Mut und Tapferkeit an den Tag.

Leider konnte Fritz Schmenkel die Friedenszeit nicht mehr erleben: Ende 1943 wurde er während eines Kampfauftrages des sowjetischen Kommandos von der Gestapo gefaßt und zu Tode gequält. Für die aktive Teilnahme am antifaschistischen Kampf sowie für den an den Fronten des Großen Vaterländischen Krieges bewiesenen Mut wurde er nachträglich mit dem Titel »Held der Sowjetunion« ausgezeichnet. Seine Witwe, Erna Schmenkel, nahm viele Jahre später in der sowjetischen Botschaft in Berlin den »Goldenen Stern« eines »Helden der Sowjetunion« aus der Hand Leonid Breschnews entgegen.

Viele deutsche Antifaschisten kämpften aufopferungsvoll wie Fritz Schmenkel in unseren Partisanenabteilungen. Jedem gebühren Anerkennung und Bewunderung unserer heutigen Generation. Ich nenne vor allem diejenigen, mit denen mich der Krieg zusammenführte. Das sind Peter Lamberz, Peter Florin, Felix Scheffler, Heinz Keßler, Moritz Möbel, die Brüder Konrad und Markus Wolf, Günter Klein.

Bekanntlich nahmen mehrere Tausend Deutsche an der

Widerstandsbewegung in verschiedenen Ländern Europas teil. In den meisten Fällen unterstützten sie bewaffnete Gruppen, Partisanenverbände und nationale Befreiungsarmeen. In einigen Ländern wie in der UdSSR, Jugoslawien, Griechenland oder der Tschechoslowakei gab es spezielle Abteilungen mit vorwiegend deutschen Antifaschisten. Zum Teil waren es Emigranten, die Deutschland nach 1933 verließen, darunter auch erfahrene Leute im politischen und militärischen Bereich, die im Spanienkrieg ausgebildet waren. Und dann gab es auch ehemalige Soldaten der Wehrmacht, die zur Widerstandsbewegung überliefen.

*

Im Sommer und Herbst 1942 kam es an der sowjetischen Front zur größten Schlacht des Zweiten Weltkrieges – der Schlacht um Stalingrad. Der mit schweren Verlusten zur Wolga vorgestoßene Feind wurde zum Stehen gebracht. Am 19. November 1942 gingen die sowjetischen Truppen zur Gegenoffensive über. Im Verlauf erbitterter Kämpfe wurde die 330 000 Mann zählende Armee des Gegners eingekesselt und Anfang 1943 aufgerieben. In den sechseinhalb Monaten verlor die Wehrmacht an der Wolga mehr als ein Viertel ihrer zu dieser Zeit an der Ostfront eingesetzten Kräfte, was die deutsche Kriegsmaschinerie von Grund auf erschütterte. In ganz Deutschland wurde die Nationaltrauer ausgerufen. Der historische Sieg an der Wolga leitete die Wende im Krieg ein.

Noch heute gibt es in Stalingrad ein Traktorenwerk, in dessen Hallen die Produktion ohne Unterbrechung noch bis Ende September 1942 weitergeführt wurde. Dann kam es dort zu heftigen Kämpfen. Tausende Arbeiter tauschten ihre Werkzeuge gegen Gewehre und Maschinenpistolen und verteidigten jeden Quadratmeter des Werksgeländes, jede Werkzeugmaschine. Am 2. Februar 1943 befreiten Truppenteile der 66. Armee das Traktorenwerk, das wie eine tote Wüste aus Trümmern und Schrott wirkte. Männer, Frauen, Greise und Jugendliche ließen sich dadurch jedoch nicht entmutigen und begannen mit der Reparatur von Panzern. Nur wenige Monate nach dem Ende der Schlacht um Stalingrad rollte bereits aus dem Werk eine ganze Kolonne von Panzern des Typs T-34 an die Front bei Kursk; an den Türmen dieser Panzer waren in großen Buchstaben die Worte gemalt: »Die Antwort von Stalingrad«.

Das Jahr 1943 stand im Zeichen erneuter Siege der sowjetischen Truppen. Mitte Januar 1943 war die Blockade Leningrads aufgebrochen. Im Sommer folgten die Siege bei Kursk, und im Sommer und Herbst 1943 befreite die Rote Armee zwei Drittel des vom Feind besetzten Territoriums der Sowjetunion.

Unter diesen Bedingungen stellte sich in aller Dringlichkeit die Frage nach einer zweiten Front in Europa, der Großbritannien und die USA bislang ausgewichen waren. Auf der Teheraner Konferenz der Regierungschefs der drei Mächte (vom 28. November bis 1. Dezember 1943) behandelten Stalin, Roosevelt und Churchill diese Frage. Schon vor der Teheraner Konferenz bestand die UdSSR auf der Festsetzung eines genauen Termins für die Bildung einer zweiten Front mit dem Ziel, unnötige Verluste zu vermeiden und die Befreiung der durch das faschistische Regime unterdrückten Völker zu beschleunigen. In Teheran erklärte die sowjetische Delegation: »Sobald die Landungstruppen in Nordfrankreich eingetroffen sind, geht die Rote Armee ihrerseits zum Angriff über. Würde die Operation im Mai oder Juni stattfinden, so könnten die Sowjets ihrerseits gleich mehrere Stöße gegen den Feind planen.« Die Sowjetregierung bestand auf der Festsetzung eines genauen Termins für den Beginn der Landungsoperation an der Nordküste Frankreichs.

Als Ergebnis der mitunter heftigen Diskussion wurde von der Teheraner Konferenz die Operation »Overlord« für Mai 1944 beschlossen. Die Behandlung des Problems einer Nachkriegsregelung über Deutschland erbrachte jedoch kein Ergebnis; darüber später.

Zurück zur Partisanenbewegung: Ponomarenko, ab 1943 Mitglied des Kriegsrats der Zentralfront, hat ermittelt, welchen Schaden sowjetische Partisanen und Untergrundkämpfer dem Feind zufügten. Danach entgleisten 21 376 Züge (16 869

Lokomotiven und 170 812 Waggons), 116 Panzerzüge wurden gesprengt, 1978 Eisenbahnbrücken in die Luft gejagt, 253 Eisenbahnknotenpunkte und Stationen wurden zerstört, an den Autobahnen, Chausseen und Landstraßen 9644 Brücken gesprengt, über 65 000 Last- und Personenwagen zerstört oder erbeutet, 4538 Panzer oder Panzerwagen vernichtet, über 1100 Kampfflugzeuge abgeschossen oder auf Flugplätzen zerstört, über 2900 Lager und materialtechnische Stützpunkte des Gegners in Brand gesteckt, über 2500 Geschütze vernichtet und mehrere hunderttausend Tonnen flüssigen Brennstoffs niedergebrannt. Hinzu kamen erbeutete Schußwaffen, Munition, Ausrüstung und Lebensmittel. Während des Krieges nahmen die Partisanen etwa 45 000 Soldaten gefangen, darunter fünf Generale und Hunderte von Offizieren.

Im Jahre 1942 meldete der deutsche Befehlshaber der Heeresgruppe Mitte, Generalfeldmarschall von Kluge, die Partisanenbewegung habe solche Ausmaße angenommen, daß dies eine ernsthafte Besorgnis hervorrufe und kardinale Maßnahmen erforderlich mache. Den Befehl Stalins, im Rücken der deutschen Armee unerträgliche Bedingungen für den Feind zu schaffen, sah er schon fast vor seiner Erfüllung. Als Reaktion wurden ganze Dörfer ohne Rücksicht auf die Menschen eingeäschert und alle Verdächtigen, selbst Greise und Kinder, erschossen; man setzte Tausende Mark an Prämie auf die Köpfe von Partisanenkommandeuren aus und versuchte, Provokateure und Verräter einzuschleusen. Der Stabschef beim Generalstab der Wehrmacht, Jodl, gab mit Datum vom 1. Dezember 1942 die Anweisung: »Die gefangenen Partisanen, falls sie ausnahmsweise nicht unter § 11 fallen, das heißt, wenn sie sich weigern, gegen die Abteilung, der sie angehörten, aufzutreten, werden erhängt bzw. erschossen ... Jeder Kommandeur der (Straf-)Abteilung trägt die persönliche Verantwortung dafür, daß alle nach dem Kampf gefangengenommenen Partisanen und Zivilpersonen (einschließlich der Frauen) erschossen oder erhängt werden.«

Auch meine Familie ist vom Krieg nicht verschont geblieben. Erst 1943 erfuhr ich endlich vom Schicksal meiner Familienangehörigen, die nicht entkommen konnten und so im Hinterland des Feindes geblieben waren. Durch ein Wunder war es ihnen möglich, aus dem besetzten Brest zu den Partisanen zu fliehen, die von meinem alten Freund Sergej Iwanowitsch Sikorski befehligt wurden. Er war es, der meine Mutter, meine Frau und meine kleinen Töchter über die Frontlinie schaffte. Sie alle hatten viel Leid zu ertragen, am meisten aber die Mutter. Mein Stiefvater Jefim Pawlowitsch Porodejew ging in den ersten Tagen des Krieges im Auftrag der Partei in die Wälder und wurde Partisan. Auch seinen Sohn, den 17jährigen Ljonja, nahm er mit. 1944 fielen sie beide in einem ungleichen Kampf gegen die Deutschen. Ich wußte, wo und unter welchen Umständen dies geschah; ein Jahr später ging ich zu ihrem Grab, doch meine Mutter wollte ich schonen und sagte ihr nichts.

*

Schon damals war uns bekannt, welch große Propagandaarbeit die deutschen Antifaschisten unter Soldaten und Offizieren der Wehrmacht leisteten, während des Krieges angeleitet und koordiniert vom Nationalkomitee »Freies Deutschland«. Das Komitee wurde 1943 in Krasnogorsk bei Moskau von deutschen Kommunisten in der Emigration und Kriegsgefangenen gegründet.

Laut Programm war es ein Zusammenschluß aller Nazigegner, unabhängig von ihrer politischen Anschauung. Das Komitee unterhielt Verbindungen zu den antifaschistischen Untergrundorganisationen in Deutschland selbst und arbeitete auch mit sowjetischen Soldaten und Offizieren zusammen.

Zu den vielen deutschen Antifaschisten gehörten Sozialdemokraten und Liberale, Bauern und Vertreter der Intelligenz, Atheisten und Gläubige – Vertreter unterschiedlichster Parteien, Bevölkerungsschichten und Anschauungen. In Berlin, Hamburg, Kiel, Köln und anderen Städten wirkten Untergrundgruppen, angeleitet von Kommunisten wie Robert Uhrig, Franz Jakob, Georg Schumann, Anton Sefkow und vielen anderen.

Ernst Thälmann verkörperte für unsere Generation den Vorkämpfer des deutschen Arbeiters und des Widerstands gegen den Faschismus. Nach Hitlers Machtantritt blieb er in Deutschland, um gegen die Hitlerdiktatur zu kämpfen. Er wurde verhaftet, es folgten Gefängnis, Konzentrationslager und lange Jahre der Haft.

Dieser Thälmann war für die Nazis äußerst gefährlich. Sie erinnerten sich an den zehn Jahre zuvor gescheiterten Prozeß gegen Georgi Dimitroff; eine Gerichtsverhandlung kam nicht in Betracht, eine Freilassung noch weniger. Man fand einen niederträchtigen Ausweg: Als sich die Sowjetarmee näherte, wurde Thälmann aus dem Gefängnis in Bautzen (wohin er im Juli 1943 aus dem Gefängnis Hannover verlegt wurde) ins Konzentrationslager Buchenwald bei Weimar gebracht. In der Nacht zum 18. August 1944 führte man ihn heimlich zum Platz vor dem Krematorium und erschoß ihn; danach wurde seine Leiche verbrannt. Der Versuch, seinen Tod auf einen britisch-amerikanischen Bombenangriff zurückzuführen, scheiterte daran, daß viele Insassen von Buchenwald der Welt die Wahrheit über die letzten Minuten im Leben Ernst Thälmanns mitteilen konnten.

*

Der Kampf um das künftige, vom Faschismus befreite Europa wurde nicht nur auf den Schlachtfeldern ausgefochten, die Auseinandersetzung um ein freies demokratisches Deutschland wurde auch auf dem Feld der Diplomatie – am Verhandlungstisch – ausgetragen.

Die Sowjetunion, die von Anfang an die Hauptlast des Krieges gegen das faschistische Deutschland tragen mußte, vertrat stets den Standpunkt, daß man nicht die Hitlerclique mit dem deutschen Volk oder dem deutschen Staat gleichsetzen könne. So hob Stalin im November 1942 hervor: »Wir haben nicht die Aufgabe, Deutschland zu vernichten, denn es ist unmöglich, Deutschland zu vernichten, wie es unmöglich ist, Rußland zu vernichten. Doch der Hitlerstaat muß und soll vernichtet werden.« Dies war die klare Ausgangsposition der UdSSR bei den

Verhandlungen mit den Verbündeten der Antihitlerkoalition; dabei hatten wir nie vor, den deutschen Staat aufzuteilen. Anders sahen Washington und London die Zukunft Deutschlands.

Beim Treffen der Großen Drei in Teheran 1943 unterbreitete Präsident Roosevelt einen Vorschlag zur Teilung Deutschlands in fünf autonome Staaten. Der britische Premier Winston Churchill unterstützte die Pläne zur Aufteilung Deutschlands, wenn auch mit anderen Varianten als Präsident Roosevelt.

Diese Vorschläge der westlichen Mächte fanden jedoch keine Unterstützung der sowjetischen Delegation. Diese vertrat die Meinung, die Lösung der deutschen Frage sollte man nicht in der Vernichtung oder Aufteilung Deutschlands suchen, sondern dessen Entmilitarisierung und Demokratisierung und damit die unbedingte Vernichtung des Nationalsozialismus und der bestehenden Kriegsmaschinerie anstreben.

Die Behandlung der deutschen Frage in Teheran brachte keine Ergebnisse. Auf Vorschlag der sowjetischen Seite wurde vereinbart, die deutsche Frage der Europäischen Konsultativkommission zur Prüfung zu übergeben.

Diese Situation wiederholte sich in Jalta, wo Roosevelt und Churchill sich erneut für die Aufteilung Deutschlands in mehrere Einzelstaaten aussprachen. Auf der Konferenz vom 4. bis 11. Februar 1945 wurde in dieser Frage erneut keine Übereinstimmung erzielt. Die Sowjetunion wich von ihrem Standpunkt nicht ab; sie wollte die Nachkriegsregelung über Deutschland auf einer demokratischen Grundlage lösen. Allerdings haben die Differenzen in dieser und einigen anderen Fragen die Antihitlerkoalition nicht daran gehindert, in Jalta den Grundstein für eine gemeinsame Politik gegenüber Deutschland zu legen: So wurde bestätigt, daß in Übereinstimmung mit dem in der Europäischen Konsultativkommission abgestimmten Plan Deutschland nach Beendigung des Krieges durch die Streitkräfte der Siegermächte besetzt wird und über Deutschland eine Verwaltung und Kontrolle der drei Alliierten errichtet werden sollte. In der Erklärung von Jalta heißt es: »Es ist unser unbeugsamer Wille, den deutschen Militarismus und National-

Konferenz von Jalta im
Februar 1945. Die
Verbündeten der
Anti-Hitler-Koalition,
J. Stalin, F. Roosevelt,
W. Churchill

Unterzeichnung der
bedingungslosen
Kapitulation in Berlin-
Karlshorst in der Nacht
vom 8. zum 9. Mai 1945

sozialismus zu zerstören und dafür Sorge zu tragen, daß Deutschland nie wieder imstande ist, den Weltfrieden zu stören.«

Die alliierten Mächte erklärten ihre Bereitschaft, alle deutschen Streitkräfte zu entwaffnen und aufzulösen, den deutschen Generalstab abzuschaffen, die ganze deutsche Kriegsausrüstung einzuziehen oder zu vernichten, die deutsche Industrie, die für militärische Produktion genutzt werden konnte, zu liquidieren oder unter Verwaltung zu nehmen, alle Kriegsverbrecher einer gerechten und schnellen Bestrafung zuzuführen, jeglichen nazistischen oder militaristischen Einfluß aus den öffentlichen Institutionen, aus dem kulturellen und wirtschaftlichen Leben des deutschen Volkes zu beseitigen sowie gemeinsam auch andere Maßnahmen zu treffen, die sich für den künftigen Frieden und die Sicherheit aller Völker als notwendig erweisen. Die Teilnehmer der Konferenz von Jalta erklärten feierlich: »Es ist nicht unsere Absicht, das deutsche Volk zu vernichten; aber nur dann, wenn der Nationalsozialismus und Militarismus ausgerottet sind, wird für die Deutschen Hoffnung auf ein würdiges Leben und einen Platz in der Völkergemeinschaft bestehen.«

Die Ergebnisse der Krimkonferenz wertete Stalin nicht ohne Grund als einen großen Erfolg. Was die Pläne zur Aufteilung Deutschlands betrifft, unterstrich die Sowjetregierung auch weiterhin ihre ablehnende Haltung und verhinderte die Annahme entsprechender Beschlüsse.

*

Am 20. April begann der Sturm auf die deutsche Hauptstadt. Zu dieser Zeit befanden sich die Verbündeten noch 150 bis 200 Kilometer westlich von Berlin.

Das Zentrum Berlins – das Brandenburger Tor, die Reichskanzlei und der Reichstag, damals Symbole des faschistischen Deutschlands – war Ende April 1945 nur wenige hundert Meter von uns entfernt. Das waren die letzten, teuer bezahlten Meter, die die sowjetischen Soldaten zum langersehnten Sieg, zur Zerschlagung und bedingungslosen Kapitulation Hitlerdeutschlands führten.

Die Nazis hofften, selbst in dieser ausweglosen Situation noch einen Keil zwischen die Verbündeten treiben zu können. Die hinter dem Rücken der Sowjetunion geführten Separatverhandlungen der Westmächte mit hochgestellten Vertretern Nazideutschlands wurden auf die dringliche Forderung Stalins hin eingestellt. Als die Sowjetsoldaten die Reichskanzlei erreichten, beging Hitler Selbstmord. Derjenige, der vor nicht allzulanger Zeit behauptete, »Wir werden Rußland vernichten, daß es sich nie wieder erheben kann!«, hatte sich selbst vernichtet und Deutschland in die nationale Katastrophe geführt.

Am späten Abend des 30. April pflanzten die sowjetischen Kundschafter Jegorow und Kantarija das Siegesbanner auf der Kuppel des Reichstags. Am 1. Mai 1945 wehte über Berlin die Rote Fahne der Sowjetunion. In der Nacht vom 8. zum 9. Mai 1945 wurde in Berlin-Karlshorst die bedingungslose Kapitulation unterschrieben.

»Die ganze zivilisierte Welt«, sagte ein amerikanischer General 1945, »muß ganz besonders die Verdienste der Hauptfigur in diesem Kampf – des russischen Soldaten – zu schätzen wissen.«

Und Edward R. Stettinius, Staatssekretär der USA, schrieb 1949 in seinem Buch »Roosevelt and the Russians. The Jalta Conference«: »Das amerikanische Volk darf nicht vergessen, wäre die Sowjetunion nicht in der Lage gewesen, ihre Front zu halten, und hätten die Deutschen es geschafft, Großbritannien zu erobern, dann wären die Vereinigten Staaten bereits 1942 vor einer Katastrophe gestanden.« Auch Winston Churchill mußte dies anerkennen; so wird er von W. M. Mandel zitiert: »Ausgerechnet die russische Armee war es, die den Kampfgeist der deutschen Armee brach«, »keine andere Kraft in der Welt (war) imstande gewesen, dies zu schaffen«.

Gründung der DDR –
Wendepunkt in der Geschichte Europas

Am 11. Mai 1945, zwei Tage nach dem großen Sieg, konnte ich Berlin besuchen. Ich sah die Stadt damals zum ersten Mal von oben. Das Flugzeug kreiste dreimal über Berlin, und in meinem Kopf entstand als Folge meiner emotionalen Wahrnehmung der Stadt das Bild einer verunstalteten Spinne mit abgehackten Beinen.

Nachdem das Flugzeug gelandet war, begab sich unsere Gruppe sowjetischer Generäle unmittelbar ins Stadtzentrum. Wir fuhren nicht, wir krochen eher durch die Straßen, weil uns überall Trümmer den Weg versperrten. Die Stadt war von zwei Farben beherrscht – dem Grau von Staub und Trümmern und dem Weiß von Laken, Handtüchern und Wäschestücken, die an den Fassaden der stehengebliebenen Häuser hingen. Durch diese Farben der Verzweiflung und der Ausweglosigkeit brachen sich das hoffnungsvolle Grün der Bäume und das helle Rot unserer Fahnen.

Um die Feldküchen an den Straßenkreuzungen bildeten sich lange Reihen von Frauen, Kindern und Greisen mit allen möglichen Behältern, Eimern und Gefäßen in der Hand. Jeder bekam von unseren Köchen einen vollen Löffel Suppe und ein Stück Brot. Auf den gespannten und erstarrten Gesichtern erschien ein erstes unsicheres Lächeln. Still, stumm und diszipliniert standen sie in den Schlangen.

Irgendwo am Alexanderplatz mußten wir aussteigen; sogar zu Fuß war es beschwerlich weiterzugehen. Zusammen mit meinen Begleitern, den Generälen Malinin, Sokolowski und Antipenko, kam ich zur Allee Unter den Linden: Ruinen der altehrwürdigen Bauten, das zerstörte Hohenzollern-Palais, Berge von Ziegeln. Ich fragte verwundert: »Wo sind die berühmten Linden?« Von »erfahrenen Berlinern«, die schon einige Tage in der Stadt gewesen waren, erfuhr ich, daß Hitler

75

Ein deutscher Soldat vor dem zerstörten Reichstag

schon in den Vorkriegsjahren angeordnet hatte, die jahrhundertealten Bäume entlang der Allee zu fällen, um die Fahrbahn zu verbreitern – für Militärparaden und sonstige Aufmärsche. Nur wenige von den neu gepflanzten Linden überdauerten den Krieg.

Verkehrspolizistinnen standen nahe dem beschädigten Brandenburger Tor und hantierten geschickt mit ihren Fähnchen, ringsum eine Schar Berliner, die über das merkwürdige Ereignis staunten. Über dem Reichstag – der Platz davor war zum belebtesten Ort Berlins geworden – wehte unsere Flagge. Die weißen Inschriften der Sieger leuchteten auf den rußgeschwärzten Säulen: »Wir kamen aus Kursk«, »Wir aber aus Stalingrad« und anderes mehr war dort zu lesen.

Die düsteren Ruinen der Reichskanzlei in der Wilhelmstraße waren von den Wachposten umstellt. Die zerschossene und zerbeulte Hitlerbüste lag am Eingang. Wir gingen an den massiven Säulen vorbei, passierten den langen Korridor und gelangten in einen großen Saal. Nur der massive Tisch und ein zur Seite gefallener überdimensionaler Globus, der an den Größenwahn des ehemaligen Chefs der Reichskanzlei erinnerte, zeugten davon, daß sich hier das Arbeitszimmer des Führers befunden hatte. Gleich neben dem Tisch war der Einstieg zu sehen, der in das unterirdische Labyrinth führte, wo sich der letzte Akt des »tausendjährigen Reichs« abgespielt hatte.

Nur schwer lassen sich jene Gefühle wiedergeben, die ich am 11. Mai 1945 inmitten der Zerstörungen Unter den Linden empfand. Die Siegesfreude vermischte sich mit der Trauer über den Verlust der Freunde, die Berlin nicht mehr erreichen konnten. Beim Anblick der Ruinen der sowjetischen Botschaft dachte ich auch an unsere Diplomaten, die hier so manches zu überstehen hatten.

Westliche Propaganda behauptete und behauptet, daß die Ergebnisse des Zweiten Weltkrieges in Europa und die im Osten Deutschlands erfolgten Veränderungen ein Produkt des »Exports der Revolution« aus der UdSSR seien. Diese These läßt sich schon durch die historische Tatsache widerlegen, daß damals revolutionäre Ansätze zum Beispiel auch in Italien, Frankreich, Griechenland, Albanien und Vietnam spürbar waren, also in Ländern, in welche die sowjetischen Truppen nie einmarschierten. Der Sowjetstaat war nie und nirgendwo bemüht, Revolutionen zu »organisieren«. Seine Politik war vielmehr darauf gerichtet, den Export der Konterrevolution zu verhindern, die volksdemokratischen Revolutionen, die durch die inneren Gesetzmäßigkeiten in der Entwicklung einer Reihe von europäischen Ländern hervorgerufen wurden, zu unterstützen, und zwar gegen imperialistische Kräfte, die diese Prozesse unterdrücken wollten. Das bezog sich auch in vollem Maße auf den östlichen Teil Deutschlands.

*

Die Kanonen waren verstummt. Im leidgeprüften Europa begann wieder ein friedliches Leben. Aber in den Staatskanzleien und Behörden in Washington, London und Paris – im Weißen Haus, in der Downing Street und am Quai d'Orsay – brannte das Licht bis tief in die Nacht hinein. Auch im Kreml und auf dem Kusnezki Most, wo sich damals das Außenministerium befand, wurde viel gearbeitet.

Die Siegermächte standen vor der akuten Frage, wie es mit Deutschland weitergehen sollte. Die Frage war für die Alliierten nicht neu, sie stand bereits im Herbst 1941 zur Diskussion, während der Bildung der Antihitlerkoalition und bis hin zur Beendigung des Krieges. Die Behandlung der Frage war indes noch nicht abgeschlossen, obwohl sich die Europäische Konsultativkommission, die seit Ende 1943 in London nahezu ununterbrochen tagte, aktiv damit befaßte. Die Hauptursache dafür lag in den grundsätzlich differierenden Auffassungen der UdSSR und der westlichen Mächte bezüglich der Zukunft Deutschlands.

Als die Amerikaner und die Briten auf der Potsdamer Konferenz erneut versuchten, ihre Pläne der staatlichen Zersplitterung Deutschlands durchzusetzen, lehnte die sowjetische Seite diese Vorschläge als unannehmbar ab. Während der Potsdamer Konferenz vom 17. Juli bis 2. August 1945 fanden 13 offizielle Sitzungen und mehrere Treffen der Regierungschefs und Delegationsmitglieder statt. Die Delegationsleiter kamen meist abends zusammen, die Außenminister morgens; es wurde noch intensiver als bei den vorausgegangenen Treffen in Teheran und Jalta gearbeitet.

Die Umgestaltung des gesamten Lebens in Deutschland auf einer demokratischen Grundlage sollte die Gewähr dafür bieten, daß von deutschem Boden niemals wieder eine Bedrohung anderer Völker ausgehen kann. Was die sozialökonomische Ordnung und den Staatsaufbau Deutschlands betrifft, sollte das deutsche Volk im Laufe der Zeit nach Erfüllung der Hauptforderungen der bedingungslosen Kapitulation selbst entscheiden.

Diese Prinzipien konnte die sowjetische Delegation in Potsdam durchsetzen. Und obwohl Deutschland in vier Besatzungszonen und Berlin entsprechend in vier Sektoren aufgeteilt wurde, wurde in den Beschlüssen der Potsdamer Konferenz festgehalten, daß Deutschland als ein einheitliches wirtschaftliches Ganzes zu betrachten sei; das heißt, eine Teilung Deutschlands stand damals überhaupt nicht mehr auf der Tagesordnung. Daß dies vor allem das Verdienst der sowjetischen Seite war, wird heute auch von den meisten Wissenschaftlern und Politikern im Westen anerkannt. Auch über die deutschen Grenzen wurde in Anlehnung an die Krimkonferenz entschieden.

Auf der Potsdamer Konferenz wurde schließlich die Schaffung eines Kontrollmechanismus für Deutschland vereinbart. Mit diesen Aufgaben wurde der Alliierte Kontrollrat für Deutschland betraut, dem die Oberbefehlshaber der Streitkräfte aller Besatzungszonen angehörten und dem es oblag, die allgemeindeutschen Fragen zu lösen. Die Konferenz erarbeitete die politischen und wirtschaftlichen Leitlinien dafür. Diese sahen vor: Entwaffnung und Entmilitarisierung Deutschlands, Auflösung der Rüstungsindustrie und Errichtung einer zeitweiligen Kontrolle über die Industrie, Auflösung der nationalsozialistischen Partei mit allen ihren Abteilungen, Verbot jeglicher nazistischer und militaristischer Tätigkeit und Propagan-

Das zerstörte Berlin im
Mai 1945

Die Potsdamer Konfe-
renz Juli/August 1945

Sowjetische Verkehrs-
polizistin regelt den Verkehr vor dem Branden-
burger Tor, Mai 1945

80

da, Umgestaltung des ganzen politischen Lebens im Lande auf der demokratischen Grundlage. Die wirtschaftlichen Prinzipien führten zu Maßnahmen der Vernichtung des deutschen Kriegspotentials, Dezentralisierung und Dekartellisierung, Einziehung von Produktionskapazitäten, die für die Zivilproduktion nicht zu gebrauchen waren, und hatten ihr Ziel in der friedlichen Entwicklung der Wirtschaft.

Das deutsche Volk, in dessen Namen und unter dessen Beteiligung die Nazis ihre Verbrechen begangen hatten, sollte eine bestimmte Verantwortung für deren Folgen tragen. Doch die Deutschen erhielten zugleich die Möglichkeit, mit dem Vergangenen zu brechen und ein neues Leben zu beginnen. In dem am 2. August 1945 in Potsdam verabschiedeten Abkommen wurde betont, daß die alliierten Mächte, die die Macht im Lande übernahmen, nicht die Absicht hätten, das deutsche Volk zu vernichten oder zu versklaven; »die Alliierten wollen dem deutschen Volk die Möglichkeit geben, sich darauf vorzubereiten, sein Leben auf einer demokratischen und friedlichen Grundlage von neuem wieder aufzubauen« (Zitat aus dem Potsdamer Abkommen). Wenn das deutsche Volk diesen Weg einschlagen würde, so könnte es mit der Zeit einen würdigen Platz unter den freien und friedlichen Völkern einnehmen.

Die Beschlüsse der Alliierten verfolgten somit das Ziel, das Leben in Deutschland von Grund auf zu demokratisieren. Sie waren kein Diktat der Sieger, keine Rache oder »Begleichen einer Rechnung«, sondern sie wurden zu einem konstruktiven Programm, das den Interessen des allgemeinen Friedens entsprach. Sie tragen einen ausgeprägt progressiven Charakter und verkörpern die Sorge um die internationale Sicherheit und das weitere Schicksal des deutschen Volkes. Die Potsdamer Beschlüsse waren nicht auf die Vergangenheit, sondern auf die Zukunft ausgerichtet.

Ich erinnere mich gut an den Besuch des sowjetischen Außenministers Gromyko auf Schloß Cäcilienhof im Februar 1970. Er war selbst Teilnehmer jener Konferenz im Juli und August 1945. An die ihn begleitenden Mitarbeiter des Außenministeriums der DDR und der sowjetischen Botschaft wandte er sich mit den Worten: »Wir sind auch heute noch davon überzeugt, daß die Beschlüsse von Potsdam den Interessen aller Völker Europas entsprachen.«

*

Auf eine umgehende Normalisierung der Situation im Lande waren die ersten Maßnahmen der sowjetischen Besatzungsbehörden gerichtet. Es galt, die Bevölkerung mit Lebensmitteln zu versorgen, das Verkehrs- und Gesundheitswesen mußten in Ordnung gebracht werden, die Versorgung mit Elektrizität, Gas und Wasser sichergestellt werden. Das waren die vorrangigsten Aufgaben der sowjetischen Militärkommandanturen.

Bereits einen Monat nach Beendigung des Krieges, am 9. Juni 1945, war in Berlin-Karlshorst die sowjetische Militäradministration gebildet worden. Sie war in der ehemaligen Pionierschule der Wehrmacht untergebracht, wo die bedingungslose Kapitulation unterschrieben worden war. Zum kommandierenden Oberbefehlshaber dieser Militäradministration wurde Marschall Shukow und zu seinem Stellvertreter, der ihn dann 1946 ablöste, Armeegeneral Sokolowski ernannt.

Die Militäradministration war ein Organ, das außenpolitische Funktionen erfüllte sowie Verwaltungstätigkeiten ausübte, welche sich aus dem Besatzungsstatus und dem Fehlen einer deutschen Regierung ergaben. Sie verfügte über Einzelverwaltungen in fünf Gebieten Ostdeutschlands, denen die Militärkommandanturen in den Bezirken, Kreisen und Städten unterstanden. Der Zentralapparat der Militäradministration bestand aus entsprechenden Verwaltungen und Abteilungen, so für Industrie, Landwirtschaft, Transport, Finanzwesen, Volksbildung, Gesundheitswesen, Handel und Versorgung sowie Justiz. Besondere Bedeutung kam der Verwaltung Information zu, die sich mit politischen Problemen befaßte. Sie unterhielt Verbindungen zu den Parteien, Gewerkschaften und anderen Massenorganisationen und übte die Aufsicht unter anderem über Presse und Rundfunk aus. Die Militäradministration und ihr Oberkommandierender waren unmittelbar dem Ministerrat der UdSSR unterstellt.

Dem Oberkommandierenden der Militäradministration stand ein politischer Berater bei, der mit seinem Apparat diplomatische Funktionen ausübte. Er mußte Kontakt mit den westlichen Verbündeten halten, die Tätigkeit der sowjetischen Vertreter im Alliierten Kontrollrat und in der Alliierten Kommandantur der Stadt Berlin kontrollieren und auf die Erfüllung des Potsdamer Abkommens und anderer Beschlüsse der Alliierten der Antihitlerkoalition achten. Mit der Zeit hatte er auch zunehmenden Kontakt mit den deutschen Selbstverwaltungsorganen und den Parteien und legte diesen die Grundsätze der sowjetischen Außenpolitik dar. Als eine Art diplomatisches Organ unterhielt der Apparat des politischen Beraters Verbindungen mit verschiedenen militärischen Missionen und ausländischen Vertretungen beim Kontrollrat, mit ausländischen Korrespondenten der Zeitungen und vieles mehr. Er erfüllte auch bestimmte Konsulatspflichten sowohl gegenüber sowjetischen als auch deutschen Bürgern. Der politische Berater war dem Außenministerium der UdSSR unterstellt.

Hunderte sowjetische Offiziere, die ehemaligen Mitarbeiter der Militäradministration, und Tausende Deutsche, die »Aktivisten der ersten Stunde«, kämpften gemeinsam für die Ausrottung des Faschismus und Militarismus, für ein neues, friedliebendes und demokratisches Deutschland. Die Anwesenden bei den Beratungen mit sowjetischen Heerführern – mit Shukow, Sokolowski, Bokow, Kotikow, Tulpanow in Karlshorst, bei Kolesnitschenko in Weimar oder bei Scharow in Potsdam – stellten wiederholt fest, daß es nie einen Fall gab, in dem die Mitarbeiter der Militäradministration durch ihre Handlungen oder ihr Vorgehen versucht hätten, das Geschehen in Ostdeutschland anzutreiben oder sich in die inneren Angelegenheiten der Organe der Selbstverwaltung einzumischen.

Wer waren nun die »Aktivisten der ersten Stunde«, jene Deutschen, die, gestützt auf die Hilfe der Militäradministration für ein neues, friedliches und demokratisches Deutschland, die verantwortungsvolle Arbeit aufnahmen? Das waren Emigranten wie Wilhelm Pieck, Walter Ulbricht, Anton Ackermann, Hermann Matern, Otto Winzer, Fred Oelßner, Paul Wandel,

Willi Bredel, Heinz Hoffmann, Paul Merker, Kurt Hager, Jürgen Kuczynski, Anna Seghers, Alexander Abusch; das waren Mitglieder der Widerstandsbewegung, die aus Gefängnissen und Konzentrationslagern befreit wurden wie Erich Honecker, Franz Dahlem, Alfred Neumann, W. Bartel, Ernst Busch, Horst Sindermann; das waren Sozialdemokraten wie Otto Grotewohl, Max Fechner, Friedrich Ebert, Erich Mükkenberger; das waren ehemalige Kriegsgefangene, die in der Sowjetunion die antifaschistische Schule besucht hatten, eine Reihe von Politikern wie Otto Nuschke, Wilhelm Külz, Johannes Dieckmann, und einfache Mitglieder bürgerlicher Parteien aus der Weimarer Zeit, die Lehren aus der deutschen Geschichte gezogen hatten.

Ein sowjetischer Pädagoge sagte einmal treffend: »Auf deinem Lebensweg liegen Steine, die du wegräumen mußt, damit die anderen, die hinter dir gehen, es leichter haben. Wenn du dein Leben lang keinen einzigen Stein gesehen und weggeräumt hast, dann bist du kein Mensch.« Menschen, die an der Wiege des neuen Deutschlands standen, hatten viele Steine wegzuräumen. Es war nicht einfach, mit der wirtschaftlichen Zerrüttung fertigzuwerden, nicht weniger einfach war es, die seelische Zerrüttung zu überwinden, die die Nazis in den Köpfen der Menschen über die Jahre angerichtet hatten; da ging es auch um Nationalismus, Antikommunismus und Antisowjetismus. Die heranwachsende Generation sollte im Geiste des Friedens, der Demokratie und Völkerverständigung erzogen werden. Die Schwierigkeiten waren außerordentlich.

Im östlichen Teil Deutschlands konnte die Massenarbeitslosigkeit vermieden werden, weil ein großer Teil jenes Industriepotentials, auf dessen Demontage die UdSSR ein Recht hatte, in der Besatzungszone verbleiben durfte. 1945 wurden 676 Betriebe demontiert und den deutschen Selbstverwaltungsorganen 3800 Betriebe übergeben. Die Aufrechterhaltung eines solchen Industriepotentials sicherte vielen Hunderttausenden Arbeit, Brot und Leben.

Berlin wird von den
Ruinen befreit

Feldküchen der Sowjet-
armee versorgen die
Berliner Bevölkerung

Lieferung sowjetischer
Traktoren an deutsche
Bauern

Die westlichen Verbündeten betrieben nach Kriegsende zunehmend eine Politik, die gegen die getroffenen Vereinbarungen von Teheran, Jalta und Potsdam gerichtet war. In den westlichen Besatzungszonen wurden die sogenannte Truman-Doktrin und der Marshall-Plan verkündet. Während die Sowjetunion sich bemühte, die gemeinsamen Beschlüsse mit Leben zu füllen, stellten sich die westlichen Mächte ganz offen gegen diese Verträge. Sie steuerten einen neuen »harten Kurs«, der sich bereits in den ersten Tagen nach dem Krieg anbahnte. So sprach man im Sommer 1945 offen über den Wunsch einflußreicher Kreise in Großbritannien, Deutschland als einen künftigen Puffer gegenüber der Sowjetunion zu stärken. Ähnlich äußerte sich John Foster Dulles 1946.

In den ersten fünf Jahren fanden sechs Sitzungen des Rates der Außenminister statt, wo die deutsche Frage behandelt wurde. Während sich die Sowjetunion an Geist und Buchstaben früherer Vereinbarungen hielt und zu den Verhandlungen mit dem Ziel erschien, ein demokratisches Deutschland auf der Grundlage einer friedlichen Regelung zu schaffen, stimmten die westlichen Staaten zwar verbal zu, doch gleichzeitig arbeiteten sie an geheimen Plänen zur Spaltung des Landes und zur Einbeziehung der westlichen Zonen in ein gegen die UdSSR gerichtetes militärisches Bündnis.

Im Dezember 1946 beschlossen die Regierungen der USA und Großbritanniens die Bildung einer sogenannten vereinigten Zone (Bizone), was den ersten praktischen Schritt zur Teilung Deutschlands bedeutete. Trotz Warnungen und Protesten seitens der Sowjetunion und trotz des Widerstandes von demokratischen Kreisen in Deutschland setzten die westlichen Staaten diese Bemühungen fort. Auf der Londoner Teilberatung 1948 wurde der Anschluß der französischen Besatzungszone an die Bizone fixiert. Die Vertreter der Westmächte verhinderten die weitere Tätigkeit des Alliierten Kontrollrats, der ja als gemeinsames Organ für eine einheitliche Politik in ganz Deutschland geschaffen worden war.

Die separate Währungsreform in Westdeutschland und den Westsektoren Berlins im Juni 1948 bedeutete einen weiteren

Schritt der Westmächte auf ihrem Wege zur Spaltung Deutschlands. Der Hintergrund für solche Maßnahmen lag auf der Hand: Die westlichen Staaten wollten das einheitliche Wirtschaftsleben Berlins spalten. Um nun die Desorganisation der ostdeutschen Wirtschaft zu verhindern, wurde der Personen- und Güterverkehr zwischen den Westzonen und der sowjetischen Besatzungszone einschließlich der Westsektoren Berlins von der sowjetischen Militärverwaltung zeitweilig eingestellt. So sollte verhindert werden, daß das in den Westzonen ungültige alte Geld in die sowjetische Besatzungszone und nach Berlin einströmte und dort die Wirtschaft zerrüttete. Die Westmächte benutzten die von ihnen bewußt ausgelöste Berlinkrise als Vorwand, um von der Bildung ihres Militärblocks in Westeuropa und von ihrer Spaltungspolitik abzulenken. Statt dessen bezichtigten sie die UdSSR der Verletzung der Bündnisrechte in Berlin und der Blockierung der westlichen Sektoren. Der Sowjetunion wurde die Schuld für die Berlinkrise zugesprochen.

Nachdem die USA und Großbritannien Berlin (West) von Ostdeutschland isoliert hatten, begannen sie mit der demonstrativen Maßnahme, mit Flugzeugen Güter in die Westsektoren Berlins zu befördern – die sogenannte Luftbrücke wurde eingerichtet. Um die Situation noch zu verschärfen, erklärten sie die damals zunehmenden Schwierigkeiten der Lebensmittelversorgung in den westlichen Sektoren Berlins mit einem Verschulden der Sowjetunion, obwohl die Berliner aus den westlichen Sektoren jederzeit die Möglichkeit hatten, sich Lebensmittel im Ostsektor zu besorgen. Doch dies wurde von den westlichen Besatzungsbehörden gezielt verhindert, um den Mythos von der »Blockade« aufrechtzuerhalten.

Das künstlich hervorgerufene Währungschaos in Berlin und die faktische Selbstblockade der westlichen Sektoren führten zu einer enormen Verschlechterung der wirtschaftlichen Lage breiter Bevölkerungsschichten. Die Situation wurde immer bedrohlicher. Noch während der Berlinkrise erklärte John Foster Dulles in einer Rede in Paris: »Zu jeder Zeit hätte man die Situation in Berlin klären können... Die gegenwärtige

Lage ist jedoch für die USA aus propagandistischen Gründen sehr vorteilhaft. Dabei gewinnen wir das Ansehen, die Bevölkerung von Berlin vor dem Hungertod bewahrt zu haben, die Russen aber erhalten die ganze Schuld wegen ihrer Sperrmaßnahmen« (Zitat aus George Wheeler: Die amerikanische Politik in Deutschland). Am 12. Mai 1948 war die Krise im wesentlichen überwunden, nachdem es zu einer Vereinbarung über eine ganze Reihe von Fragen über Berlin gekommen war, die die Interessen der Bevölkerung der Ostzone nicht beeinträchtigte.

Hartnäckig setzten die westlichen Mächte jedoch ihre Bestrebungen fort, einen separaten westdeutschen Staat zu entwickeln. Am 29. Mai 1949 trat eine von den drei Militärgouverneuren der westlichen Besatzungszonen gebilligte Verfassung in Kraft; danach erhielt der künftige westdeutsche Staat die Bezeichnung »Bundesrepublik Deutschland«. Im August fanden die Wahlen zum Bundestag statt. Am 20. September trat die Regierung unter Konrad Adenauer ihr Amt an. Somit wurde die von den westlichen Besatzungsmächten angestrebte Spaltung Deutschlands zur vollendeten Tatsache. Das Geheime wurde Wirklichkeit.

Als Antwort auf diese Vorgehensweise der USA, Großbritanniens und Frankreichs, die im Gegensatz zum Potsdamer Abkommen die Bildung eines separaten Staates auf dem Gebiet der westlichen Besatzungszonen zur Folge hatte, wurde am 7. Oktober 1949 im östlichen Teil Deutschlands mit Unterstützung der Sowjetunion die »Deutsche Demokratische Republik« ausgerufen; gleichzeitig trat auch die Verfassung der DDR in Kraft.

Am 10. Oktober 1949 wurde die Sowjetische Militäradministration in Deutschland aufgehoben. Im Auftrag der Sowjetregierung übergab General Tschuikow die entsprechenden Funktionen an die neugeschaffene Provisorische Regierung der DDR. Anstelle der Militäradministration trat die Sowjetische Kontrollkommission, deren Aufgabe es war, die Kontrolle über die Erfüllung des Potsdamer Abkommens und anderer gemeinsamer Beschlüsse der vier Mächte auszuüben.

Am 15. Oktober faßte die Regierung der UdSSR den Beschluß, diplomatische Missionen mit der Provisorischen Regierung der Deutschen Demokratischen Republik auszutauschen. Somit war die Sowjetunion der erste Staat, der die DDR offiziell anerkannte und mit ihr diplomatische Beziehungen herstellte. Bald darauf kam Georgi Maximowitsch Puschkin nach Berlin und überreichte dem Präsidenten der DDR, Wilhelm Pieck, seine Beglaubigungsschreiben. Er leitete die diplomatische Mission der UdSSR in der DDR von 1949 bis 1952.

Da das Gebäude der sowjetischen Botschaft während des Krieges zerstört worden war, befand sich die diplomatische Mission im nördlichen Bezirk Pankow, in der Tschaikowskystr. 37. Das neue Gebäude sollte an der Stelle gebaut werden, wo es schon vor dem Krieg gestanden hatte – Unter den Linden, 300 Meter vom Brandenburger Tor entfernt. Der Bau begann 1949 und wurde 1951 abgeschlossen.

*

Die Geschichte Deutschlands kennt viele Formen der staatlichen Ordnung, so das Mosaik feudaler Fürstentümer, das mit Schwert und Blut geschaffene deutsche Reich, die Weimarer Republik und das Dritte Reich der Nazis. Jetzt entstand auf deutschem Boden ein prinzipiell neuer Staat, der es sich zur Aufgabe machte, jegliche Ausbeutung des Menschen durch den Menschen zu beseitigen und den Sozialismus aufzubauen.

Dieser Aufbau in der DDR war in erster Linie dadurch erschwert, daß das Bewußtsein vieler Menschen über eine längere Zeit durch die Ideologie der Nazis geprägt war, und es waren große Bemühungen notwendig, um die Überreste dieser Ideologie auszumerzen. Dann mußte auch der geschichtlich entstandenen sozialen Struktur der Bevölkerung Rechnung getragen werden, deren Besonderheit darin bestand, daß in Stadt und Land die mittleren Schichten mit ihren Klein- und Mittelbetrieben den überwiegenden Bevölkerungsanteil ausmachten; noch 1950 entfielen auf den Privatsektor 43 Prozent des Brutto-Sozialprodukts der DDR. Schließlich war die Industrie der DDR durch die Spaltung Deutschlands von den traditionellen Rohstoffquellen und den Zentren des Hüttenwesens sowie den wichtigsten Zweigen des Maschinenbaus abgeschnitten – sie lagen jetzt auf dem Gebiet Westdeutschlands. In der DDR waren hauptsächlich Textilindustrie und Textilmaschinenbau, Elektrotechnik, Chemie und das graphische Gewerbe vertreten. Ein Vergleich: Laut Vorkriegsstatistik entfielen auf das Gebiet der heutigen DDR lediglich 5 Prozent der Eisenerzförderung Deutschlands, 2 Prozent der Steinkohle, 7 Prozent der Schwarzmetallproduktion, aber 32 Prozent des Maschinenbaus und 24 Prozent der chemischen Produktion. Es galt also, die entstandenen strukturellen Ungleichheiten zu überwinden und neue Industriezweige zu schaffen. Ein wichtiger Beitrag dazu war die Lieferung von Roh- und Brennstoffen aus der Sowjetunion und anderen sozialistischen Ländern.

Im Mai 1950, als die UdSSR durch eine Vereinbarung mit Polen die Reparationszahlungen bedeutend reduzierte, erhielt die DDR zusätzliche Mittel zum Ausbau ihrer Wirtschaft und für die Verbesserung des Wohlstandes der Bevölkerung. In dieser Zeit übereignete die UdSSR der Regierung der DDR einen Teil der Industriebetriebe, die ursprünglich gemäß den Beschlüssen der Verbündeten zur Demontage und als Schadenersatz für die Sowjetunion bestimmt waren, die aber später in Ostdeutschland als sowjetische Aktiengesellschaften verblieben waren; weitere 93 Betriebe wurden in den Jahren 1952 und 1953 zurückgegeben.

Angesichts zunehmender Bestrebungen der Remilitarisierung Westdeutschlands wurde im Oktober 1950 auf einer Konferenz der Außenminister der UdSSR, Albaniens, Bulgariens, Ungarns, der DDR, Polens, Rumäniens und der Tschechoslowakei ein Programm ausgearbeitet, das ins Gedächtnis zurückzurufen gerade heute von besonderem Interesse sein kann, da die westliche Propaganda nach wie vor der Sowjetunion und anderen sozialistischen Staaten die Schuld für die Spaltung Deutschlands zuweist. Dieses Programm sah die folgenden Punkte vor:

– Konsequente Erfüllung des Potsdamer Abkommens; keine Remilitarisierung Deutschlands; keine Einbeziehung

Deutschlands in die Großmachtbestrebungen der westlichen Länder;

– Förderung der deutschen zivilen Wirtschaftsentwicklung und Verhinderung einer deutschen Wiederbewaffnung;
– Unverzüglicher Abschluß eines Friedensvertrages mit dem deutschen Staat und Abzug aller Besatzungstruppen;
– Schaffung eines allgemeindeutschen konstituierenden Rates, der die Bildung einer gesamtdeutschen Regierung vorzubereiten hat.

Im März 1952 bereitete die UdSSR einen Grundlagenentwurf für einen Friedensvertrag mit Deutschland vor. Damit entsprach sie der Bitte der Regierung der DDR vom 13. Februar 1952, die Vorbereitung eines solchen Vertrages zu beschleunigen. Im sowjetischen Vertrag hieß es ausdrücklich, daß Deutschland als ein einheitlicher souveräner Staat wiedervereinigt werden solle. Der sowjetische Entwurf sicherte Deutschland eine gleichberechtigte Stellung unter anderen Staaten. Außerdem sollten sämtliche Streitkräfte der Besatzungsmächte spätestens ein Jahr nach Inkrafttreten des Friedensvertrages abziehen sowie alle ausländischen Militärstützpunkte auf deutschem Gebiet aufgelöst werden.

Zwei Monate später schlug die Sowjetregierung den westlichen Staaten vor, die Verhandlungen über den Friedensvertrag und die Wiedervereinigung Deutschlands unverzüglich zu beginnen. Doch was war die Antwort der westlichen Staaten auf diese Vorschläge? Man beschleunigte den Abschluß von Vereinbarungen mit der Regierung der Bundesrepublik Deutschland. Am 26. Mai 1952 unterzeichneten die Vertreter der USA, Großbritanniens, Frankreichs und der BRD einen Vertrag über gegenseitige Beziehungen. Dieser »Bonner Vertrag« hob den Besatzungsstatus auf, räumte der Regierung der BRD zunehmende Rechte in der Innen- und Außenpolitik ein, erleichterte die Entwicklung einer Kriegswirtschaft und legalisierte die Schaffung eines Heeres. Zugleich legte der Vertrag auch gewisse Abhängigkeiten und eine untergeordnete Stellung der BRD gegenüber den westlichen Mächten fest. Diese behielten unter anderem das Recht, über die Frage der Wiedervereinigung des Landes zu entscheiden, den Ausnahmezustand in der BRD zu verhängen und ihre Streitkräfte auf dem Gebiet der BRD bis zu einer Friedensregelung zu stationieren. Schon einen Tag später unterzeichneten die Außenminister Frankreichs, Italiens, Belgiens, der Niederlande, Luxemburgs und der BRD in Paris einen Vertrag über die Gründung der Europäischen Verteidigungsgemeinschaft. Die Verträge von Paris und Bonn wurden zum Hindernis auf dem Wege zu einem wiedervereinigten demokratischen Deutschland.

Als Reaktion auf die verstärkte Militarisierung forderte der Präsident der DDR, Wilhelm Pieck, eigene Streitkräfte für die DDR. Die Sowjetregierung erklärte sich bereit, die Bewaffnung für die Volkspolizei zur Verfügung zu stellen, die bislang für die Aufrechterhaltung der öffentlichen Ordnung sorgte.

Bald nach Gründung der DDR folgten Provokationen und subversive Tätigkeiten, die von zahlreichen Geheimdiensten westlicher Staaten meist vom Gebiet der Westsektoren Berlins aus unternommen wurden. Störungen und Sabotageakte wurden vor allem aus großen Betrieben wie Bergmann-Borsig und dem Kraftwerk Lingenberg bekannt. Über Presse und Rundfunk wurden täglich Verleumdungen verbreitet, die Mißtrauen der Bevölkerung gegenüber der DDR-Regierung bewirken sollten. Eine besondere Rolle spielte dabei auch die von den USA errichtete Sendestation RIAS. Sogar die Kirche schloß sich dieser Kampagne an.

Am 11. Juni 1953 versuchte der Ministerrat der DDR per Beschluß, den Anteil der Schwerindustrie zu verringern und durch Mittelumverteilung den Lebensstandard der gesamten Bevölkerung merklich anzuheben. Auch Maßnahmen zur Begrenzung des Privatsektors wurden aufgehoben, um die Schwierigkeiten im wirtschaftlichen Bereich zu beheben – Maßnahmen, die als »Politik des neuen Kurses« bezeichnet wurden. Im Westen hielt man den Zeitpunkt für günstig, um durch initiierte Unruhen und Streiks einen landesweiten »Volksaufstand« zu erreichen. Diesem ersten Teil des Planes sollte die Ausrufung einer Regierung ohne Beteiligung der SED folgen, die die westlichen Staaten wiederum um Hilfe ersuchen sollte. Dieser Tag X, der Putsch, war auf den 17. Juni festgelegt.

Die Ereignisse nahmen jedoch einen anderen Verlauf. Sobald die Ausschreitungen begannen, nahmen Volkspolizei und kasernierte Polizeikräfte die gesellschaftlichen Einrichtungen und Institutionen unter Schutz und verhafteten die Anstifter. Über Berlin wurde der Ausnahmezustand verhängt. Im Stadtzentrum tauchten sowjetische Panzer auf, die Randalierende und Demonstrierende von Unter den Linden und der Leipziger Straße nach Westberlin vertrieben. Die Grenze zu Westberlin wurde gesperrt. Auf diese Weise unterstützten die in der DDR stationierten sowjetischen Streitkräfte die staatlichen Organe der DDR bei der Verhinderung des Putschversuchs und bei der Wiederherstellung der Ordnung in der Stadt. Ein Bürgerkrieg in der DDR war vereitelt, der als Vorwand für eine militärische Intervention ausgenutzt werden sollte.

Auf Vereinbarung mit der polnischen Regierung verzichtete die UdSSR im August 1953 auf weitere Reparationslieferungen und befreite die DDR von der Zahlung der restlichen Reparationssumme in Höhe von 2,5 Mrd. Dollar. Am 1. Januar 1954 erhielt die DDR weitere 33 Betriebe der sowjetisch-deutschen Aktiengesellschaften, darunter die Werke Buna und Leuna.

Beide Regierungen kamen überein, die diplomatischen Missionen in Botschaften umzuwandeln. Am 1. Oktober 1953 überreichte der sowjetische Botschafter Semjonow dem Präsidenten der DDR seine Beglaubigungsschreiben. Der erste Leiter der diplomatischen Mission und dann der Botschafter der DDR in der UdSSR war Rudolf Appelt, im Gebäude in der Stanislawski-Straße in Moskau.

Im August 1954 beschloß die Regierung der UdSSR, alle Anordnungen und Anweisungen abzuschaffen, die von der Militäradministration und der Kontrollkommission in der Zeit zwischen 1945 und 1953 getroffen wurden, welche das politische, wirtschaftliche und kulturelle Leben in der DDR betrafen. Durch diese und weitere Schritte wurde der prinzipielle Standpunkt der UdSSR deutlich: Es war an der Zeit, mit den Folgen des Krieges auch rechtlich Schluß zu machen.

Am 20. September 1955 wurde in Moskau ein Vertrag über die Beziehungen zwischen der UdSSR und der DDR unterzeichnet, der in die Geschichte der DDR eingegangen ist. Er schrieb die souveränen Rechte der DDR fest und bekräftigte, daß die Beziehungen zwischen beiden Ländern auf den Prinzipien der völligen Gleichberechtigung, der gegenseitigen Achtung der Souveränität und der Nichteinmischung in die inneren Angelegenheiten beruhten; beide Seiten bekundeten ihre Bereitschaft, im Geiste aufrichtiger Zusammenarbeit an allen internationalen Aktivitäten teilzunehmen, die dem Frieden und der Sicherheit in der ganzen Welt förderlich sind und den Prinzipien der UN-Charta entsprechen. Artikel 4 dieses Vertrages hob hervor, daß die sowjetischen Streitkräfte mit Einverständnis der Regierung der DDR und in Übereinstimmung mit dem allgemeinen Status dieser Streitkräfte zeitweilig auf dem Gebiet der DDR verbleiben, der – im Gegensatz zum westdeutschen Vertrag über ausländische Streitkräfte – keine Einmischung in die inneren Angelegenheiten und in das sozialpolitische Leben des Landes vorsah.

*

Während meiner Arbeit im Partei- und Staatsapparat Belorußlands in den 50er Jahren verfolgte ich wie alle Sowjetbürger die Entwicklung der Ereignisse in Deutschland mit besonderem Interesse. Wir, die in den westlichen Gebieten unseres Landes arbeiteten, wo der Krieg besonders tiefe Spuren hinterlassen hatte, verfolgten aufmerksam alles, was in beiden deutschen Staaten vor sich ging. Wir freuten uns aufrichtig über die Erfolge unserer deutschen Freunde in der DDR, litten aber auch mit ihren Mißerfolgen und beobachteten mit Besorgnis die politische Situation in der BRD.

Nach einem einjährigen Aufenthalt in China kam ich 1957 als Botschafter nach Polen. Die Situation in Deutschland interessierte mich damals schon aus dienstlichen Gründen, da sie auf Grund der Politik der westlichen Staaten zunehmend komplizierter wurde. Auch mußte der Tatsache Rechnung getragen werden, daß die deutschen Angelegenheiten, namentlich die

Frage über Berlin (West), einen Schwerpunkt in der europäischen Politik der UdSSR und der sozialistischen Verbündeten bildeten.

Zu den Faktoren, die damals die wirtschaftliche Entwicklung in der DDR sehr negativ beeinflußten, gehörte die Abwanderung von qualifizierten Arbeitskräften. Durch die Abwerbung von Spezialisten, deren Flucht von westlicher Seite organisiert und unterstützt wurde, fügte man der DDR einen beträchtlichen Schaden zu, der finanziell in die Milliarden ging. Die abwandernden Arbeitskräfte hörten meist auf die Versprechen der westlichen Propaganda und suchten in der BRD ihren persönlichen Vorteil. Manche jungen Leute, die die DDR verließen, taten dies aus Gründen mangelnder Lebenserfahrung oder purem Abenteurertum. Auch verwandtschaftliche Kontakte spielten dabei eine Rolle.

Großer Schaden für die Wirtschaft der DDR bedeutete auch die Abwerbung qualifizierter Arbeitskräfte aus der Hauptstadt der DDR und Umgebung für die Arbeit in Berlin (West). Die angeworbenen DDR-Bürger, die in Berlin (West) arbeiteten, die sogenannten Grenzgänger, lebten von dem für sie vorteilhaften spekulativen Umtausch des Geldes auf dem Schwarzmarkt, wobei sie gleichzeitig alle Bequemlichkeiten am Wohnort in Anspruch nahmen. Anfang der sechziger Jahre wurde die Praxis der Grenzgänger noch verstärkt. Deren Zahl stieg von 38 000 im Mai 1958 auf 63 000 im August 1961, wobei dies nur Arbeiter waren, die die Behörden in Berlin (West) offiziell registriert hatten. Jährlich fügten diese DDR-Bürger, die sich der Volkswirtschaft der DDR entzogen, ihrem Staat einen Schaden in Höhe von fast 2,5 Mrd. Mark zu. Der westdeutsche Wissenschaftler Baade errechnete, daß der gesamte Schaden, der der DDR durch die »ökonomische Intervention« über Westberlin zugefügt wurde, rund 100 Mrd. Mark betrug.

Im August 1961 fand eine Beratung der Ersten Sekretäre der Zentralkomitees der kommunistischen und Arbeitgeberparteien der Teilnehmerstaaten des Warschauer Vertrages in Moskau statt. Dabei wurden Maßnahmen zur Gewährleistung des Friedens und zum Schutz der DDR behandelt. Im Anschluß daran erklärten die Regierungen gemeinsam, daß die Sowjet-union den Ländern des ehemaligen Antihitlerbündnisses wiederholt vorgeschlagen hatte, einen Friedensvertrag zwischen beiden deutschen Staaten abzuschließen und auf dieser Grundlage die Frage über Berlin (West) zu lösen. Die Regierungen der westlichen Staaten hatten jedoch keine Bereitschaft für eine abgestimmte Lösung in dieser Frage gezeigt, was nicht nur der DDR Schaden zufügte, sondern auch die Interessen anderer sozialistischer Länder tangierte.

Der Ministerrat der DDR nahm schließlich am 12. August 1961 einen Beschluß an, in dem für die Grenze der DDR zu den westlichen Sektoren von Groß-Berlin die Errichtung einer Grenzkontrolle angekündigt wurde; ein zuverlässiger Schutz und eine wirksame Kontrolle sollten gewährleistet werden. Über gewisse Unbequemlichkeiten für die Bevölkerung war man sich im klaren. An der entstandenen Situation waren schließlich die westlichen Staaten, vor allem die BRD, schuld. Wenn bisher die Grenzen zu Berlin (West) offengehalten wurden, so geschah dies bewußt, um den westlichen Staaten den guten Willen der DDR-Regierung zu zeigen. Dieser wurde jedoch dazu mißbraucht, die bestehende Ordnung zunehmend zu untergraben. Auf dem Weg jener Strategen erhob sich nunmehr im direkten wie auch übertragenen Sinne eine unüberwindliche Wand.

Zweimal Botschafter in der DDR

Nachdem Anfang 1961 mein Aufenthalt in der Volksrepublik Polen zu Ende ging, übernahm ich die Funktionen des ersten Sekretärs des Smolensker Gebietskomitees der KPdSU; doch auf diesem Posten blieb ich nur kurze Zeit. Ende 1962 wurde mir vom ZK der KPdSU vorgeschlagen, erneut in den diplomatischen Dienst einzutreten. Und diesmal sollte es nach Berlin gehen, in die Hauptstadt der Deutschen Demokratischen Republik.

Es war ein trüber Tag; am Himmel zogen sich schwere Wolken zusammen. Zu beiden Seiten der Straße sah man Häuserruinen – noch immer Spuren des vergangenen Krieges. Nun kam ich als Bevollmächtigter Vertreter der Sowjetunion in die mir vertraute Straße Unter den Linden zurück. Am Ende der Straße erkannte ich im Regen die verschwommenen Konturen des Brandenburger Tores. Der Wagen bremste, bog scharf nach links und hielt vor einem gußeisernen Tor. Wenige Sekunden später öffnete sich das Tor, und der Wagen rollte weich in den Hof der Botschaft. Die Reise war zu Ende.

Da erinnerte ich mich der nicht weit zurückliegenden Vergangenheit: das Frühjahr 1945, das besiegte Berlin, Millionen von Gefallenen, unter ihnen Familienangehörige, Verwandte, Freunde und Bekannte. Es ist schwer, jene Gefühle wiederzugeben, die jeder von uns Sowjetbürgern im Mai 1945 für die ehemalige Hauptstadt des Dritten Reiches empfand. Die Freude über den Sieg und die Verbitterung über die Verluste vermischten sich. In die Erinnerungen an die Vergangenheit versunken, saß ich die ganze Nacht über im Sessel und konnte nicht einschlafen.

Mein Vorgänger Perwuchin hatte ein solides Erbe hinterlassen. Die Mitarbeiter sprachen einwandfrei Deutsch, arbeiteten bereits seit längerer Zeit in der DDR und kannten sich in allen Dingen gut aus. Von Anfang an konnte ich mich auf ihre

Erfahrungen, ihr Wissen und ihre Einsatzfreudigkeit verlassen. Kein Wunder, daß wir auch später für lange Zeit gut zusammenarbeiteten. Wenn ich mir heute die Mitarbeiterlisten der sowjetischen Botschaft in Berlin, der Generalkonsulate in Leipzig, Rostock und Karl-Marx-Stadt ansehe, dann entdecke ich darunter Kollegen, mit denen ich an jenem denkwürdigen Tag 1962 zusammengetroffen war, als ich die Arbeit als sowjetischer Botschafter in der DDR aufnahm. Viele von ihnen arbeiten jetzt in leitenden Funktionen und geben ihre reichen Erfahrungen und ihr Wissen an angehende Mitarbeiter weiter.

Da das alte Gebäude der sowjetischen Botschaft während des Krieges zerstört worden war, mußte die sowjetische diplomatische Mission in einer ehemaligen Schule in der Tschaikowskystraße 37 untergebracht werden. Dort, wo früher die russische und dann die sowjetische Botschaft gestanden hatte, wurde 1949 nach den Plänen des sowjetischen Architekten Anatoli Jakowlewitsch Strishewski begonnen. 1951 wurde der Bau abgeschlossen. Im architektonischen Ensemble verbanden sich Motive der russischen und sowjetischen Baukunst. Die Fassade des Gebäudes war zur Straße Unter den Linden hin mit Dekorsteinplatten und der Sockel mit Granit verkleidet.

Der erste Empfang im neuen Gebäude fand am 7. November 1952 statt. Anläßlich der Eröffnung des neuen Gebäudes überreichten Organisationen und einzelne Bürger der DDR, mit denen die sowjetische diplomatische Mission eng zusammenarbeitete, zahlreiche, zum Teil selbstgefertigte Geschenke und Andenken. Heute bewundern die Gäste der sowjetischen Botschaft, wenn sie die Paradetreppe hochsteigen, die mannshohen verzierten Porzellanvasen mit gewundenen Ornamenten aus goldenen Ähren. Sie sind ein Geschenk des Berliner Magistrats anläßlich des Wiederaufbaus des Botschaftsgebäudes.

Als ich 1962 nach Berlin kam, erkannte ich die Allee Unter den Linden kaum wieder. Die Straße war schöner geworden, neue Lindenbäume kamen dazu, doch Kriegsspuren waren noch immer auszumachen: sorgfältig aufgeräumte, aber öde Plätze anstelle zerstörter Häuser und Ruinen. Außer unserem Botschaftsgebäude gab es in der Straße noch keine neuentstan-

Das sowjetische Bot-
schaftsgebäude Unter
den Linden in seinem
heutigen Zustand

Im Arbeitszimmer
des sowjetischen
Botschafters

denen Häuser der Nachkriegszeit. Passanten kamen nur selten vorbei...

Zu Beginn der 60er Jahre sah es um die Botschaft nicht gerade fröhlich aus. Doch dann trafen sich unsere Mitarbeiter mit ihren Familienangehörigen zu einem freiwilligen Einsatz, die deutschen Freunde verschafften Mutterboden und Setzlinge für Bäume und Sträucher, und die Bereiche zwischen Unter den Linden und Otto-Grotewohl-Straße, Behrenstraße und Glinkastraße verwandelten sich in einen grünen Streifen.

1965 wurde eine allgemeinbildende Schule eröffnet, die zur sowjetischen Botschaft gehört. Der Unterricht unterscheidet sich nur wenig von dem in den üblichen Schulen, in manchem ist er sogar besser. Die Schule in der Behrenstraße ist international geworden: Zusammen mit den sowjetischen Schülern lernen hier Kinder aus vielen sozialistischen Ländern, so aus der DDR, ČSSR, Polen, Bulgarien, Jugoslawien, Rumänien, Kuba.

Wir waren auch darum bemüht, die Wohnbedingungen der Sowjetbürger hier in Berlin zu verbessern sowie ihren geistigen und kulturellen Bedürfnissen nachzukommen. So entstand 1976 in der Behrenstraße ein modernes komfortables Wohnhaus für die Mitarbeiter der Botschaft. Daneben erhebt sich ein Klubgebäude, das über einen weitläufigen Bühnensaal, eine Bibliothek und Spezialräume für Veranstaltungen gesellschaftlicher Organisationen verfügt. Hier werden sowjetische und ausländische Filme vorgeführt, sowjetische Künstler sowie Interpreten aus der DDR und anderen Ländern treten hier auf.

Das Gebäude der sowjetischen Botschaft ist eine echte Sehenswürdigkeit für die Gäste; es hebt sich von den zahlreichen neuen Botschaften in Berlin ab. Ich lade zu einem kurzen Besuch in der Botschaft ein:

Bei der Paradeeinfahrt gewahren die Gäste violett schimmernde Orchideen in speziellen Treibhäusern. An der mit Marmor verkleideten Haupttreppe sind Flachreliefs von Marx und Lenin, angefertigt vom sowjetischen Bildhauer Tomski, zu sehen. Hier sind auch zwei Gedenktafeln angebracht; die eine als Erinnerung an die Geschichte dieses Gebäudes, die andere erzählt über die Botschafter der UdSSR und der DDR.

Über die Treppe gelangt man in den Hauptsaal der Botschaft mit seinen 400 Sitzplätzen, dessen Ausmaße sowie die imposanten Säulen und massiven Kronleuchter mächtig beeindrucken.

In diesem Botschaftsgebäude habe ich also gut siebzehn Jahre lang gearbeitet. Nun wird angenommen, daß der Mensch den größten Teil seiner Arbeitszeit an seinem Arbeitsplatz verbringt. Doch was die Arbeit eines Botschafters betrifft, ist das völlig anders, denn seine Verpflichtungen sind überaus verschieden und mannigfaltig. Die ständige Bewegung, der Wissensdrang, die zahlreichen Begegnungen und Gespräche erfordern es, immer am Ball zu bleiben. Nur so wird man zum Mitgestalter des Geschehens, nur so kann man die Freundschaft zu unseren Verbündeten weiterentwickeln und bereichern.

Es ist im Laufe der Jahre zu einer festen Einrichtung geworden, daß sich jeden Morgen die gesamte diplomatische Vertretung im Wappensaal der Botschaft zur Beratung trifft. Hierbei werden Informationen über die Ereignisse des vergangenen Tages in der Heimat, in der DDR, der BRD und Berlin (West) ausgetauscht. Einen Überblick über Meldungen aus den neuesten Zeitungen sowie von Nachrichtenagenturen, Rundfunk und Fernsehen haben unsere Mitarbeiter schon frühmorgens zusammengestellt. Manchmal melden sich dabei auch Partei- und Staatsfunktionäre unseres Landes und der DDR zu Wort, häufig auch der Botschafter, um die Diplomaten auf bestimmte Probleme der Innen- und Außenpolitik der UdSSR sowie auf die internationale Lage im allgemeinen aufmerksam zu machen.

Eine gewisse Vorstellung vom Arbeitsrhythmus vermittelt eine Aufstellung offizieller Termine, die vom Sekretariat täglich zusammengestellt und mehrfach umgearbeitet wird. Selbstverständlich ist hier nur ein Aspekt der Arbeit berücksichtigt, die die sowjetischen Diplomaten im Ausland zu bewältigen haben. Ich kann aber versichern, daß unser Kalender keine »leeren« Tage aufweist. Hier als Beispiel der Arbeitsplan des Botschafters für den 8. Mai 1983:

9.30 Uhr – Kranzniederlegung im Treptower Park
9.45 Uhr – Kranzniederlegung am Denkmal für polnische Soldaten und deutsche Antifaschisten
10.30 Uhr – Kranzniederlegung in Tiergarten in Berlin (West)
11.30 Uhr – Empfang einer sowjetischen Delegation, die über den Verband der sowjetischen Freundschaftsgesellschaften eingeladen wurde
13.30 Uhr – Treffen mit unseren Kriegsveteranen
14.30 Uhr – Teilnahme am Eröffnungszeremoniell der Friedensfahrt
17.00 Uhr – Feierliche Sitzung in der Staatsoper anläßlich des Jahrestages der Befreiung des deutschen Volkes vom Faschismus
19.30 Uhr – Empfang in der sowjetischen Botschaft aus Anlaß des Sieges im Großen Vaterländischen Krieg.

Man könnte denken, das sei kein gewöhnlicher Tag, im Grunde ein Feiertag, was natürlich zutrifft, doch wenn man im Kalender weiterblättert, ändert sich das Bild nicht. Nehmen wir beispielsweise den 12. Mai:

9.30 Uhr – Unterredung mit Vertretern der Führung der DDR und des ZK der SED
10.45 Uhr – Gratulation zu Ehren des Präsidenten des Nationalrates der Nationalen Front der DDR
11.30 Uhr – Unterredung in der sowjetischen Botschaft mit Vertretern der sowjetischen Streitkräfte in Deutschland
14.00 Uhr – Empfang einer Delegation des ZK der KPdSU
15.00 Uhr – Unterredung in der sowjetischen Botschaft mit dem Botschafter der Demokratischen Republik Afghanistan
15.40 Uhr – Treffen beim Ministerrat der DDR
17.10 Uhr – Empfang einer sowjetischen Delegation am Flughafen

Vielleicht ist der Monat Mai für den Botschafter so angespannt? Wollen wir weiterblättern. Hier ein ganz anderer Tag:

8.30 Uhr – Empfang des Botschafters der ČSSR
10.20 Uhr – Kondolenz im Außenministerium der DDR
11.00 Uhr – Empfang des Botschafters der Republik der Kapverden
12.30 Uhr – Unterzeichnung von Dokumenten bei der Gesellschaft für Deutsch-Sowjetische Freundschaft
13.00 Uhr – Festessen im Hotel »Johanneshof«
14.30 Uhr – Überreichung von Regierungsauszeichnungen der UdSSR an Mitarbeiter eines Betriebes der DDR; anschließend Cocktail
16.00 Uhr – Unterredung im ZK der SED
17.30 Uhr – Empfang in der Botschaft der Mongolischen Volksrepublik
19.00 Uhr – Konzert des belorussischen Ensembles im Club der sowjetischen Botschaft

Diese Auszüge aus dem Kalender fügen sich zu einem Bild, das die breite Palette von Tätigkeiten der Botschaft und des Botschafters widerspiegelt. Dabei enthalten sie noch nicht einmal die Vielzahl der ständigen Verpflichtungen, zum Beispiel Begegnungen mit Vertretern der Abteilungen des ZK der SED, mit der Führung des Außenministeriums, der Gewerkschaften, der demokratischen Parteien und der Jugendverbände der DDR und vielen anderen. Solche Treffen finden abwechselnd in der sowjetischen Botschaft Unter den Linden und in den deutschen Einrichtungen statt. Dazu kommen Freundschaftstreffen mit Diplomaten der sozialistischen Länder sowie Empfänge und Cocktails für die Botschafter der Entwicklungsländer und anderer Staaten.

Da wundern sich mitunter die Genossen aus Moskau, wenn sie mit ihren Delegationen hierher kommen und von unseren Verpflichtungen hören. Ja, es war manchmal wirklich nicht leicht, um so mehr, als dem sowjetischen Botschafter angesichts unserer besonderen Beziehungen zur DDR bei derartigen Veranstaltungen besondere Aufmerksamkeit zukommt. Und im Range des Doyens, als Leiter und Sprecher des diplomatischen Korps, dessen Funktion ich ebenfalls innehatte, kamen zusätzliche Verpflichtungen auf mich zu. Auf den Veranstaltungen muß man sich unterhalten, Toaste und Gratulationen aussprechen, was entsprechende Vorbereitung, Kenntnisse und Erfahrung erfordert. Aber auch das reicht noch nicht aus. So bin ich der Meinung, daß die zahlreichen Verpflichtungen im Kalender des Botschafters nur dann ihren Zweck erfüllen, wenn es darunter keine nebensächlichen gibt, wenn jede Ansprache und jedes Treffen mit Überzeugung, Leidenschaft und emotionaler Stärke versehen sind. Fügt man die alltägliche Arbeit hinzu, die Lösung vieler Fragen, die die Botschaft oder die zwischenstaatlichen Beziehungen betreffen, die Einsicht in Dutzende Dokumente, das Verfassen und Redigieren zahlreicher Dokumente, die Anleitung und Kontrolle vieler Menschen, schließlich die persönlichen Kontakte mit den Mitgliedern des diplomatischen Korps, so läßt sich eine annähernde Vorstellung von den Pflichten eines sowjetischen Botschafters in Berlin gewinnen.

Die Entwicklung der Beziehungen zwischen der UdSSR und der DDR wurden auf weite Sicht am 12. Juni 1964 im Vertrag über Freundschaft, Zusammenarbeit und gegenseitigen Beistand festgelegt. Zu den Verhandlungen und zur Unterzeichnung des Vertrages kam am 29. Mai 1964 eine Partei- und Regierungsdelegation der DDR unter Leitung des Ersten Sekretärs des ZK der SED und Vorsitzenden des Staatsrates, Walter Ulbricht, nach Moskau. Der Delegation gehörten staatliche Funktionäre und Persönlichkeiten des öffentlichen Lebens der DDR sowie die Führung der in der Nationalen Front vereinten demokratischen Parteien an.

Ich nahm damals an den Verhandlungen teil, die der Unterzeichnung des Vertrages und der Reise der Delegation durch die Sowjetunion vorausgingen. In den Gesprächen mit Walter Ulbricht gingen wir auf die Einzelheiten des bevorstehenden Besuchs in die UdSSR und auf die Reiseroute ein. Walter Ulbricht betonte, daß er angesichts der Zusammensetzung der Delegation die Reiseroute so zusammengestellt wissen wollte, daß die besonderen Leistungen der Sowjetunion am besten deutlich werden können. Da erinnerte ich mich an den Dokumentarfilm »Das russische Wunder«, der sich mit der Entwicklung der UdSSR beschäftigte. Der größte Teil des Films behandelt Sibirien. Ich legte Walter Ulbricht meine Vorstellungen über die Reiseroute dar und erinnerte ihn an den Film. Die Idee gefiel ihm. Er wollte schon längst diese Region besuchen: »Das sowjetische Sibirien ist eine markante Seite in der Geschichte des ›russischen Wunders‹«, bemerkte er; später pflegte er diese Äußerung in seinen Gesprächen und Ansprachen im sibirischen Land zu wiederholen.

Moskau empfing die Gäste mit heiterem sonnigem Wetter. Am Flughafen versammelten sich die Vertreter der Partei- und Regierungsführung sowie der Öffentlichkeit Moskaus; Austausch von Grußadressen, die Staatshymnen der DDR und der UdSSR, Artilleriesalven des feierlichen Saluts. Tausende Moskauer kamen auf die Straßen, um die Kortege mit der deutschen Delegation auf ihrem Weg zur Residenz zu begrüßen. Zwei Tage wurden offizielle Verhandlungen und Gespräche in Moskau geführt. Dann trat die Delegation eine erlebnisreiche Reise durch den Ural und Sibirien an. Ein Flugzeug nahm Kurs auf Swerdlowsk. Zu den sowjetischen Vertretern, die die Delegation begleiteten, gehörte auch der Botschafter der UdSSR in der DDR. Nach einem herzlichen Empfang am Flughafen von Swerdlowsk hießen auch die Einwohner der Stadt die deutschen Freunde willkommen. In einer Rede erzählte Walter Ulbricht, daß er das letzte Mal im Januar 1942 in Swerdlowsk gewesen war. Damals war er in der Stadt auf Durchreise zum Lager für deutsche Kriegsgefangene, wo er Propaganda trieb, um die deutschen Soldaten und Offiziere zum Kampf gegen den Hitlerfaschismus zu gewinnen.

»Herzlich willkommen auf der sibirischen Erde« – mit diesen Worten empfing die deutschen Gäste Nowosibirsk. »Das Herz und die Vernunft Sibiriens« nannte Walter Ulbricht diese Stadt. »Hier haben wir aus der sibirischen Wirklichkeit gleichsam in die Zukunft geblickt«, sagten die deutschen Freunde. Die Delegation besichtigte Akademgorodok und kam mit Wissenschaftlern zusammen. Über die laufende Arbeit und die Pläne für die Zukunft erzählte den Gästen der ehemalige Vorsitzende der Sibirischen Zweigstelle der Akademie der Wissenschaften der UdSSR, Akademiemitglied Lawrentjew. Die deutschen Genossen brachten ihre Bewunderung über das Gesehene und Gehörte zum Ausdruck und beglückwünschten die Wissenschaftler zu ihren Leistungen.

In Nowosibirsk gratulierte Ulbricht den versammelten Wissenschaftlern: »Der große deutsche Gelehrte Alexander von Humboldt, der vor 135 Jahren durch Sibirien reiste und ein interessantes Buch darüber schrieb, konnte nicht einmal davon träumen, was wir heute gesehen haben.« Und er schenkte seinen Gastgebern einen Nachdruck von Humboldts Aufzeichnungen über Sibirien.

Am 10. Juni kehrte die Delegation nach Moskau zurück. Inzwischen war alles für die Unterzeichnung des historischen Dokuments – des Vertrages über Freundschaft, Zusammenarbeit und gegenseitigen Beistand zwischen der UdSSR und der DDR – vorbereitet. Zur Teilnahme an den abschließenden Verhandlungen und am Zeremoniell der Unterzeichnung des Vertrages kamen am Vorabend das Mitglied des Politbüros des ZK der SED und erster stellvertretender Vorsitzender des Ministerrates der DDR, Willi Stoph, und das Mitglied des Politbüros und Sekretär des ZK der SED, Erich Honecker, nach Moskau. Der feierlichen Unterzeichnung im Großen Kongreßpalast des Kremls in Anwesenheit der Vertreter der Partei- und Regierungsführungen beider Seiten folgte ein Meeting der deutsch-sowjetischen Freundschaft.

Meiner Arbeit habe ich es zu verdanken, daß ich mit den unterschiedlichsten Menschen zusammenkommen konnte. Dazu gehörten Politiker und Arbeiter, Akademiemitglieder und Bauern, Offiziere und Diplomaten. Jede Begegnung verdiente es, erwähnt zu werden – allein, ich werde mich beschränken müssen.

*

Im Laufe von neun Jahren hatte ich oft die Möglichkeit, mit Walter Ulbricht, diesem Mann, der sich über sechzig Jahre für den Sozialismus einsetzte, zusammenzutreffen, mich mit ihm zu unterhalten und seinen Rat einzuholen. Walter Ulbricht war Sohn einer Arbeiterfamilie. Mit 19 Jahren wurde er 1912 in Leipzig Mitglied der Sozialdemokratischen Partei Deutschlands. Als der erste Weltkrieg ausbrach, gehörte er zu jenen revolutionären Sozialisten, die den Ideen von Marx und Engels und der revolutionären Arbeiterbewegung treu blieben. Dem Beispiel Liebknechts und den Ideen des Spartakusbundes folgend, kämpfte er gegen die verhängnisvolle Kriegspolitik des deutschen Reichs. Mit Begeisterung begrüßte er die Oktoberrevolution.

Das imperialistische Deutschland erlitt im ersten Weltkrieg eine Niederlage. Als die Arbeiter und Soldaten sich erhoben, wurde Ulbricht Mitglied des Arbeiter- und Soldatenrates in seiner Heimatstadt Leipzig. Nach der konstituierenden Konferenz der Kommunistischen Partei in Berlin wählte man ihn zum Mitglied der Parteileitung der Leipziger Parteiorganisation. Bald war er auch in der Parteileitung des Bezirks Mitteldeutschland. 1926 wurde Ulbricht Abgeordneter des Sächsischen Landtags und 1928 des Reichstags. Nach dem Machtantritt der Nazis lebte Ulbricht illegal in Deutschland und organisierte den Widerstand im Auftrag seiner Partei. Die Gestapo suchte ihn. Anfang August 1933 erschien sein Bild in den Zeitungen – ein Fahndungsfoto. Im Oktober 1933 ging Walter Ulbricht ins Ausland, um von dort aus den Kampf gegen den Faschismus fortzuführen.

Als Hitler die Sowjetunion überfiel, befand sich Ulbricht in Moskau. Dort leistete er viel Aufklärungsarbeit, um die Soldaten an der Front und in Kriegsgefangenenlagern davon zu überzeugen, daß die Niederlage Hitlers unvermeidlich ist. Auf Initiative der KPD und unter Mitwirkung Walter Ulbrichts gründeten antifaschistische Emigranten und kriegsgefangene Soldaten und Offiziere das nationale Komitee »Freies Deutschland«.

Nach der Zerschlagung des Faschismus kehrte Ulbricht gemeinsam mit anderen leitenden Funktionären unter Wilhelm Pieck mit der sogenannten Berliner Gruppe nach Deutschland zurück. Der Anfang war schwer: Es galt in erster Linie, die

Empfang in der Bot-
schaft der UdSSR anläß-
lich des 49. Jahrestages
der Großen Sozialisti-
schen Oktoberrevolu-
tion am 7. 11. 1966
(v. l. n. r.: H. Matern,
L. Ulbricht,
W. Ulbricht, General
Moschewoi,
P. A. Abrassimow,
W. Stoph, W. Rauch-
fuß, P. Vermer,
E. Honecker,
A. Norden, K. Hager,
P. Fröhlich)

Begegnung mit dem
Komponisten und
Sänger Ernst Busch

ideologischen Trümmer des Nationalsozialismus zu beseitigen und ein neues Leben beginnen zu lassen.

*

An einem Januarmorgen fahre ich zu einer Straße am Rande Berlins. Der Wagen verläßt die zum Flughafen führende Autobahn und hält wenige hundert Meter später vor einem vierstökkigen Haus. Im Hintergrund sind Gartengrundstücke mit kleinen Häusern zu erkennen. Stille, abgelegene Straßen, nackte Bäume und ein leicht säuerlicher Rauch schaffen eine Illusion, auf dem Lande zu sein. Ich gehe zu einer Türe und finde auf einem Schildchen den mir vertrauten Namen: Seghers-Radványi.

Die große Schriftstellerin unserer Zeit und bekannte Persönlichkeit des öffentlichen Lebens der DDR, Anna Seghers, kannte ich bereits seit einem Treffen in Moskau in den fünfziger Jahren. Als Mitglied des Präsidiums des Weltfriedensrates und des Komitees für Internationale Lenin-Preise kam sie in unsere Hauptstadt in Sachen Friedensbewegung und in Vertretung des Schriftstellerverbandes der DDR, dessen ständige Vorsitzende sie seit der Gründung des Verbandes war. In Berlin setzten wir unsere Bekanntschaft fort. Anna Seghers war häufig Gast bei den Empfängen in der sowjetischen Botschaft. Während meiner Arbeit in der DDR hatte ich die Ehre, Anna Seghers dreimal hohe Auszeichnungen unseres Landes zu überreichen, mit denen ihre aktive gesellschaftliche und literarische Tätigkeit gewürdigt wurde.

Auf einer feierlichen Veranstaltung im Berliner Deutschen Theater im November 1970 sprachen viele führende Schriftsteller und Künstler der DDR zu Ehren der 70jährigen Schriftstellerin. Besonders herzliche Grußworte richtete der Schriftsteller Boris Polewoj an sie. Am Vorabend gratulierte ihr der sowjetische Botschafter zum Geburtstag und verlas den Beschluß des Präsidiums des Obersten Sowjets der UdSSR über die Auszeichnung Anna Seghers' mit dem Rotbannerorden der Arbeit. Dieser Orden wurde ihr in unserer Botschaft feierlich überreicht.

Zu ihrem 75. Jubiläum kamen Delegationen der Partei- und Staatsführung der Republik, der Künstlerverbände der DDR und ausländische Gäste. Im Auftrag Moskaus überreichte ich Anna Seghers den Orden der Völkerfreundschaft, mit dem sie für ihren Beitrag zum Kampf gegen den Faschismus und zur Festigung der Freundschaft zwischen unseren Ländern geehrt wurde. Sie bedankte sich: »Ein aufrichtiges Gefühl der Hochachtung und Sympathie gegenüber dem Sowjetland und seinem Volk war und wird mein ganzes Leben lang für mein Schaffen und mein Leben bestimmend bleiben.«

Wiederum fünf Jahre später war unsere Begegnung bei weitem bescheidener. Anna Seghers war krank und bat deshalb, das Jubiläumszeremoniell zum 80. Geburtstag auf einen engen Kreis der ihr am nächsten stehenden Freunde zu beschränken. Außer dem Vorstand des Schriftstellerverbandes der DDR kamen Vertreter des ZK der SED, der Regierung der Republik sowie prominente Schriftsteller – aus Moskau der Dichter Alexej Surkow. Auf Beschluß des Präsidiums des Obersten Sowjets der UdSSR wurde sie an ihrem 80. Geburtstag mit dem Orden der Oktoberrevolution ausgezeichnet.

Über die Treppe steige ich in den zweiten Stock. Hier wohnt in einem gemütlichen, bescheidenen Zimmer Anna Seghers. Hier gibt es viele Bücher, in verschiedenen Sprachen und zu ganz verschiedenen Wissensbereichen. Es gibt auch Bücher in russischer Sprache.

»Ich kann etwas Russisch«, sagt sie zwar langsam, aber korrekt. In Anwesenheit deutscher Freunde, unter ihnen der heutige Vorsitzende des Schriftstellerverbandes der DDR, Hermann Kant, überreiche ich Anna Seghers den Orden der Oktoberrevolution. Die Schriftstellerin ist tief bewegt und dankt. Es kommt zu einem ungezwungenen Gespräch. Sie erzählt von ihrer ersten Reise in die UdSSR zum Kongreß der internationalen Vereinigung revolutionärer Schriftsteller 1930 in Charkow, von Jahren der Emigration in Frankreich und in Mexiko. Sie erinnert sich an die Zusammenarbeit mit sowjetischen Freunden während der Entstehung der DDR, an die Zusammenarbeit, die in eine tiefe Freundschaft überging. Anna Seghers ist

110

zugleich voller Pläne. Die Schriftstellerin schreibt viel, nach ihren eigenen Worten für die Menschen von heute über die Ereignisse von gestern. Und sie will noch viel schaffen. Von Krankheit ist sie gezeichnet, doch ihr Forschergeist ist nicht zu brechen.

»Auf Wiedersehen«, sagt sie zum Abschied, »und nochmals vielen Dank an Moskau...«

*

Parallel zu Unter den Linden im Zentrum der Hauptstadt verläuft die Behrenstraße. Der Anziehungspunkt dieser Straße ist die berühmte Komische Oper, die unter Leitung des Meisters der Opernkunst, Walter Felsenstein, Weltruf erlangte. Das während des Krieges in Mitleidenschaft gezogene Operngebäude wurde 1947 wiederhergestellt und 1966/67 renoviert.

Professor Walter Felsenstein, ein gebürtiger Wiener, war bereits vor dem Kriege ein bekannter Regisseur, der viele Theaterinszenierungen in Berlin, Köln und Paris hervorbrachte. Seit dem Gründungsjahr 1947 ist er ständiger Leiter der Komischen Oper. In den Jahren unserer engen Nachbarschaft – das Theater liegt ganz in der Nähe der Botschaft – entwickelten sich zwischen uns intensivste Beziehungen. Unsere Bekanntschaft begann mit der Bitte, Olga Lepeschinskaja, eine hervorragende Vertreterin der sowjetischen Ballettschule für das Theater als Pädagogin zu gewinnen. Nach Felsensteins Vorstellung sollte das Theater durch eine Ballettgruppe ergänzt werden. Ich wandte mich an das Kulturministerium der UdSSR mit der entsprechenden Bitte und erhielt das Einverständnis. Olga Lepeschinskaja, die ich persönlich kannte, brauchte nicht lange überredet zu werden. Sie war bereit, den deutschen Freunden zu helfen, und widmete der Entwicklung des Ensembles mehrere Jahre Arbeit, wobei sie ihnen ihre reichen szenischen Erfahrungen weitergab. So entstand an der Komischen Oper eine Balletttruppe, deren zahlreiche Aufführungen vom talentierten Choreographen Professor Tom Schilling inszeniert wurden.

Bei unseren regelmäßigen Treffen erzählte mir der große

Meister der szenischen Kunst oft von seinen Plänen als Regisseur und Theaterleiter, fragte nach meiner Meinung als Zuschauer und war sehr auf Aufrichtigkeit bedacht. Walter Felsenstein betonte in seinen Gesprächen und öffentlichen Reden immer wieder, daß es die sowjetische Militäradministration war, die seinerzeit zum Wiederaufbau der Komischen Oper beitrug, so daß diese im Juni 1947 ihre Tore für ein breites Publikum öffnen konnte. Nicht ohne Stolz fügte er hinzu: »Mich hat die Sowjetarmee ernannt.« Zum letzten Mal besuchte ich den schwerkranken Walter Felsenstein an seinem Geburtstag in der Berliner »Charité«. Wir sprachen wieder über Theaterpläne, die Zusammenarbeit mit sowjetischen Künstlergruppen und über die Theaterkunst ganz allgemein. So habe ich heute Walter Felsenstein als einen Menschen von großem Talent in Erinnerung, nicht nur als einen Meister der Bühne, sondern auch als einen Menschen, der sein ganzes Leben in den Dienst der Menschen stellte.

*

Am 21. November 1966 traf ich mit Willy Brandt zusammen; damals war er Regierender Bürgermeister von Berlin (West). Einige Aufzeichnungen aus seinem Buch »Begegnungen und Einsichten, 1960–1975« schildern recht exakt jene komplizierte und widersprüchliche Situation, in der wir unsere Kontakte aufnahmen. Ich gebe diesen Bericht Willy Brandts hier ungekürzt wieder, denn er entspricht ganz der Wirklichkeit.

»So fanden wir uns denn, einen Monat früher, zu einem Frühschoppen auf gastfreiem schwedischem Territorium ein. Aber welche ›Probleme‹ waren – von allen Vorgesprächen abgesehen – für die Vorbereitung eines halb privaten Gespräches zu lösen! Es gab mindestens sieben Klippen, die zu umschiffen waren:

Erstens lag mir daran festzuhalten, daß die Initiative von sowjetischer Seite ausgegangen war. Abrassimow wiederum versuchte, den Eindruck zu erwecken, als träfen wir auf meinen Wunsch hin zusammen. Dies ist – wie ich mich mehrfach überzeugen konnte – eine russische Übung, über die man sich wundern mag, doch man hat, nach meiner Erfahrung, mit ihr zu rechnen.

Zweitens mußte klargestellt werden, in welcher Eigenschaft wir uns begegnen würden. Was mich betraf, so konnten keine Mißverständnisse herrschen: Ich war nun auch schon längst Vorsitzender der SPD, war also Gesprächspartner in doppelter Eigenschaft. Was Abrassimow anging (Mitglied des Zentralkomitees der KPdSU), mußte mir daran liegen, daß er mir gegenüber – um schwierige Statusfragen zu vermeiden – nicht als Botschafter bei der DDR-Regierung auftrat, sondern als einer der Vier, die in ihrer Restfunktion als Hohe Kommissare weiterhin Verantwortlichkeiten für Deutschland als Ganzes und für Berlin wahrzunehmen hatten.

Drittens mußte geklärt werden, wer wen mitbringen werde. Abrassimow hatte darum gebeten, ich möge allein kommen; er werde nur von einem Mitarbeiter als Dolmetscher begleitet sein. Tatsächlich erschien dann mit ihm einer seiner Mitarbeiter und dazu ein – besonders tüchtiger – Dolmetscher. Ich brauchte mich trotzdem nicht isoliert zu fühlen; denn der Gastgeber, mein Freund Backlund, blieb während des ganzen Gesprächs anwesend. Abrassimow hatte auf sympathische Weise zu verstehen gegeben, was er mir zu sagen habe, könne auch der Schwede hören.

Viertens mußte ich dafür sorgen, daß man das Unternehmen nicht falsch interpretierte. So unterrichtete ich selbst Außenminister Schröder und seinen Staatssekretär Carstens. Sie hatten keine Einwände, wenn die Voraussetzungen in meinem Sinne geklärt seien.

Fünftens waren die Alliierten in Berlin einzuweihen. Dies konnte ausnahmsweise auf einen ganz kleinen Personenkreis beschränkt bleiben. Franzosen und Engländer hatten keine Bedenken. Die Amerikamer waren zurückhaltend, aber nicht ablehnend; sie wollten den ›privaten‹ Charakter des Treffens betont wissen. Sie gingen – wie auch ich – davon aus, daß ich keine die Alliierten betreffenden Zusagen machen oder Absprachen treffen würde. Und sie wünschten so wenig wie ich, daß man sich auf Erörterungen einließ, die eine zusätzliche sowjetische Präsenz in West-Berlin zur Folge haben könnten.

Sechstens sprach ich mit dem schwedischen Außenminister Torsten Nilsson, als ich Anfang Mai aus anderem Anlaß in Stockholm war. Backlund hatte das Vertrauen seines Chefs; aber er durfte, sollte es Komplikationen geben, nicht der Leidtragende des Arrangements in seinem Hause sein.

Siebtens: das Problem der Geheimhaltung. Das schloß eine Verständigung über die Auskunft ein, die man der Öffentlichkeit geben würde, wenn es doch zu einer Indiskretion käme. Erstaunlicherweise blieb das erste Treffen mit Abrassimow unbemerkt. Bei den vier weiteren Treffen, die ich 1966 mit ihm in Berlin hatte, brauchten wir solche umständlichen Vorkehrungen gottlob nicht mehr.«

*

In der DDR sind sowjetische Literatur und Kunst sehr geschätzt. Doch unter unseren Künstlern ist ein Filmregisseur besonders beliebt, weil sein Film »Genosse Berlin« – mit dem Staatspreis der DDR ausgezeichnet – zu einem Ereignis im kulturellen Leben unserer Länder geworden ist. Roman Karmen, Träger des Lenin- und Staatspreises der UdSSR und Volkskünstler der UdSSR, hat mit seinem Film die Idee der Verbundenheit zwischen unseren Ländern besonders stark zum Ausdruck gebracht.

Von Konstantin Simonow weiß ich, daß der Vater Roman Karmens, ein talentierter Schriftsteller, in den Kerkern des Odessaer Gefängnisses von Denikin-Abwehrleuten zu Tode gequält wurde; ganz Odessa begleitete den Sarg, der auf einer Lafette aufgestellt war. Roman war damals etwas älter als 10 Jahre. Er war nun der einzige Ernährer der Familie und mußte als Zeitungsverkäufer arbeiten. Dann hatte der Junge Glück, denn er wurde als Schlossergehilfe in einer Garage angestellt. Aus dieser Zeit soll seine Leidenschaft für Fahrzeuge stammen.

Dann hatte er selbständig erlernt, die Filmkamera zu handhaben und veröffentlichte als 17jähriger junger Mann seine ersten Bildaufnahmen in der Zeitschrift »Ogonjok«. Michail Kolzow wurde auf seine Arbeiten aufmerksam. Roman wurde

Filmjournalist. Maxim Gorki, George Bernard Shaw, Romain Rolland, Alexej Tolstoi und Wladimir Majakowski ließen sich von ihm fotografieren. Eine interessante Arbeit aus jener Zeit ist sein Film und Reportagezyklus über ein Autorennen. Dann folgte Spanien, Filmreportagen von den ersten Fronten gegen den Faschismus, die Freundschaften mit Hemingway, André Malraux, Malinowski, Ehrenburg, Syrojeshkin. Danach flog er zum Nordpol, reiste nach China, kam in die Rote Armee und war von 1941 bis zum Kriegsende an der Front.

»Wissen Sie, wann ich Walter Ulbricht kennengelernt habe?« fragte er mich einmal, als er nach Berlin kam. »In Stalingrad, wenige Stunden nachdem ich die Szene der Gefangenschaft von Feldmarschall Paulus aufgenommen hatte. Und Erich Honecker sah ich im Mai 1945 in Berlin zum ersten Mal, als ihn gerade die Sowjetarmee aus den Nazi-Kerkern befreit hatte.«

In Karmens Filmgruppe gab es ganz junge Mitarbeiter, aber selbst sie konnten sich, was Arbeitswille und -intensität betrifft, nicht mit ihm messen, so engagiert und hingebungsvoll arbeitete er all die Monate in Berlin. Dabei war er bereits 60 Jahre alt und weltbekannt und hätte sich schonen können. Einmal sagte er zu mir: »Das Schaffen ist ein Brennen. Wenn man seinem Lieblingswerk nachgeht, darf es keine Müdigkeit geben. Wenn ein Künstler Müdigkeit empfindet, muß er aufhören, sei es mit Drehen oder mit Schreiben, denn das Schaffen ist das Schicksal der Besessenen.«

Roman Karmen machte Filmaufnahmen von den Neubauten der Hauptstadt und den Aufführungen der Komischen Oper, von Kundgebungen der Bevölkerung und Kranzniederlegungen am Grab des Sowjetischen Soldaten, von Darbietungen studentischer Laienkunstgruppen und der Eröffnung von Ausstellungen. Jedes Bild seiner Filme atmet das neue Leben des Staates.

»Meiner Meinung nach bildet Karmen nicht nur die Studenten des Instituts für Kinematographie aus, was noch wichtiger ist, er gibt Unterricht durch sein ganzes Leben«, sagte mir einmal der DDR-Regisseur Konrad Wolf.

Die Gemeinsamkeit in unseren menschlichen Schicksalen und unserem moralischen Empfinden stand für mich stets vor den Unterschieden in den nationalen Kulturen und Traditionen, nicht nur bei den Treffen mit deutschen Freunden in der DDR, sondern auch in unserer Heimat. Wenn ich mit Partei- und Regierungsdelegationen der DDR in die Sowjetunion kam, empfand ich oft das einmalige Gefühl, stolz auf unser großes Volk zu sein. Und solche Besuche gab es in meiner langjährigen Arbeit unzählige.

Zum 5. Jahrestag des Vertrages über Freundschaft, Zusammenarbeit und gegenseitigen Beistand zwischen der Sowjetunion und der DDR und aus Anlaß des 20. Jubiläums der Deutschen Demokratischen Republik wurde eine Partei- und Regierungsdelegation der DDR in unser Land eingeladen.

Walter Ulbricht hatte sich von einer Krankheit noch nicht erholt, und die Ärzte rieten ihm, von der Reise Abstand zu nehmen, wie die Presse offiziell mitteilte. Die Delegation wurde von Willi Stoph geleitet. Zur Delegation gehörten Erich Honecker und Günter Mittag, damals Mitglieder des Politbüros und Sekretäre des Zentralkomitees der SED, sowie die Vorsitzenden der zur Nationalen Front gehörenden Parteien und viele andere.

Am Moskauer Flughafen wurden die deutschen Gäste von Leonid Breschnew und Alexej Kossygin empfangen. Tausende Moskauer kamen auf die Straßen, um die Vertreter des deutschen Staates zu begrüßen.

Eine Station im Besuchsprogramm war Leningrad. Ein heiterer Julitag, leichter Wind streifte das smaragdgrüne Gras und die Blumen auf dem Friedhof von Piskarjewo. In tiefem Schweigen und unter dem Klang des Trauermarsches von Chopin legte die DDR-Delegation einen Kranz am Monument für Mutter und Heimat nieder – »Ewiger Ruhm den heldenhaften Verteidigern Leningrads«. In einem kleinen Museum, in dem Aufzeichnungen über die letzten Tage im Leben des Leningrader Mädchens Tanja Sawitschewa aufbewahrt werden, erzählte der Reiseführer von den erschütternden Ereignissen und dem Schicksal der Leningrader. Nach der hellen Sonne draußen war es hier etwas dunkel. Ich sah Erich Honecker an. Ihm standen Tränen in den Augen. »Wir müssen alles tun, damit sich das nie wiederholt!« sagte er zu mir.

Für den nächsten Tag war die Besichtigung von Kronstadt geplant. Zum ersten Mal konnte eine ausländische Delegation diese legendenumwobene Festungsstadt besichtigen. Die Besucher und ihre Begleiter versammelten sich an Deck der Jacht »Burewestnik«. Beim Auslaufen aus dem Leningrader Hafen sahen wir noch das schneeweiße Fahrgastschiff »Alexander Puschkin«, das erst kurz davor in Wismar vom Stapel gelaufen war und jetzt seinen Dienst in Leningrad antrat.

Je mehr wir uns Kronstadt näherten, desto deutlicher waren die Umrisse von Kriegsschiffen zu erkennen. Schiffsbesatzungen traten an den Decks an, um die Gäste zu begrüßen, an den Masten flatterten Signalwimpel im Wind. Nach einer kurzen Besichtigung der Stadt fand man sich zu einem Treffen auf dem Kreuzer »Kirow« ein. In einer flammenden Rede sprach Erich Honecker von den geschichtlichen Verbindungen der russischen und deutschen Arbeiterbewegung, von ihrem gemeinsamen Kampf für die Freiheit, den die revolutionären Matrosen in Kronstadt und Deutschland 1918 gemeinsam führten.

*

Im Herbst 1971 lief meine Amtszeit in der DDR ab. Ich wurde nach Moskau in ein neues Amt berufen. Als ich am 18. September Abschied von Berlin nahm, fuhr ich noch einmal durch Berlins Straßen und überzeugte mich von den gewaltigen Veränderungen, die sich im Laufe der fast neun zurückliegenden Jahre gerade auch Unter den Linden vollzogen hatten. Die Allee, auf die die Berliner nun so stolz waren, war wie ein Phönix aus der Asche gestiegen. Die Kriegsspuren waren weggewischt, die Linden gewachsen, und die Straße war jünger geworden.

Vom Brandenburger Tor zog sich eine Häuserzeile entlang, wo man neben Staatseinrichtungen der DDR Geschäfte und Gaststätten untergebracht hat. Am Wochenende war die Straße besonders belebt. Scharen festlich gekleideter Men-

117

schen – viele kamen mit ihrer ganzen Familie – gingen Unter den Linden spazieren. Man bewunderte die majestätischen Gebäude der Oper und der Universität, man ließ sich vor dem wiederaufgebauten Brandenburger Tor fotografieren. Unter den Linden hatte wieder ein diplomatisches Profil: Hier wurden die Botschaften der Volksrepublik Polen und der Ungarischen Volksrepublik untergebracht. In direkter Nähe richteten sich weitere Botschaften und Handelsvertretungen ein.

Nach meiner neunjährigen Tätigkeit als Botschafter der UdSSR in der DDR verließ ich im Grunde genommen ein mir schon vertrautes und teures Land. Ich dachte an die vergangenen Jahre mit tiefer Genugtuung. Es war viel getan worden, um die Beziehungen zwischen der UdSSR und der DDR auf allen Gebieten auszubauen und zu festigen. Die Republik hatte große Leistungen im sozialistischen Aufbau erreicht und die internationale Arena betreten. Es waren zwei wichtige Vereinbarungen getroffen worden: der Moskauer Vertrag zwischen der UdSSR und der BRD, der die Unverletzlichkeit der bestehenden europäischen Grenzen, darunter auch jener zwischen der DDR und der BRD, anerkennt, und das Vierseitige Abkommen über Berlin (West). Das war ein gutes Ergebnis für die Entspannung und den Frieden. Obwohl mich die Abreise aus der DDR nach so vielen Jahren Arbeit traurig stimmte, ging ich mit dem Bewußtsein, meine Pflicht erfüllt zu haben.

Natürlich konnte damals niemand ahnen, daß ich bereits wenige Jahre später erneut nach Berlin kommen würde, um im Botschaftsgebäude Unter den Linden meine Arbeit im Interesse einer freundschaftlichen und engeren Zusammenarbeit zwischen der UdSSR und der DDR fortzusetzen. Das Schicksal wollte es so und nicht anders. Zunächst wurde ich zum Botschafter der UdSSR in Frankreich berufen, wo ich zwei Jahre lang arbeitete; von 1973 bis 1975 leitete ich eine Abteilung des Zentralkomitees der KPdSU.

Im Frühjahr 1975 wurde ich auf Beschluß der sowjetischen Regierung als Botschafter der UdSSR wieder in die DDR geschickt. In Berlin empfing man mich wie einen guten alten Freund. Ich kehrte in die Stadt zurück, mit der mich bereits ein ganzes Stück Leben und Arbeit verband. Vier Jahre waren inzwischen vergangen, ja, eher verflogen. Obwohl vier Jahre eine verhältnismäßig kurze Zeit sind, war ich gespannt zu sehen, was sich inzwischen in Berlin verändert hatte.

Als erstes fielen mir auf dem Weg vom Flughafen ins Stadtzentrum die breite Autobahn und die verkehrsgünstigen Straßen am Rande der Hauptstadt auf. Ich mußte unwillkürlich an die schmale, mit Kopfsteinpflaster bedeckte Straße und an die häufigen Verkehrsstaus an der Stadtausfahrt bei Oberschöneweide und Adlershof denken, wo ich früher öfters vorbeikam. Dann begann eine mir schon ganz vertraute Gegend: Durch die mächtigen Baumkronen des Parks in Treptow sah ich das majestätische Monument für die sowjetischen Soldaten. Und dann war da eine neue Spreebrücke und die Warschauer Straße. Ich bat den Fahrer, über den Alexanderplatz zu fahren. Vor vier Jahren hatte man gerade erst angefangen, dem Platz eine neue Gestalt zu geben. Damals erhoben sich an einer Seite bereits das Hotel »Stadt Berlin« und das »Haus des Lehrers«. Auf der anderen Seite waren nur die Konturen von Gebäuden zu sehen, wo Zeitungsredaktionen und Presseagenturen untergebracht werden sollten. Da erinnerte ich mich daran, was deutsche Mitarbeiter am Bebauungsmodell Berlins über das künftige Aussehen des Stadtzentrums erzählten; sie betonten stets: »Eine Stadt muß ihr eigenes Gesicht haben, das in vieler Hinsicht vom Stadtzentrum geprägt wird.« Als der Wagen noch durch die Karl-Marx-Allee fuhr, erkannte ich bereits den Alexanderplatz wieder. Da war schon ein fertiges Bauensemble zu sehen. Die hohen, in hellen Farben gehaltenen Bauten verliehen dem Platz ein schmuckes und feierliches Aussehen. Das »Haus des Lehrers«, einst als Hochhaus bezeichnet, verlor sich neben den modernen hohen Wohnhäusern, die sich in einer Häuserzeile vom Alexanderplatz bis zur weit vorn liegenden S-Bahnstation hinzogen. Der Autoverkehr in Berlin hatte merklich zugenommen, im Stadtzentrum trafen wir auf einen durchgehenden und nicht enden wollenden Strom. Viel häufiger als früher sah man Fahrzeuge mit ausländischen Kennzeichen.

Auf dem Alexanderplatz stieg ich aus. Um mich herum pulsierte das Großstadtleben. In vielen Sprachen hörte ich die Menschen reden, Touristen aus aller Herren Länder. Da erinnerte ich mich an ein Gespräch, das ich hier vor ein paar Jahren mit einem französischen Architekten geführt hatte. Er staunte damals über die großzügig angelegten Straßen und Plätze, meinte aber, daß sich die Menschen in solchen, wie er sagte, »unermeßlichen Weiten« unweigerlich verlieren und einsam fühlen würden. Heute konnten wir nichts dergleichen empfinden; denn aus den Gesichtern all der Menschen, die durch die Karl-Marx-Allee gingen, sich an dem bizarren Springbrunnen vor dem Warenhaus ›Centrum‹ trafen oder am Fuße des Fernsehturms den Platz überquerten, sprachen Optimismus und Vertrauen in die Zukunft.

Mit dem Wagen ging es weiter zur Karl-Liebknecht-Straße. Wir sahen eine große Baustelle, auf der schon die Konstruktionen des künftigen Palastes der Republik emporragten. Mit der Fertigstellung dieses zu den schönsten Bauten Berlins zählenden Gebäudes sollte das Bauensemble um den Marx-Engels-Platz vollendet werden.

Ich konnte auch der Versuchung nicht widerstehen, durch die Leipziger Straße zu fahren. Vor vier Jahren hatte ich lediglich ihre »Skizze« gesehen. Nun erhoben sich ganze Reihen schöner und sinnvoll angeordneter Hochhäuser, die leicht an die Kalinin-Allee in Moskau erinnerten. Das war bereits ein Stück zukünftiges Berlin. Wir fuhren durch die Otto-Grotewohl-Straße zum Brandenburger Tor und bogen rechts ab. Hier, Unter den Linden, schien alles beim alten geblieben zu sein. Bald darauf erfuhr ich jedoch, daß Unter den Linden nun auch die Botschaften Großbritanniens, Frankreichs, Italiens und Dänemarks und in der Nähe etwa zwei Dutzend weitere Botschaften untergebracht worden waren.

*

An dieser Stelle möchte ich auf eine Entwicklung eingehen, die zwar zeitlich zwischen meinen beiden Amtszeiten liegt, aber doch ein Schlaglicht auf die politische Situation der ersten

Hälfte der siebziger Jahre wirft. Am Ende dieser Entwicklung war die grundlegende Wende in den völkerrechtlichen Beziehungen der DDR vollzogen: die Aufnahme der DDR in die Organisation der Vereinten Nationen am 18. September 1973. Damit war die von den westlichen Ländern lange Zeit betriebene diplomatische, politische und wirtschaftliche Isolierung der DDR endgültig zusammengebrochen.

Man schrieb den Oktober 1972. Im Westen brachte man immer noch die für viele westlichen Politiker so unangenehme Bezeichnung »Deutsche Demokratische Republik« nur mit viel Mühe über die Lippen. Es gab aber praktisch kein bilaterales Treffen, keine internationale Konferenz, ohne daß sich die Sowjetunion für die Anerkennung der DDR und für deren legitime Interessen einsetzte. Die Hallstein-Doktrin, derzufolge die Bundesrepublik Deutschland beanspruchte, auf internationaler Ebene »ganz Deutschland« zu vertreten, wurde zunehmend durch Veränderungen im politischen Klima ausgehöhlt. Damals kam eine SED-Delegation mit Kurt Hager, Hermann Axen, Günter Mittag und K. Naumann im Oktober 1972 nach Frankreich. Sie alle leisteten in kurzer Zeit eine große Arbeit. Sie trafen sich mit französischen Kommunisten, Parlamentariern, Vertretern der Regierung, besuchten wissenschaftliche und kulturelle Einrichtungen und sprachen auf Kundgebungen. Es bereitete mir aufrichtige Freude zu sehen, wie wohlwollend, aufmerksam und interessiert man diese autorisierte Delegation in der französischen Hauptstadt aufnahm. Das war ein Beweis für die erstarkte Position jener, die sich für eine baldestmögliche Anerkennung der DDR durch Frankreich einsetzten. Daß man bereit war, der Delegation aus der DDR die Türen mehrerer Regierungseinrichtungen in Paris zu öffnen, rief in einflußreichen konservativen Kreisen offene Verärgerung hervor.

Als Botschafter der UdSSR in Frankreich hatte ich natürlich recht gute Beziehungen zum Staatsminister für soziale Fragen und späteren Vorsitzenden der Nationalversammlung Frankreichs, Edgar Faure. In einem Gespräch fragte er mich, ob ich seine Einladung bekommen hätte.

»Wenn Sie die Einladung zum Empfang für die Delegation der DDR meinen, ja. Ich begrüße von ganzem Herzen Ihr Vorhaben, einen Empfang für diese Delegation zu geben.«

Mein Gesprächspartner lächelte gezwungen und antwortete sichtlich verärgert: »Der Empfang fällt aus. Ich bin eben erst von Außenminister Schumann angerufen worden. Er hat sich mit Präsident Pompidou beraten und besteht auf der Absage des Empfangs, weil er meint, daß ich als Staatsminister kein Recht hätte, die Delegation eines Landes zu empfangen, mit dem wir keine diplomatischen Beziehungen unterhalten. Nun hängt alles vom Präsidenten ab.« –

Am nächsten Tag traf ich zufällig mit dem Präsidenten im Palais d'Elysées zusammen. Zum Abschluß der kurzen Unterredung kamen wir auf den Empfang der DDR-Delegation zu sprechen, und der Präsident bestätigte, daß der Empfang in seiner geplanten Form ausgeschlossen sei.

»Heißt das, daß die Delegation der DDR keine Gelegenheit bekommt, sich offiziell mit Minister Faure zu treffen?« fragte ich.

Pompidou schwieg. Lastete in diesem Moment eine fremde Order auf ihm? Dann sagte er: »Warum soll Edgar Faure nicht einen Empfang für den sowjetischen Botschafter geben?«

»Aber Herr Präsident, wir sehen uns ohnehin ständig. Es geht um die Delegation der DDR . . .«, erwiderte ich.

»Ich schlage vor, einen Empfang für den Botschafter der UdSSR zu geben und dorthin Ihre Freunde aus der DDR einzuladen.«

Der Empfang fand dann tatsächlich am 25. Oktober 1972 in Minister Faures prächtigem Salon statt. Faure richtete in seiner Begrüßungsansprache lobende Worte an den sowjetischen Botschafter und erwähnte die im Salon anwesenden Gäste aus der DDR nur flüchtig und wünschte ihnen einen erfolgreichen Aufenthalt in Frankreich. Ich hingegen dankte dem Minister ausdrücklich für seinen Empfang der »Delegation der DDR«, stellte die positive Bedeutung guter Beziehungen zwischen den sozialistischen Ländern und Frankreich heraus und gab der Überzeugung Ausdruck, daß die »Zeit nicht mehr weit ist, bis man auch in Paris das Land anerkennt, aus dem meine Freunde gekommen sind«.

Am nächsten Tag brachten Pariser Zeitungen Meldungen über einen »Empfang zu Ehren der Delegation der DDR beim Staatsminister«. Was wurde Faure damals nicht alles vorgeworfen! Aber weder boshafte Ausfälle noch Unterstellungen der konservativen Presse vermochten etwas zu ändern: Der Besuch der SED-Delegation und insbesondere der Empfang bei Faure trugen zur Normalisierung der Beziehungen zwischen Frankreich und der DDR bei.

Noch im gleichen Herbst gab es in Paris ein Ereignis, das entscheidend zum Durchbruch der diplomatischen Blockade der DDR beitrug. Die französische Hauptstadt bereitete sich gerade auf die nächste Tagung der UNESCO-Generalkonferenz vor. Auf der Tagesordnung stand die Aufnahme der DDR in diese angesehene internationale Organisation. Wir sowjetischen Diplomaten taten natürlich unser Bestes, um ein für unsere deutschen Freunde günstiges Abstimmungsergebnis zu erwirken. Doch selbst der Generaldirektor der UNESCO, schlug vor, angesichts der »hoffnungslosen Situation« bessere Zeiten abzuwarten. Auch er sah, wie sehr sich die führenden Länder des Westens gegen die Aufnahme der DDR in diese Organisation wandten.

Wie konnte man unseren deutschen Freunden dennoch helfen? Mir blieb nur eine letzte und, offen gestanden, recht vage Hoffnung, und zwar der direkte Weg zum französischen Präsidenten. Ich hatte freilich lange geschwankt, bevor ich mich zu diesem riskanten Schritt entschloß. Zwei Tage später unterhielt ich mich mit Präsident Pompidou in dessen Residenz. Seine erste Reaktion:

»Ich kann nicht begreifen, Herr Botschafter, wen Sie hier vertreten: die Sowjetunion oder gleichzeitig auch das Land, in dem Sie vor kurzem noch Botschafter waren? Es ist kaum ein Monat vergangen, und Sie verwenden sich schon wieder für Ihre Freunde aus dem anderen Deutschland. (Der Präsident weigerte sich hartnäckig, ›DDR‹ zu sagen). Das zum einen. Und zum anderen: In welcher Beziehung steht der Präsident

Frankreichs zur UNESCO, und welchen Einfluß kann er auf die große internationale Organisation haben?«

Ich antwortete: »Der Botschafter der UdSSR vertritt die Interessen der Sowjetunion. Die Interessen der Sowjetunion aber sind nach wie vor unlöslich mit den Interessen der anderen sozialistischen Länder, also auch der DDR, verknüpft. Zu Ihrer zweiten Bemerkung meine ich, daß Sie, Herr Präsident, weitaus mehr tun können als das Oberhaupt eines beliebigen benachbarten Staates. Das UNESCO-Hauptquartier hat seinen Sitz in Paris. Der Generaldirektor dieser Organisation ist Franzose. Viele UNESCO-Mitarbeiter sind ebenfalls Ihre Landsleute. Frankreich besitzt natürlich nur eine Stimme innerhalb der UNESCO. Sein Gewicht und sein Einfluß auf die anderen Staaten aber ist recht groß.«

Pompidou lächelte und wurde nachdenklich. Als er wieder aufblickte, versuchte ich, die Gefühle der Menschen der Sowjetunion, die gemeinsam mit den Franzosen gegen den Faschismus gekämpft hatten, in Worte zu fassen. Ich sprach über große Leistungen der jungen DDR sowie über meine Erlebnisse und Erfahrungen während meiner neunjährigen Arbeit in der DDR wie auch über die Veränderungen, die sich inzwischen in Europa vollzogen hatten.

Der Präsident meinte schließlich: »Ich verstehe Sie, ich kann Ihnen aber nichts versprechen. Übrigens, was halten Sie davon, den Abstimmungstermin, sagen wir, um zwei Tage zu verlegen?«

Der Abstimmungstermin wurde tatsächlich auf den 21. November verlegt. An diesem Tag erging ein vom Generaldirektor der UNESCO unterzeichnetes Telegramm an den Minister für Auswärtige Angelegenheiten der DDR, Otto Winzer: »Ich habe die Ehre, Ihnen mitzuteilen, daß die Generalkonferenz der UNESCO auf ihrer heutigen Plenartagung einstimmig die Aufnahme der Deutschen Demokratischen Republik in die UNESCO beschlossen hat.«

Ich werde den Augenblick nie vergessen, als der Stellvertreter des Außenministers der DDR, Moldt, und seine Kollegen unmittelbar nach der Abstimmung die Gästeloge verließen und sich zu den für die Staatsdelegationen reservierten Plätzen begaben – als gleichberechtigte UNESCO-Mitglieder. Von den Anwesenden wurden sie mit Beifall begrüßt.

Und dann kam der Höhepunkt, den ich wiederum selbst miterleben konnte. Im September 1973 fand die Plenartagung der XXVIII. UNO-Vollversammlung in New York statt. In dem großen Oval begrüßten die Anwesenden den Minister für Auswärtige Angelegenheiten der DDR, ein Beifall, der damals ein nicht nur für die DDR und für die sozialistische Staatengemeinschaft wichtiges Ereignis verkündete.

Die DDR wurde in den ersten zwei Jahren ihres Bestehens von elf sozialistischen Staaten anerkannt, in der Zeit von 1957 bis Mitte 1971 von weiteren zwei sozialistischen Staaten und 17 Entwicklungsländern. In knapp zwei Jahren von 1972 bis 1974 waren es 75 Staaten, die die DDR anerkannten und diplomatische Beziehungen mit ihr aufnahmen.

*

In dieser historischen Entwicklungsetappe befand sich die DDR, als ich wieder nach Berlin kam. Eine meiner ersten Aufgaben bestand in der Vorbereitung des Besuchs einer Partei- und Regierungsdelegation der DDR in der UdSSR.

Der Besuch dieser Delegation sollte zu einem der wichtigsten Ereignisse in der Geschichte der Beziehungen zwischen unseren Staaten werden.

Am 7. Oktober 1975 wurde im Moskauer Kreml der Vertrag über Freundschaft, Zusammenarbeit und gegenseitigen Beistand zwischen der UdSSR und der DDR unterzeichnet. Wir Augenzeugen dieses wahrhaft historischen Akts, die wir im Katharina-Saal des Großen Kremlpalastes anwesend waren, begriffen, daß die höchsten Repräsentanten der Sowjetunion und der DDR durch ihre Unterschriften ein Dokument bekräftigten, das für lange Jahre die Hauptrichtungen unserer brüderlichen Freundschaft, unserer Zusammenarbeit und unseres kameradschaftlichen Beistandes bestimmen sollte: Es begann eine qualitativ neue Etappe in unseren Beziehungen.

Der neue Vertrag reflektierte die bedeutenden Veränderungen, die sich in den Jahren zuvor in Europa und in der ganzen Welt vollzogen hatten. Sein gesamter Inhalt richtete sich auf die Verankerung der historischen Ergebnisse der gesamteuropäischen Konferenz von Helsinki und unterstreicht das Bestreben beider Seiten, einen Beitrag zur Verbesserung der internationalen Lage zu leisten, den Frieden und die Sicherheit in Europa und in der ganzen Welt zu festigen, die Prinzipien der friedlichen Koexistenz von Staaten unterschiedlicher Gesellschaftsordnung durchzusetzen und deren gleichberechtigte und gegenseitig vorteilhafte Zusammenarbeit zu begünstigen.

Die UdSSR und die DDR gingen in dem Vertrag davon aus, daß unter den Zweiten Weltkrieg ein endgültiger Schlußstrich gezogen worden war und daß die in Europa entstandenen territorialen und politischen Realitäten fest verankert waren. Damit konnten weitere Perspektiven zur Entspannung und zur Verbesserung der zwischenstaatlichen Beziehungen auf der Grundlage der friedlichen Koexistenz erschlossen werden.

Neben den bilateralen Verträgen der UdSSR, der Volksrepublik Polen, der DDR und der Tschechoslowakei mit der BRD sowie dem Viermächte-Abkommen, auf das ich später ausführlicher eingehen werde, waren es insbesondere die Schlußakte der gesamteuropäischen Konferenz am 1. August 1975 und der Vertrag zwischen der UdSSR und der DDR von 1975, mit denen die Nachkriegsfragen ihre klare Regelung fanden. Danach ist die territoriale Integrität der DDR, die Unverletzlichkeit ihrer Grenzen und die Achtung ihrer souveränen Rechte garantiert und gewährleistet. Die in gewissen Kreisen der BRD wiederholt vorgebrachte These von der »offenen deutschen Frage« und den »Beziehungen besonderer Art« zwischen den beiden deutschen Staaten erweist sich als haltlos, denn sie hat mit den in Europa entstandenen politischen und völkerrechtlichen Realitäten nichts gemeinsam.

*

Hier möchte ich noch den Bericht über ein kleines Ereignis anschließen, das mehr als nur die verstärkte Zusammenarbeit zwischen der UdSSR und der DDR veranschaulichen mag.

126

1977 wurde in Berlin eine Pressekonferenz anläßlich des 60. Jahrestages der Oktoberrevolution abgehalten. Im Konferenzsaal der sowjetischen Botschaft fanden sich Berichterstatter ein, die sämtliche Medien der DDR repräsentierten, ebenfalls eine große Anzahl von in Berlin ständig akkreditierten ausländischen Journalisten, vornehmlich aus dem Westen, sowie Journalisten, die eigens zu dieser Pressekonferenz aus Berlin (West) angereist waren. Letztere lassen wohlgemerkt keine Gelegenheit ungenutzt, um bei solchen Veranstaltungen auch provokative Fragen zu stellen. Auf dieser Pressekonferenz sollten sie keine Ausnahme machen. Dennoch bin ich fest davon überzeugt, daß man Kontakte mit Journalisten keinesfalls meiden sollte. Im Gegenteil, wahrheitsgetreue Zahlen, argumentative und scharfsinnige Antworten können, wenn sie das Redaktionsfilter glücklich passieren und in die bürgerliche Presse gelangen, einer objektiven Information der Öffentlichkeit über die Position der UdSSR und ihrer Erfolge dienlich sein.

Während der genannten Pressekonferenz wurden die Anwesenden hellhörig, als sie erfuhren, daß 1913 das zaristische Rußland lediglich vier Prozent der Weltindustrieproduktion bestritt, die Sowjetunion hingegen schon heute ein Fünftel. Erstaunen auch bei einem anderen Vergleich: Vor der Revolution waren fast drei Viertel unserer Bevölkerung Analphabeten; es gab knapp 100 Höhere Bildungsstätten, dafür aber 79 000 Kirchen und Klöster. Heute bestehen in der UdSSR allein 850 Hochschulen und Universitäten. Über drei Viertel der in der Volkswirtschaft beschäftigten Fachkräfte haben Fach- bzw. Hochschulen absolviert.

Als ich meine Einführung abgeschlossen hatte, hagelte es Fragen. War es leicht und angenehm, die vielen Fragen der Korrespondenten aus der DDR und aus anderen sozialistischen Ländern zu beantworten, so versuchten hingegen einige Korrespondenten aus westlichen Ländern und aus Berlin (West) in ihren Fragen die Friedenspolitik der UdSSR und die gegenseitigen Vorteile der Zusammenarbeit zwischen der Sowjetunion und der DDR in Zweifel zu ziehen. So fragte ein

US-amerikanischer Journalist, warum Sowjetrußland nur Rohstoffe an die DDR liefere. Ich mußte ihn daran erinnern, daß die Sowjetunion neben Rohstoffen auch solche »Kleinigkeiten« an die DDR liefert, wie Werkzeugmaschinen verschiedenster Bauart, Ausrüstungen für Atom- und Wärmekraftwerke, Traktoren und Lokomotiven, Elektronik und Flugzeuge. Und was die Rohstoffe angeht, so bezieht die DDR diese zu ermäßigten Preisen und in Mengen, in welchen die USA bis jetzt noch keinen ihrer Verbündeten belieferte...

Ein sowjetischer Korrespondent, der in Berlin jahrelang tätig war, bemerkte einmal, daß ein guter Autofahrer nur einen halben Tag brauche, um von der östlichen zur westlichen Grenze der DDR – von der Oder zum Harz – zu gelangen. Ein Blick auf die Landkarte bestätigt, daß die DDR tatsächlich nicht sehr groß ist. Es kommt aber nicht so sehr auf die Größe des Landes an, vielmehr auf die Menschen, die auf diesem verhältnismäßig kleinen Gebiet leben und mit ihrer Arbeit wahre Wunder vollbringen.

Dreieinhalb Jahrzehnte sind zwar im Leben eines Menschen eine lange Zeit, in der Geschichte eines Staates aber machen sie nur eine recht kurze Periode aus. Und in dieser kurzen Zeit ist sehr viel geleistet worden. Die Spaltung Deutschlands brachte der Wirtschaft seines östlichen Teils größte Schwierigkeiten, die unüberwindbar zu sein schienen, weil die Verbindungen zwischen einzelnen Wirtschaftsgebieten unterbrochen wurden und infolgedessen enorme Engpässe und Lücken in der Wirtschaft entstanden. Darüber hinaus lagen die meisten Industriebetriebe am Ende des Krieges in Trümmern. Dies war der Ausgangspunkt beim Aufbau eines neuen Lebens.

Heute gehört die DDR zu den zehn größten Produzenten von Industrieerzeugnissen in der Welt, sie nimmt den ersten Platz in der Gewinnung von Braunkohle ein, den vierten in der Produktion von Kalidünger, den neunten in der Produktion von Zement und Synthesefasern. In der Brutto-Stromerzeugung steht das Land auf dem zwölften Platz im Weltmaßstab, in der Pro-Kopf-Stromerzeugung ist es sogar Industriestaaten wie Großbritannien, Frankreich, Japan und Belgien voraus. Der gesamte Zuwachs beim Nationaleinkommen ist in der DDR in den letzten zehn Jahren auf Grund gesteigerter Arbeitsproduktivität erzielt worden. Während der Anteil der DDR an der Weltbevölkerung im Jahre 1983 nur 0,4 % betrug, lag der Anteil bezüglich des Nationaleinkommens bei 1,3 Prozent und bezüglich der Weltindustrieproduktion bei 1,6 Prozent.

Um das Bild abzurunden, sei daran erinnert, daß die DDR über eine Reihe wichtiger Naturressourcen, wie sie für die moderne Industrie notwendig sind, kaum oder gar nicht verfügt.

Die demographische Struktur der DDR gestaltete sich infolge des Zweiten Weltkriegs derart, daß die Bevölkerungszahl in der Nachkriegszeit ständig abnahm. Erst in der allerletzten Zeit wurde der Bevölkerungsrückgang gestoppt. In der DDR sind schon längst alle Arbeitskräfteressourcen erschöpft; es findet sich kaum ein zweites Land in der Welt, wo die Frauen rund die Hälfte aller Beschäftigten in der Volkswirtschaft ausmachen; umfassend genutzt wird auch jenes Kontingent der Bevölkerung, das üblicherweise zu den Arbeitskräfteressourcen nicht zählt – in der DDR arbeitet ein Viertel aller Rentner. So liefert das Land heutzutage mehr Industrieerzeugnisse als ganz Deutschland vor dem Zweiten Weltkrieg, als die Bevölkerung dreimal so groß war.

Ich hatte oft Gelegenheit, durch die Deutsche Demokratische Republik zu reisen, und ich tat dies stets mit Freude. Es gibt wohl keine Gegend in der DDR, wo ich nicht gewesen wäre. Denn den lebendigen unmittelbaren Umgang mit den Menschen und die Möglichkeit, mit eigenen Augen die Ergebnisse ihrer Arbeit wahrzunehmen, können keine Erzählungen ersetzen, so ausführlich und eindrucksvoll sie auch sein mögen. Das trifft auf alle denkbaren Umstände zu, insbesondere aber auf die Arbeit eines Diplomaten im Ausland. Ein solcher Umgang mit den Partei- und Staatsfunktionären und der Bevölkerung der DDR ist zum unabdingbaren Bestandteil der Arbeit der sowjetischen Botschaft in Berlin geworden.

Auf dem Weg in die achtziger Jahre

Zum achtenmal zum Delegierten eines Parteitages gewählt zu werden, ist eine hohe Ehre. Jedesmal erwartete ich mit wachsender Aufregung die Eröffnung des Parteitages.

Die wichtigsten Ereignisse im Leben der Sowjetunion und der DDR Anfang der achtziger Jahre waren die höchsten Parteiforen, und zwar der XXVI. Parteitag der KPdSU und der X. Parteitag der SED. Ich nahm an beiden Parteitagen teil. Besondere Gefühle ruft dieses Ereignis bei denjenigen hervor, die längere Zeit im Ausland leben und arbeiten. Aus eigener Erfahrung weiß ich, daß man weit weg von Moskau, weit entfernt von der Heimat, sämtliche Ereignisse mit besonderem Interesse verfolgt.

Am 22. Februar 1981, einem klaren frostigen Tag, flog die Delegation der SED mit Erich Honecker an der Spitze von Berlin nach Moskau; es war die repräsentativste ausländische Delegation auf unserem Parteitag.

Aufgeregt betrat ich am nächsten Morgen die feierlich geschmückte Halle des Kongreßpalastes im Kreml. Innerhalb meiner belorussischen Delegation nahm ich meinen Platz im Saal ein. Zum Parteitag kamen insgesamt 123 Delegationen aus 109 Ländern – mehr als je zuvor.

In den Pausen zwischen den Sitzungen traf ich mich mit meinen Kriegskameraden, Veteranen der Partisanenkämpfe. Erinnerungen hatten wir genug auszutauschen. Doch unsere Gespräche liefen von alleine in die Gegenwart des Tages zurück. Als ich gerade mit einem langjährigen Freund, einem Kolchosvorsitzenden aus Litauen, durch das Foyer des Kongreßpalastes schlenderte, gesellte sich plötzlich ein Gast aus Madagaskar zu uns. Wir hatten uns bereits Mitte der 70er Jahre auf der fernen Insel kennengelernt, als ich Botschafter der UdSSR in Frankreich war und gleichzeitig die Funktion des Botschafters auf Madagaskar ausübte. Unser Gesprächspartner – er gehörte zur offiziellen Delegation Madagaskars auf diesem Parteitag – bemerkte:»Ehrlich gesagt, bin ich etwas verwundert, wie kritisch die innere Lage der UdSSR im Rechenschaftsbericht analysiert worden ist. Werden das die Gegner· der Sowjetunion und des Sozialismus nicht ausnutzen?«

Die Besorgnis meines Gesprächspartners war mir gut verständlich:»Wissen Sie, in dieser Hinsicht haben wir schon bestimmte Erfahrungen. Wir lassen uns dabei von der Ansicht Lenins leiten, der sagte, daß der Staat durch die Bewußtheit des Volkes stark ist. Er ist dann stark, wenn die Leute alles wissen und über alles urteilen können. Sie werden bemerkt haben, daß jede kritische These im Rechenschaftsbericht des ZK zugleich mit einer überzeugenden Erklärung versehen wurde, wie und was zu machen ist, um diesen oder jenen Mangel zu beseitigen. Wenn kritische, aber gerechte Worte auf dem Parteitag fallen, so werden sie überall, in allen unseren Parteiorganisationen zu hören sein. Das braucht unser Land, um zu neuen Erfolgen zu kommen.«

»Ich möchte da noch etwas hinzufügen«, meldete sich der litauische Kolchosvorsitzende.»Gerade in der offenen Kritik, in der Offenheit gegenüber den Mängeln liegt die Stärke unserer Partei. Wir sprechen darüber sowohl in der Presse als auch auf den Versammlungen. Und was unsere Feinde betrifft, die diese Kritik ausnutzen könnten, so bewerfen sie uns auch so täglich mit Schmutz. Das wissen wir.«

*

Eine außerordentlich wichtige, ich würde sogar sagen, erstrangige Bedeutung messen die beiden Parteien SED und KPdSU in der gegenwärtigen internationalen Situation den außenpolitischen Fragen zu. Da aber die UdSSR und die DDR die gleichen Interessen verfolgen, fallen auch ihre außenpolitischen Ziele zusammen. Man könnte sie wie folgt formulieren: Sicherung günstiger internationaler Bedingungen für den Aufbau des Sozialismus und des Kommunismus; Festigung der Einheit, Geschlossenheit und Freundschaft der sozialistischen Staaten; Unterstützung nationaler Befreiungsbewegungen und umfassende Zusammenarbeit mit jungen Nationalstaaten;

Ankunft des sowjeti-
schen Außenministers
A. A. Gromyko,
Berlin 1980

Besuch in den Leuna-
Werken

Besuch bei der landwirt-
schaftlichen Genossen-
schaft im Kreis Neu-
brandenburg

konsequente Durchsetzung der Prinzipien der friedlichen Koexistenz in den Beziehungen zu den westlichen Staaten; tatsächliche und volle Abrüstung; Kampf für den Frieden und Entspannung.

Doch all das sind nur die allgemeinen Richtungen im außenpolitischen Kurs beider Länder. Da aber jeder für sich zugleich ein souveräner Staat ist, bestimmt jeder auch seine Außenpolitik selbständig und hat eigene Ziele und Interessen. Diese widersprechen natürlich nicht den Interessen anderer sozialistische Staaten, sondern fallen im großen und ganzen mit diesen zusammen. Mit vereinbarten außenpolitischen Aktivitäten erreichen die sozialistischen Staaten die Einheit der Aktionen und des Erfolges auf diplomatischem Gebiet. Selbstverständlich schließen solche Vereinbarungen selbständige außenpolitische Initiativen jedes der sozialistischen Staaten keineswegs aus. Doch die Unterbreitung einheitlicher, im voraus abgestimmter Schritte verleiht den außenpolitischen Handlungen der sozialistischen Länder größeres Gewicht und macht sie wesentlich wirksamer.

Was läßt sich nun über die zu koordinierenden Themen im Bereich der Außenpolitik, speziell zwischen UdSSR und DDR, sagen, also über ihren gemeinsamen außenpolitischen Kurs auf internationaler Bühne? Praktisch sind diese Themen kaum aufzuzählen. Es gibt überhaupt keine mehr oder weniger wichtige internationale Angelegenheit, die zwischen unseren Ländern nicht besprochen würde. Das Hauptthema der gemeinsamen Treffen ist die Frage, wie durch gemeinsame Anstrengungen der Frieden zu erhalten und zu festigen, wie die Entspannung voranzutreiben und wie das Problem der Abrüstung zu lösen ist. Große Aufmerksamkeit wird natürlich der Lage in Europa geschenkt.

Für alle europäischen Völker, unabhängig von ihrer Gesellschaftsordnung, ist Europa eine gemeinsame Heimat, die nie wieder zu einem Kriegsschauplatz werden darf. Man kann nicht zulassen, daß dieses Europa in einem atomaren Inferno untergeht. Jedes Volk muß für immer den Frieden, die Unabhängigkeit und den Fortschritt genießen können.

Vor allem im Rahmen der Organisation des Warschauer Vertrages mit seinem Politischen Beratenden Ausschuß und dem Komitee der Außenminister, deren aktive Teilnehmer die UdSSR und die DDR seit der Gründung dieses militärischen Verteidigungsbündnisses im Jahre 1955 sind, wird die Koordinierung der europäischen sozialistischen Staaten verwirklicht.

Die multilaterale Koordinierung der außenpolitischen Aktivitäten der UdSSR und der DDR erfolgt allerdings nicht nur im Rahmen der Organisation des Warschauer Vertrages. Sie wird auch in den Beratungen und auf Konferenzen der beiden Parteien verwirklicht sowie auf den Parteitagen der kommunistischen Parteien der Mitgliedsländer, auf den bereits traditionell gewordenen Beratungen der Sekretäre der Zentralkomitees, während der konsultativen Arbeitstreffen der stellvertretenden Außenminister usw.

Vom 19. bis 21. Januar 1983 weilte Andrej Gromyko auf Einladung des Zentralkomitees der SED und des Staatsrates der DDR in Berlin. Während seines Besuches wurden Fragen der weiteren Entwicklung und Vertiefung der Beziehungen zwischen der UdSSR und der DDR besprochen sowie Positionen bei einigen aktuellen internationalen Problemen abgestimmt, was angesichts der zugespitzten internationalen Situation besondere Bedeutung erlangte. Der durchgeführte Meinungsaustausch bekräftigte die gemeinsamen Ansichten der KPdSU und der SED in allen Fragen, die zur Diskussion standen. Bilaterale Kontakte laufen gerade über solche Treffen der Außenminister der UdSSR und der DDR in Moskau, Berlin oder auch in New York während der turnusmäßigen Vollversammlung der Vereinten Nationen, die in der Regel einzelnen konkreten außenpolitischen Fragen gewidmet sind. »Jedesmal, wenn ich in die DDR komme«, erklärte Gromyko während dieses Besuches in Berlin, »überzeuge ich mich von neuem, wie fest die Einheit unserer Länder ist, wie einträchtig wir den Weg des Aufbaus des Sozialismus und des Kommunismus beschreiten, wie entschlossen unsere Solidarität im Kampf für den Frieden und die internationale Sicherheit ist.«

Das Ziel der wirtschaftlichen und wissenschaftlich-technischen Zusammenarbeit zwischen der UdSSR und der DDR ist vertraglich bestimmt als »eine immer engere Kooperation der nationalen Wirtschaften beider Länder im Interesse der Erhöhung der Effektivität der gesellschaftlichen Produktion«. Zu diesem Zweck koordinieren beide Seiten langfristig ihre volkswirtschaftlichen Pläne, bauen die Spezialisierung und Zusammenarbeit auf dem Gebiet von Produktion und Forschung aus und unternehmen gemeinsame Anstrengungen zur Entwicklung der wichtigsten Bereiche der Wirtschaft, Wissenschaft und Technik.

Bei der Koordinierung der Pläne zwischen beiden Ländern kommt der Versorgung der DDR mit Brenn- und Rohstoffen eine lebenswichtige Bedeutung zu. Die UdSSR deckt die Importbedürfnisse der DDR an Erdgas zu 100 Prozent, an Roheisen zu fast 100 Prozent, an Erdöl zu fast 90 Prozent, an Eisenerz zu 65 Prozent, an Zink und Aluminium zu 65, an Holz zu 100 und an Baumwolle zu fast 100 Prozent.

Die Ausfuhr des sowjetischen Erdöls in die DDR stieg von 9,3 Millionen Tonnen im Jahre 1970 auf 17 Millionen Tonnen 1982. Dabei handelt es sich um stabile Lieferungen, während die Erdölversorgung in der ganzen Welt immer starken Schwankungen ausgesetzt ist. Die DDR importiert Erdgas aus der UdSSR seit 1973. Damals kaufte sie 0,7 Milliarden Kubikmeter an. 1982 erreichten die Erdgaslieferungen aus der UdSSR 6,2 Milliarden Kubikmeter. Dies ist die direkte Folge der Beteiligung der DDR an der Entwicklung der Erdgasindustrie der UdSSR, unter anderem am Bau der Erdgasleitung »Sojus« vom Erdgasvorkommen Orenburg.

Zur Sicherung der Rohstoffbasis der Volkswirtschaft der DDR wurde die Vereinbarung über die Fortsetzung der sowjetischen Lieferungen von Erdöl, Erdgas, Zellulose, Asbest usw. erzielt. Da aber die Gewinnung von Roh- und Brennstoffen sowie ihr Transport aus der UdSSR mit bestimmten Schwierigkeiten verbunden sind und große Anstrengungen und zusätzliche Kapitalanlagen erfordern, wird die Frage über die erweiterte Beteiligung der DDR-Betriebe an solchen Kapitalanlagen in der UdSSR erwogen, die für die Erkundung, die Gewinnung und den Transport der Roh- und Brennstoffe erforderlich sind. Es genügt wohl, die Beteiligung der DDR am Bau solcher Großprojekte zu nennen wie der Exportgasleitungen von Orenburg zur Westgrenze der UdSSR und von Urengoi nach Ushgorod, der Großanlagen zur Erdölgewinnung und -verarbeitung in der UdSSR sowie neuer Betriebe der Papier-, Zellstoff- und Asbestindustrie. Eingedenk der Bedeutung dieser Aufgaben sind die DDR-Freunde der Meinung, daß die Realisierung dieser Verpflichtungen sowohl zeit- als auch qualitätsmäßig, ihre materielle Absicherung in den Plänen und Voranschlägen zu einer Aufgabe von erstrangiger Bedeutung für jedes beteiligte staatliche und wirtschaftliche Organ, für jedes Kombinat und jeden Betrieb sein muß. An einem Abschnitt der Erdgasleitung Urengoi–Ushgorod, wo 545 Kilometer Röhren gelegt worden sind, und am Bau der dazu notwendigen Betriebs- und Wohngebäude haben über 5000 Spezialisten aus der DDR gearbeitet.

38 Prozent des gesamten Außenhandelsumsatzes der DDR entfällt auf die UdSSR. Ihrerseits ist die DDR der größte Außenhandelspartner der UdSSR, auf den 10 Prozent des Außenhandelsumsatzes der UdSSR entfallen. Betrug der Handelsumsatz zwischen der UdSSR und der DDR 1950 nur 311 Millionen Rubel, so waren es 1982 12,2 Milliarden Rubel – das Tempo des Wachstums unserer Zusammenarbeit.

Von Jahr zu Jahr liefert die UdSSR mehr Bagger, Lastwagen, metallverarbeitende Maschinen und Rechentechnik in die DDR. Durch die sowjetischen Importe wird gegenwärtig zum größten Teil der Bedarf der DDR an Ausrüstungen für Kraftwerke, an leistungsfähigen Loks, Flugzeugen, Traktoren usw. gedeckt. Ihrerseits bezieht die UdSSR aus der DDR Schiffe und Eisenbahnwagen, Schmiedepressen, Krane, Schiffsdieseltriebwerke und vieles andere.

Im laufenden Fünfjahresplan wird der Warenumsatz zwischen der UdSSR und der DDR über 60 Milliarden Rubel erreichen und damit um 80 Prozent höher als im vergangenen Fünfjahresplan liegen. In den gegenseitigen Warenumsatz werden immer neue Erzeugnisse einbezogen, die durch gemeinsame Anstrengungen der Wissenschaft und der Produktion entwickelt wurden.

Von Jahr zu Jahr vertieft sich die Arbeitsteilung zwischen den sozialistischen Staaten. Denn große Investitionen und viel Zeit wären erforderlich, würde jedes Land für sich selbst alle Maschinen und Ausrüstungen produzieren. Ganz anders ist es, wenn jedes Land nur bestimmte Erzeugnisse nicht nur für sich selbst, sondern auch für seine Partner herstellt. Eine solche Organisation vergrößert die Serienmäßigkeit der Produktion, senkt die Kosten und erhöht die Rentabilität der Produktion.

Gegenwärtig läuft eine großangelegte Kooperation bei der Modernisierung von Betrieben, die Massenbedarfsartikel produzieren. Ziel dieser Arbeit ist es, die Qualität der Waren für die Bevölkerung wesentlich zu erhöhen und die Bedürfnisse des Volkes besser zu befriedigen.

Das Gesagte zeugt anschaulich davon, daß die Wirtschaftsbeziehungen zwischen der UdSSR und der DDR keine »Einbahnstraßen« sind, wie das unsere Gegner behaupten, sondern einen gegenseitigen Prozeß darstellen, wobei die Prinzipien der Gleichheit, des gegenseitigen Vorteils und der gegenseitigen Hilfe strikt beachtet werden. Das ist ein qualitativ neuer Typ der internationalen ökonomischen Beziehungen, der einen starken Einfluß insbesondere auf die Entwicklungsländer ausübt.

*

Einen wichtigen Platz in den Beziehungen zwischen der UdSSR und der DDR nimmt die Zusammenarbeit auf kulturellem Gebiet ein. Im April 1954 unterzeichneten die Sowjetunion und die DDR das erste Abkommen über kulturelle und wissenschaftliche Zusammenarbeit. Die Notwendigkeit eines solchen Abkommens war offensichtlich, da die kulturellen Beziehungen immer größere Ausmaße gewannen. Im Oktober 1964 wurde ein langfristiges Abkommen auf diesem Gebiet abgeschlossen und im Mai 1978 ein weiteres Regierungsabkommen.

In den 70er Jahren hatten die kulturellen Verbindungen zwischen unseren Ländern einen recht intensiven Charakter angenommen; Künstlerverbände, Verlage und andere kulturelle Institutionen stellten direkte Kontakte untereinander her. Heute haben wir eines der Hauptziele der kulturellen Zusammenarbeit erreicht: Die Völker unserer Länder haben eine Vorstellung von den Erfolgen der Nationalkulturen der Sowjetunion und der DDR. So ist ein Großteil der Werke der Schriftsteller der DDR in die Sprachen der Völker unseres Landes übersetzt und in der UdSSR herausgegeben worden. Die Werke von Anna Seghers beispielsweise erschienen in der Sowjetunion in einer Auflage von etwa vier Millionen Exemplaren, die Werke von Bertolt Brecht in einer Auflage von eineinhalb Millionen und von Johannes R. Becher in einer Auflage von einer Million Exemplaren. Der sowjetische Leser kennt Werke von Hermann Kant, Günter Görlich und anderen Autoren aus der DDR. Zugleich wurden und werden in der DDR Werke sowjetischer Autoren – zur Zeit etwa 350 Titel jährlich – gedruckt. Die sowjetische Belletristik macht etwa 40 Prozent aller Übersetzungseditionen aus.

Unsere Botschaft pflegt die gute Tradition alljährlicher Begegnungen mit prominenten Schriftstellern, Verlegern, Mitarbeitern des Buchhandels und kulturellen Einrichtungen. An solchen Begegnungen nahmen unter anderem die Schriftsteller Konstantin Simonow, Boris Polewoj, Daniil Granin, Julian Semjonow, Valentin Rasputin und Rimma Kasakowa teil. Zum untrennbaren Bestandteil des kulturellen Lebens der DDR sind inzwischen die Tage des sowjetischen Buches, die Wochen der sowjetischen Filme und Fernsehfilme geworden. Ähnliche Veranstaltungen, die von der DDR in der Sowjetunion während der Feierlichkeiten anläßlich des Gründungstages der Republik durchgeführt werden, sind ihrerseits ein Bestandteil des kulturellen Lebens unseres Landes.

Als im September 1984 im Großen Palast des Kreml das Jubiläumsplenum des Schriftstellerverbandes der UdSSR anläßlich seines 50. Gründungstages stattfand, nannte Konstantin Tschernenko als grundlegende Aufgabe unserer Kunstschaffenden, mit der Literatur eine offensive Haltung im ideologischen Kampf zu vertreten gegen diejenigen, die sich ständig gegen die einzig vernünftige Alternative zum Atomwahnsinn – also gegen den Frieden – stellen.

Besonders erfreute mich, auf dieser Tagung davon zu hören, wie hoch man die Leistungen von Julian Semjonow einschätzte. Vor fast 20 Jahren hatte ich ihn kennengelernt. Damals kam er, ein junger, dreiunddreißigjähriger Mann, nach Berlin, um Material für seinen Roman »Major Wirbelwind« zu sammeln, der später verfilmt wurde. Sein Schaffen ist seitdem eng mit internationalen Problemen und dem Genre des politischen Romans verbunden. In der Hauptstadt der DDR wie auch in Berlin (West) arbeitete er an solchen Büchern wie »Siebzehn Augenblicke im Frühling«, »Die Bombe für den Vorsitzenden«, »Die Alternative« und »Das Brennen«. Gemeinsam mit seinen Kollegen, den sowjetischen Regisseuren Jewgeni Taschkow, Tatjana Liosnowa und Anatoli Bobrowski sowie den Filmemachern von der DEFA schuf er Filme, die mit viel Beifall aufgenommen wurden. 1969 erschien die Kriminalerzählung »Petrowka 38« über die Tätigkeit der Moskauer Kriminalpolizei, ein Buch, das auch in der BRD herausgekommen ist.

Er war Mitglied des Vorstandes des Schriftstellerverbandes der UdSSR, »Prawda«-Sonderberichterstatter in Vietnam und unter laotischen Partisanen und schließlich Chef des Büros der Zeitung »Literaturnaja gaseta« in der BRD, Österreich, den Niederlanden und der Schweiz.

Große Popularität genießen in der DDR die sowjetische Dramaturgie und die russischen Bühnenklassiker. Zum Repertoire der Theater der DDR gehören die Opern von Tschaikowski und Borodin, Stücke von Tschechow und Gorki, von sowjetischen Autoren wie Arbusow, Schatrow, Rosow und Gelman. In den letzten Jahren wurden »Der Kirschgarten« und »Drei Schwestern« von Tschechow, »Die Kleinbürger« und »Jegor Bulytschow und die anderen« von Gorki sowie Werke moderner sowjetischer Dramatiker aufgeführt.

Oft denke ich an Menschen und ihre Erzählungen zurück, die ich in unserem Haus Unter den Linden, 300 Meter vom Brandenburger Tor entfernt, kennengelernt habe.

Fritz Unger – er kam im Kurstädtchen Bad Elster zur Welt, wo er vor dem Ersten Weltkrieg noch als Junge in einer Teppichfabrik arbeiten mußte – war in seiner Heimatstadt der einzige Abonnent der von Maxim Gorki gegründeten Zeitschrift »UdSSR im Bau«. Er verlieh sie erst an andere Arbeiter und machte dann mit den aus der Zeitschrift herausgeschnittenen Fotos kleine Ausstellungen.

Als Hitler an die Macht kam, wurde Unger verhaftet, lange, aber vergeblich gefoltert und für vier Jahre in eine Einzelzelle gesperrt. Danach wurde er Häftling Nr. 2558 des Konzentrationslagers Buchenwald. Als im Herbst 1941 sowjetische Kriegsgefangene in das KZ kamen, gaben deutsche illegal arbeitende Kommunisten, selbst erschöpft durch schwere Arbeit und ständige Unterernährung, die Parole aus: »Rettet die sowjetischen Brüder!« Man steckte ihnen letzte Brotstücke und gefrorene Kartoffeln und Rüben zu. Kranke und Verwundete wurden in Infektionsbaracken versteckt und so gut es ging behandelt.

Über vier Jahrzehnte sind seither verstrichen, aber in Bad Elster, wohin Fritz Unger nach dem Krieg zurückkehrte, treffen noch heute Briefe aus unserem Land ein, darunter auch von Stepan Baz aus der Siedlung Nikolajewka im Gebiet Chmelnizki. Stepan war erst 12 Jahre alt, als SS-Ärzte ihm in Buchenwald einen Arm abtrennten. Unger pflegte den Jungen und versteckte ihn bis zur Ankunft der Sowjetarmee. Viele Jahre später war Stepan Baz bei seinem zweiten Vater in der DDR zu Gast, und Fritz Unger kam nach Nikolajewka zur Hochzeit seines »Sohnes«. Der deutsche Kommunist hat viele solcher Söhne: Iwan Kudrjawzew in Kiew, Jefremenko in Tallin, Jefimenko in Donezk . . . Anfang 1977 erhielt Fritz Unger besonders viele Briefe und Telegramme aus der UdSSR; da wurde er für seine Teilnahme an der Rettung von Sowjetbürgern, die Häftlinge in Buchenwald waren, ausgezeichnet.

Heinz Bartel – er wurde 1914 geboren und wuchs in einem

deutschen Kinderheim auf – hatte erst für die Republik in Spanien gekämpft, wurde dann von den Nazis verfolgt und verlebte 28 Jahre in der UdSSR. Er beteiligte sich am Krieg gegen die deutschen Faschisten, arbeitete nach dem Krieg am Bau von Hochöfen mit und wurde 1971 Bürger der DDR. Fast jedes Jahr reist er als Tourist in die UdSSR, weil er unser Land als seine Wahlheimat betrachtet.

Heute ist Heinz Bartel Rentner. Ende 1981 bat er mich in einem Brief, der J. D. Stassowa-Internatsschule in Iwanowo seine persönliche Bibliothek (260 Bücher in russischer und deutscher Sprache) schenken zu dürfen; außerdem wolle er an dasselbe Heim 10 000 Mark aus eigenen Ersparnissen überweisen – eine Anerkennung an seine Wahlheimat.

Die Zukunft gehört jedoch der jungen Generation, konkreter gesagt, den nach dem Krieg Geborenen.

Den jungen Menschen in der UdSSR und in der DDR wurde die schwierige, jedoch überaus ehrenvolle Aufgabe zuteil, das zu Ende zu führen, was die Generation der Oktoberrevolution und der ersten Fünfjahrespläne, unsere Väter und Großväter, begonnen haben und unsere Generation fortgesetzt hat – eine neue Welt zu erbauen.

Über 41 Millionen Jungen und Mädchen vereinigt heute der Leninsche Komsomol; die Freie Deutsche Jugend vereinigt über 2 Millionen Jungen und Mädchen, die ein neues Leben in der DDR aufbauen. Die jungen Leute, die heute 18 bis 25 Jahre alt sind, werden morgen den Grundstock unserer Gesellschaft bilden. Wir müssen unsere Erfahrungen, unsere durch Jahrzehnte bestätigte Überzeugung von der Richtigkeit unseres Weges der Jugend vermitteln.

*

300 Meter ... Wieviel Zeit ist nötig, um sie zurückzulegen? Und wenn hart gekämpft wird? Wenn ringsumher Granaten explodieren und Feuerschläge kein Ende nehmen, wie das im Mai 1945 der Fall war? Manche haben diese 300 Meter nicht geschafft, und andere, die das doch fertigbrachten, kamen kurz vor dem Sieg noch in den Mauern des Reichstags ums Leben.

All dies erregt uns auch heute noch, denn es hat seinen tiefen Sinn.

Hier im Zentrum Berlins ist die Erde vom Blut unserer Soldaten getränkt. Die Überlebenden und die neuen Generationen dürfen das nicht vergessen. »Jeder Schritt kostete uns große Anstrengung und viele Opfer«, schrieb Marschall Tschuikow, Befehlshaber der 8. Gardearmee, die Berlin erstürmte, in seinen Erinnerungen.

In Tiergarten in Berlin (West) erhebt sich heute ein Ehrenmal für die Sowjetsoldaten, die bei der Erstürmung der Hauptstadt des »Dritten Reichs« gefallen sind. Es wurde zu Ehren der Befreier errichtet, die einen langen und schwierigen Weg zurücklegten durch Tausende zerstörter Städte und Dörfer.

Ein breiter, 1,5 Meter hoher Unterbau; auf den Postamenten erheben sich legendäre sowjetische T-34-Panzer und 152-mm-Geschütze, die gegen die Faschisten eingesetzt waren. In sechs 8 Meter hohen Pylonen sind in goldenden Lettern die Namen der bei der Erstürmung Berlins gefallenen Soldaten und Offiziere eingemeißelt. Zwei Grabplatten aus Granit tragen die Namen der dort beigesetzten 16 »Helden der Sowjetunion«. Der siebente, 10 Meter hohe Pylon in der Mitte trägt das Staatswappen der UdSSR. Darüber erhebt sich die Bronzeskulptur des Soldaten der Sowjetarmee, der die Hand über die Stätte der ewigen Ruhe streckt. Die Inschrift lautet: »Ewiger Ruhm den Helden, die in den Kämpfen gegen die deutschen faschistischen Eindringlinge für die Freiheit und Unabhängigkeit der Sowjetunion gefallen sind 1941–1945.« Am zentralen Pylon wird rund um die Uhr von zwei Sowjetsoldaten Ehrenwache gehalten.

Hier, auf dem winzigen Stückchen »unserer Erde« – es ist etwa 500 Quadratmeter groß – mitten in der britischen Zone, leisten Sowjetsoldaten am Ehrenmal Dienst. In zwei eingeschossigen Häusern hinter der Gedenkstätte im Schatten alter Kastanien verbringen sie ihren Alltag, ihren Dienst und ihre Freizeit.

Ich habe das Ehrenmal häufig besucht, und jedesmal war mir die Kehle wie zugeschnürt – zu viele Erinnerungen an den

Krieg und an die auf den Schlachtfeldern gefallenen Freunde wurden wach.

In der Nacht zum 7. November 1970 wurde von der gegenüberliegenden Straßenseite aus – im Schutz der Bäume – auf die Ehrenwache geschossen. Ein sowjetischer Soldat wurde schwer verwundet. Dieses Verbrechen löste eine Welle großer Empörung aus. Und ebenso empörend war die Strafe: Von einem Gericht in Berlin (West) wurde der Provokateur nur zu einigen Jahren Freiheitsentzug verurteilt; nach der Entlassung nahm er erneut an einigen antisowjetischen Provokationen teil.

Die Vertreter der sowjetischen Botschaft, anderer sowjetischer Behörden in der Hauptstadt der DDR und in Berlin (West), das Oberkommando der Gruppe der sowjetischen Streitkräfte in Deutschland, die Botschafter anderer sozialistischer Länder und führende Funktionäre der SED kommen jedes Jahr am Tag der Sowjetarmee und der sowjetischen Seekriegsflotte, am Tag des Sieges und am Tag unseres Nationalfeiertages, dem Jahrestag der Großen Sozialistischen Oktoberrevolution, nach Tiergarten, zum Ehrenmal. So marschierte die Ehrenkompanie am 9. Mai 1975, dem 30. Jahrestag unseres Sieges, im Stechschritt unter den Klängen der Marschmusik am Denkmal vorbei. Soldaten und Kommandeure des Großen Vaterländischen Krieges in denselben Uniformen und Stahlhelmen, mit denselben Gewehren und Maschinenpistolen in den Händen marschierten wie jene, die vor 30 Jahren den Reichstag erstürmten und dort auf dem Brandenburger Tor unsere roten Fahnen hißten. Sie kamen zum Ehrenmal. Es waren die Söhne und Enkel der ehemaligen Frontkämpfer, die das Erbe des 1945 erkämpften Friedens übernahmen. Die Lieder der Kriegsjahre, die Gedichte über die Gefallenen wurden intoniert. Die Pioniere banden die Tücher den dort anwesenden grauhaarigen Veteranen, Kränze wurden niedergelegt; die Staatshymne der Sowjetunion erklang in der feierlichen Stille.

Ganz in der Nähe des Ehrenmals, buchstäblich an der Grenze zur DDR, steht heute das ehemalige Reichstagsgebäude einsam auf einem weiten, leeren Platz; an seinen Wänden und Säulen findet man leider keine jener historischen

Aufschriften mehr, die von sowjetischen Soldaten, den Siegern, die Berlin erreichten, hinterlassen worden waren. Alles wurde beseitigt. Die dortigen Behörden sorgten bei der Renovierung des Baus dafür, daß nichts mehr an die Zerschlagung des faschistischen Deutschland durch die Sowjetarmee erinnert.

In diesem renovierten Gebäude des ehemaligen Reichstages werden ab und zu Veranstaltungen organisiert, die sich als direkte Verletzung des Vierseitigen Abkommens über Berlin (West) qualifizieren lassen. Verschiedene politische Fraktionen und Ausschüsse des Bundestages sowie der Landtage der Bundesrepublik Deutschland halten hier gesetzwidrig ihre Tagungen ab. Nicht selten werden auch Parteitage westdeutscher bürgerlicher Parteien durchgeführt. Und das alles entgegen einer der wichtigsten Bestimmungen dieses Abkommens, in dem es heißt, daß Berlin (West) kein Bestandteil der BRD ist und von ihr auch künftig nicht regiert werden darf.

*

In den Jahren meiner Arbeit in der DDR traf ich mich wiederholt mit leitenden Funktionären der befreundeten Parteien, die in der Nationalen Front der DDR vereinigt sind. Ich hielt Ansprachen vor den Funktionären und organisierte für sie verschiedene Veranstaltungen in der sowjetischen Botschaft. Bei Besuchen landwirtschaftlicher Genossenschaften, Forschungsinstituten, Künstlerkollektiven und Handwerksbetrieben, auf Sitzungen der Volkskammer der DDR und bei ähnlichen Anlässen begegnete ich Mitgliedern dieser Parteien. Denn diese Parteien – die Demokratische Bauernpartei Deutschlands (DBD), die Christlich-Demokratische Union (CDU), die Liberal-Demokratische Partei Deutschlands (LDPD) und die Nationaldemokratische Partei Deutschlands (NDPD) – vereinigen in ihren Reihen mehr als 370 000 Mitglieder.

Wer aus der Sowjetunion zum ersten Mal in die DDR kommt, wundert sich nicht selten darüber, daß hier fünf Parteien existieren. Aber das Mehrparteiensystem ist das Ergebnis historischer Traditionen. Jede dieser mit der SED befreundeten Parteien arbeitet in spezifischen Bevölkerungsgruppen und gewinnt für den Aufbau des Sozialismus breite Schichten der Gesellschaft. Alle Parteien, die in der Nationalen Front der DDR vereinigt sind, erkennen die führende Rolle der Arbeiterklasse an und sind bestrebt, ihr Bündnis mit anderen Bevölkerungsschichten der Republik zu stärken.

Die CDU und die LDPD entstanden schon im Juni und Juli 1945, die DBD und die NDPD im Jahre 1948. Alle Parteien sind nach dem Territorialprinzip organisiert, haben ihre eigenen Satzungen und Presseorgane, führen ihre Parteiarbeit durch, veranstalten ihre Parteitage und pflegen Kontakte zu ausländischen Parteien. Diese Parteien haben – wie die SED oder andere Massenorganisationen – ihre Fraktionen in der Volkskammer. Parteimitglieder gehören der Regierung, den Bezirks-, Kreis-, Stadt- und Dorfräten an.

Einen spürbaren Beitrag zur sozialistischen Umgestaltung der Landwirtschaft der DDR leistete die DBD, die damals die Mittelbauern vereinigte. Die Partei wuchs, erstarkte und entwickelte sich. Die Demokratische Bauernpartei, deren Mitglieder in landwirtschaftlichen Genossenschaften, Pflanzenzuchtgenossenschaften und zwischenbetrieblichen Viehzuchtwirtschaften tätig sind, hat sich große Verdienste darum erworben, daß heute in der Republik der durchschnittliche Getreideertrag bei 40 Doppelzentnern liegt und daß die Produktion von Fleisch, Milch und Butter kräftig erhöht worden ist. Fast jeder dritte Vorsitzende einer landwirtschaftlichen Produktionsgenossenschaft ist Mitglied dieser Partei. Viele Mitglieder sind für ihre Arbeitsleistungen mit hohen Regierungsauszeichnungen dekoriert, tragen den hohen Titel »Held der Arbeit der DDR«. Der Vorsitzende der DBD ist Ernst Mecklenburg.

In den Reihen der CDU schlossen sich die Bürger christlichen Glaubens zusammen, die ebenfalls ihren Beitrag zum Aufbau des Sozialismus leisten. Unter zahlreichen Begegnungen mit den CDU-Mitgliedern ist mir besonders der Besuch in der Parteischule »Otto Nuschke« im Süden der Republik in Erinnerung geblieben. Nach einem langen Weg von Berlin aus erreichten wir ein altes majestätisches Schloß auf einem Berg. Dort hatte die Parteischule der CDU ihren Sitz. Zusammen mit leitenden Parteifunktionären unternahmen wir eine Besichtigung. Neben vielem anderen sah ich Fototafeln über die Befreiung der Völker Europas – darunter auch des deutschen Volkes – durch die Sowjetunion und über die Teilnahme von Vertretern christlichen Glaubens an der Widerstandsbewegung.

In einem alten Saal mit hohem Gewölbe standen Sessel mit hohen Lehnen und einem Bezug aus rotem Samt. Dort tagte unter ihrem Vorsitzenden Gerald Götting, einem alten Freund von mir, der Hauptvorstand der CDU, wo ich einen Vortrag über den 60. Jahrestag der Oktoberrevolution hielt.

Diese Partei trägt viel dazu bei, daß jedes CDU-Mitglied, wie auch andere fortschrittliche Menschen christlichen Glaubens, unser Land nicht abstrakt, sondern konkret kennenlernt und seine Ansichten über das Leben in der Sowjetunion durch eigene Begegnungen mit sowjetischen Menschen, durch eigene Eindrücke von sowjetischen Städten und Dörfern entwickeln kann. Sehr wichtig scheinen mir deshalb jene Reisen in die UdSSR zu sein, die regelmäßig von der CDU nicht nur für ihre Parteimitglieder, sondern auch für die Vertreter nahestehender Kreise, darunter auch für Geistliche, organisiert werden.

Mit ihrem Beitrag zum Aufbau des Sozialismus pflegt die LDPD die Traditionen des fortschrittlichen deutschen Bürgertums. Unter den Mitgliedern dieser Partei sind Handwerker, Kaufleute, Angehörige der wissenschaftlichen Intelligenz, Kunstschaffende und Angestellte.

Ich erinnere mich an den 5. Juli 1975, als in der Staatsoper zu Berlin der 30. Jahrestag der Gründung der LDPD feierlich begangen wurde. Der langjährige Vorsitzende der Partei, Manfred Gerlach, sprach viel über die Tätigkeit der Mitglieder der LDPD bei der Festigung der Freundschaft mit der Sowjetunion. Als der Vorsitzende der Festversammlung darauf hinwies, daß auch der Botschafter der Sowjetunion anwesend sei, brach im Saal stürmischer Beifall aus. Auf diese Weise drückten die Parteimitglieder ihre Haltung zur UdSSR aus.

Die National-Demokratische Partei Deutschlands vereinigt

146

Handwerker, Heimarbeiter, Intellektuelle und Angestellte. Ein bedeutender Teil der älteren Generation der NDPD sind ehemalige Wehrmachtsangehörige, die in Gefangenschaft waren. Manche von ihnen hatten während ihrer Gefangenschaft in der Sowjetunion antifaschistische Schulen besucht. Viele von ihnen vertraten einst ideologische Positionen, die vom Marxismus weit entfernt sind. In der Nachkriegszeit legten sie jedoch – wie auch viele andere Bürger der DDR – einen schwierigen Weg der ideologischen Entwicklung zurück, wurden zu bewußten aktiven Bürgern der sozialistischen DDR, zu Befürwortern der Freundschaft mit der Sowjetunion.

Die National-Demokratische Partei Deutschlands, an deren Spitze Prof. Heinrich Homann steht, hat in Erfüllung der Beschlüsse ihres Parteitages die Arbeit unter den Handwerkern und Heimarbeitern spürbar belebt, deren Tätigkeit für die reibungslose Versorgung der Bevölkerung der DDR sowohl mit Dienstleistungen als auch mit Waren von großer Bedeutung ist.

Die Mitglieder der befreundeten Parteien reden einander mit »Parteifreund« oder »Kollege« an – das weiß ich wohl. Wenn ich mich aber mit einfachen oder leitenden Mitgliedern der befreundeten Parteien traf, sprach ich sie häufig mit »Genosse« an. Und das nicht nur aus dem Grund, weil ihnen eine solche Anrede angenehm ist. Ich habe mich davon überzeugt, daß sie es verdient haben: sowohl durch ihre vorbildliche Arbeitsleistung als auch durch ihre aktive Parteiarbeit, die darauf zielt, die sozialistische DDR zu stärken, die Macht der sozialistischen Gemeinschaft zu vergrößern und die Verbindungen mit der UdSSR noch intensiver zu gestalten.

*

Unweit der Stadt Neustrelitz im Norden der DDR lebt die große Familie von Helmut Sakowski. Er ist heute im Lande ein recht bekannter Schriftsteller und Dramatiker. 1943 wurde er zur Wehrmacht eingezogen und an die Westfront geschickt, später kehrte er aus amerikanischer Kriegsgefangenschaft zurück.

Wiederholt empfing ich ihn in der sowjetischen Botschaft. Wir sprachen über verschiedenste Probleme miteinander, über unsere Gedanken und Wünsche. Mit Interesse lauschte ich den Ausführungen meines Freundes Helmut (ich hoffe, ihn so nennen zu dürfen) über sein und mein Land, zwei Themen, die sich bei ihm immer wieder miteinander verflochten.

»1943 war ich gerade achtzehn Jahre alt geworden«, so begann er einmal, über sein Leben zu erzählen: »Wie Hunderte und Tausende meiner Altersgenossen kam ich ich den Krieg. Man schickte mich in Länder, in denen ich nichts weiter verloren und nichts zu suchen hatte. Ich kann zwar sagen, daß ich nie einem Truppenteil angehörte, der auf sowjetischem Gebiet operierte, doch weiß ich, daß dies ein reiner Zufall war, für den ich nicht verantwortlich war. Ich gehöre zu den wenigen meines Jahrgangs, die aus dem Inferno lebend zurückgekehrt sind und im Jahre 1945 erkannt haben, daß der Begriff ›Deutschland‹ mit Schande bedeckt war und die Deutschen ihr Leben neu und anders aufbauen mußten.

Nach dem Krieg war ich noch jung. In meinem Kopf – wie in den Köpfen vieler Menschen – herrschte damals ein ziemliches Durcheinander. Ich fühlte, daß ich einer Generation ohne Hoffnung angehörte, einer verratenen Generation. Der Faschismus war besiegt, die ganze Welt jubelte, wir aber ließen den Kopf hängen. Wir schämten uns und mußten uns die Frage stellen: Was nun? Was geschieht mit uns?

Kommunisten, Sozialdemokraten und Vertreter von anderen politischen Parteien sowie Parteilose, die gegen den Faschismus gekämpft hatten, betraten dagegen die Welt der Freiheit erhobenen Hauptes. Sie kamen aus Zuchthäusern und Konzentrationslagern, sie trafen sich in Deutschland wieder mit denjenigen, die während der Nazi-Herrschaft in der Sowjetunion in der Emigration gelebt hatten. Sie alle waren entschlossen, dazu beizutragen, daß von deutschem Boden niemals wieder ein Krieg ausgehen kann. Sie haben die anderen jedoch nicht vergessen.

Damals begegnete ich zum ersten Mal einem Menschen aus der Sowjetunion. Ich selbst sah damals recht mitgenommen aus: Ausgezehrt und abgemagert, in einem viel zu großen, abgetragenen Militärmantel betrat ich mit klopfendem Herzen und erwachendem Gewissen das Gebäude der sowjetischen Kommandantur, um mich registrieren zu lassen. Der sowjetische Offizier studierte meine Papiere, die ich bei der Entlassung erhalten hatte, und blickte mir dann lange und prüfend in die Augen. Sicherlich hatte er bereits viele solcher Menschen wie mich gesehen. Auch wird es ihm schwergefallen sein, in mir einen künftigen Freund zu sehen. Doch er sagte:

›Geh nach Hause. Trenn dich aber von diesem verfluchten Militärmantel und such dir Arbeit. Wir alle haben viel zu tun!‹

Ich fand eine Arbeitsstelle in der Forstwirtschaft. Später schickten mich meine Kollegen in eine Schule, um von dort einen neuen Beruf zu erlernen.

Aus einem entlegenen Dorf im Harz geriet ich im Jahre 1949 gleich in das gigantische, durch den Krieg verunstaltete Berlin, das sich nach und nach aus Schutt und Asche wieder erhob.

Ich gehörte zu den vielen tausend jungen Menschen, die Anfang Oktober 1949 mit Fackeln in Händen Unter den Linden marschierten, mit Spannung der Rede von Wilhelm Pieck lauschten und begeistert die Gründung der DDR feierten.

Die Jahre des Neubeginns, die Jahre des Werdens waren auch die Jahre des Nachdenkens. Die Politiker sagten immer wieder, was zu tun sei. Das wichtigste aber waren die Bücher. Wißbegierig lernten wir Menschen kennen, die Tausende Kilometer entfernt von uns lebten, uns jedoch so sehr ähnelten. Niemals im Leben war ich von Büchern so begeistert und gefesselt wie zu jener Zeit.

Wir lasen über die große Revolution, ›Zehn Tage, die die Welt erschütterten‹. ›Brüder‹, sagte da ein Rotarmist, ›es gibt zwei Klassen. Und wer nicht auf der einen Seite steht, steht auf der anderen.‹ – Zwischen den Fronten gibt es keine Verbindung. Man muß die Wahl treffen.

Wir waren vom ›Stillen Don‹ hingerissen, von diesem erschütternden Lebensgemälde Michail Scholochows. Menschen eines großen Landes erwachen, sprengen ihre Ketten. Nicht alle gehen jedoch den geraden Weg. Einer von ihnen,

Grigori Melichow, ein sympathischer, temperamentvoller Mensch, kann das Geschehen nicht begreifen, auf ihn wartet die Einsamkeit. Wir kritisierten Grigori Melichow und identifizierten uns mit Dawydow aus dem »Neuland unterm Pflug«. Wir lasen Werke von Gorki, Katajew, Nikolai Ostrowski, Fadejew, Gladkow, Tolstoi, Marietta Schaginjan und vielen anderen Schriftstellern. Ihre Werke begleiteten uns durch unsere Geschichte bis heute.

Immer neue Schriftsteller wurden bekannt: Markow, Simonow, Michalkow, Ajtmatow, Bykow, Tendrjakow, Schukschin, Abramow, Rasputin, Semjonow und andere. Sie schrieben Bücher, die alle interessierten und bewegten, insbesondere aber die junge Generation unseres Landes. Ich schätze sie wegen ihrer absoluten Aufrichtigkeit, wegen ihrer vorbehaltlosen Suche nach Wahrheit. Sie inspirieren viele Schriftsteller in meinem Land. Mutig greifen sie auch unbequeme, peinliche und oft sehr kritische Stoffe auf.

Und dennoch darf mir niemand böse sein, wenn ich sage, daß mir der Alte vom Don, Michail Scholochow, mehr als die anderen lieb ist. Seine Bücher las ich als erste, er gab mir das, was ich meinem Herzen bis zum heutigen Tag aufbewahre: das Gefühl der Bewunderung und Sympathie für einfache und offene Menschen, wie sie in der Sowjetunion und überall auf der Welt leben.

Ja, die Zeit fliegt unwiderruflich dahin, verfliegt zu schnell, vieles gerät in Vergessenheit, manches verdient vergessen zu werden. Eines darf aber nicht vergessen werden: die Opfer, die unzähligen Opfer der Völker im Kampf gegen den Faschismus, im Kampf gegen die Unmenschlichkeit.« Wir gingen durch den Wappensaal der sowjetischen Botschaft, durch den majestätischen Kuppelsaal – ich wollte ihn nicht unterbrechen, obwohl sich in meinem Kopf viele Gedanken drängten. Denn ich spürte, wie wichtig für den Schriftsteller diese Erzählung, gleichsam eine Beichte, war.

Ohne Eile ließen wir den Kuppelsaal hinter uns und betraten die Paradetreppe. Da erzählte ich meinem Gast, daß beim Bau der Botschaft Bruchstücke der Reichskanzlei verwendet wurden; und, was ich von Marschall Tschuikow weiß, daß für die Errichtung dieser Treppe jener Marmor benutzt wurde, den die Faschisten für den Bau eines Siegesdenkmals angeschafft hatten, das sie nach der geplanten Eroberung Moskaus errichten wollten.

Dann kehrten meine Gedanken zurück zu meinem Gast Helmut Sakowski: ein ehemaliger Soldat des faschistischen Deutschland ist heute ein angesehener Schriftsteller der DDR.

*

Im Laufe von 17 Jahren meiner Tätigkeit in der DDR reiste ich häufig durch die DDR, meist im Auto. Manchmal war es auch ein Motorboot oder ein größeres Schiff, ein Hubschrauber oder ein Flugzeug, nur ganz selten benutzte ich bei meinen Reisen die Eisenbahn. Jedoch erlebte ich eine Bahnreise in den Norden der DDR, die mir unvergeßlich geblieben ist.

Am Bahnhof Lichtenberg hielt ein Sonderzug, der nur aus wenigen Waggons bestand. Die rot-weiße Lokomotive und die grünen Waggons waren mit dem Staatswappen und der Flagge der DDR geschmückt. An jenem sonnigen Oktobertag 1977 saßen in diesem Sonderzug Veteranen der Arbeiterbewegung, Vertreter des ZK der SED, Mitarbeiter wissenschaftlicher Institute und anderer Organisationen. In einen der Wagen stiegen auch die Vertreter der sowjetischen Botschaft ein. Der Zug setzte sich in Bewegung. Hinter den Fenstern huschten graue Wohnviertel Alt-Berlins vorbei, dann sahen wir das berühmte Neubaugebiet Marzahn mit seinen Hochhäusern, Wäldern in ihrer bunten Herbsttracht und sorgfältig bestellte Felder. Ohne Zwischenstation rollte unser Zug Richtung Stralsund zur Ostseeküste.

Vor 65 Jahren war diese Strecke ein anderer Passagierzug gefahren. Einer seiner Wagen war aus Genf gekommen. Darin saß unter 32 Mitstreitern Wladimir Iljitsch Lenin, der nach Petrograd wollte.

Lenin – wenn ich Unter den Linden schlenderte, dachte ich oft daran, daß durch dieselben Berliner Straßen seinerzeit er spazierenging, um sich von der angespannten Arbeit in der damaligen Königlichen Bibliothek zu erholen. Lenin wohnte damals in Berlin gar nicht weit entfernt von der Straße Unter den Linden und ging gewiß recht oft am alten Schloß vorbei, in dem damals die russische Botschaft ihren Sitz hatte. Dieses Schloß war für ihn gefährlich.

Unser Zug fährt den Weg Lenins und seiner Mitstreiter nach, von Berlin nach Saßnitz, einer Kleinstadt im Norden der Insel Rügen. Dort rollte der Waggon mit den Bolschewiki, die so schnell wie möglich nach Petrograd wollten, auf eine schwedische Fähre, mit der die Reise in die Heimat fortgesetzt werden konnte. Was dachte wohl damals Lenin, als er in der Ferne die Umrisse der Insel Rügen erblickte? Mein alter Freund Robert Menzel, der heute Mitglied des ZK der SED und Stellvertreter des Transportministers ist, weiß über diese nördlichste Stadt der DDR, über diesen großen Umschlagplatz für Güter viel zu erzählen.

»Als Lenin durch Saßnitz fuhr, zählte die Stadt zweieinhalbtausend Einwohner, die überwiegend mit der Versorgung der Kurortgäste beschäftigt waren. Andere arbeiteten in der Kreidegewinnung. Das war nicht ungefährlich: sie mußten an einem Seil hängend mit dem Hammer Kreidestücke vom Felsen abschlagen und verdienten dabei sehr wenig. Dieses Bild änderte sich kaum bis zum Jahre 1945. Seitdem ist Saßnitz nicht wiederzuerkennen. Heute ist es eine neue helle Stadt mit 15 000 Einwohnern, einem modernen Hafen und mehreren Fischverarbeitungsfabriken.«

Wir fuhren nach Rügen über einen langen Damm, der die Insel mit dem Festland verbindet. In der Ferne sah man Neubauten auf den Hügeln sowie Hafenanlagen. Das war bereits Saßnitz. Der Bahnsteig war festlich geschmückt, ein Orchester spielte, Blumen wurden überreicht, Beifall. Ein Mädchen und ein junger Mann in alten Trachten der Fischer und Bauern der Insel Rügen überreichten den Gästen Brot und Salz, eine Brigade der lokalen Konservenfabrik schenkte eine Auswahl ihrer Erzeugnisse. Die Ehrengäste aus Berlin betraten den riesigen Bahnhofsplatz. Links von der Tribüne stand ein alter Eisenbahnwagen – die genaue Kopie des Wagens, mit dem Lenin im

Jahre 1917 mit seinen Mitkämpfern nach Petrograd gereist war. Viele Kollektive und Betriebe aus verschiedenen Bezirken und Kreisen der DDR hatten diesen Waggon bis ins kleinste Detail rekonstruiert. Zum Andenken an die Reise Lenins und seiner Mitstreiter in das revolutionäre Rußland eröffnete man hier ein Museum.

Wir begaben uns zum Museum. Das rote Band wurde zerschnitten; das Museum war eröffnet. Wir stiegen in den historischen Eisenbahnwagen. Mit welcher Liebe und Genauigkeit war die Atmosphäre der damaligen Zeit rekonstruiert worden! Wir besichtigten jenes Abteil III. Klasse, in dem Wladimir Iljitsch Lenin und Nadeshda Konstantinowa Krupskaja einen langen Weg zurückgelegt haben – harte Sitze, ein kleines Fenster mit Vorhängen. Die Mitarbeiter des Lenin-Museums in Moskau halfen, auch die geringfügigsten Einzelheiten zu rekonstruieren: Auf dem Tischchen liegen Zeitungen jener Tage, steht ein Fläschchen mit Tinte neben einem Blatt Papier mit dem Entwurf der April-Thesen.

Heute erinnere ich mich recht oft an die Nacht unserer Rückkehr aus Saßnitz. Ich setzte mich in meinen Wagen und bat den Fahrer, auf dem Weg zur Botschaft durch die Lenin-Allee zu fahren.

*

Als ich zum zweiten Mal in die DDR als Botschafter kam, war der Botschafter der Koreanischen Volksdemokratischen Republik Doyen des diplomatischen Korps. Als der erfuhr, daß ich zurückgekehrt war, wollte er mich dazu bewegen, wieder die Funktion des Doyen zu übernehmen. Mein Amtskollege aus dem befreundeten volksdemokratischen Korea tat dies mit dem Hinweis auf meine siebenjährige Erfahrung, die ich auf diesem Posten bereits während meiner früheren Amtszeit gesammelt hatte.

»Wollen wir die ganze Angelegenheit so betrachten, als ob Sie einfach auf einer Dienstreise waren und nun zu ihren früheren Obliegenheiten zurückgekehrt sind«, sagte mir der koreanische Botschafter teils im Scherz und teils im Ernst.

Der Doyen des diploma-
tischen Korps übermit-
telt der Staatsführung
der DDR die Neujahrs-
glückwünsche für das
Jahr 1983

Abb. rechts:
Vor dem Haus am Schu-
lenburgring in Berlin
(West), wo Marschall
Tschujkow die deutsche
Kapitulation entgegen-
genommen hatte,
Mai 1982

Abb. rechts, unten:
Gespräch mit Erich
Honecker vor dem
Abflug von Berlin am
13. Juni 1983

Abb. links:
Im Gespräch mit Erich
Honecker, 1980

Damals gelang es ihm jedoch nicht, mich zu überreden; erst fünf Jahre später – im Juli 1980, nach seiner Rückkehr in die Heimat – wurde ich zum zweiten Mal Doyen.

Als Doyen des diplomatischen Korps in Berlin mußte ich recht oft zwischen der Protokollabteilung des Außenministeriums der DDR und meinen Kollegen im diplomatischen Korps, den Botschaftern anderer Staaten, vermitteln. Zu meinen Pflichten gehörten natürlich viele Angelegenheiten von rein organisatorischem Charakter, wie etwa die Mitteilungen des Außenministeriums über bevorstehende Veranstaltungen, an denen das diplomatische Korps teilnehmen sollte, weiterzugeben.

Angesichts seiner Stellung muß der Doyen im Namen des diplomatischen Korps auf allerlei Ereignisse in seinem Aufenthaltsland reagieren; dies betrifft festliche wie auch traurige Begebenheiten. Bei verschiedenen Zeremonien hält der Doyen Ansprachen zur Begrüßung oder Gratulation, organisiert die Überreichung von Geschenken oder kondoliert. Der Doyen reagiert auch auf Ereignisse innerhalb des diplomatischen Korps, er organisiert im Namen des diplomatischen Korps die Verabschiedung des Leiters der jeweiligen diplomatischen Vertretung. Alles scheint einfach und geregelt zu sein. Und in den meisten Fällen ist es ja auch so. Dennoch bleibt es eine recht verantwortungsvolle Rolle und erfordert großes Fingerspitzengefühl.

Wenn ich im Namen des diplomatischen Korps spreche, muß ich eine gemeinsame Meinung aller meiner Amtskollegen repräsentieren, die, wie unschwer vorstellbar ist, oft entgegengesetzte Standpunkte und Ansichten vertreten. Kaum zu vergleichen ist meine erste Amtsperiode als Doyen, als das ganze diplomatische Korps der DDR aus 13 Botschaftern – ausschließlich Vertretern sozialistischer Länder – bestand, und meiner zweiten Amtsperiode, als die DDR bereits von 130 Staaten anerkannt worden war.

Es wäre ein Irrtum zu glauben, daß sich Antworten auf alle Fragen, die sich aus der Praxis des alltäglichen Diplomatenlebens ergeben, in Instruktions- und Lehrbüchern finden lassen.

Bei vielen Entscheidungen muß man sich von den eigenen Erfahrungen oder von den Erfahrungen der Kollegen leiten lassen. Unsere Erfahrungen besagen, daß es praktisch unmöglich ist, den Wortlaut der Ansprache eines Doyens mit allen Botschaftern abzustimmen. Es muß die Überzeugung vorhanden sein, daß die Ansprache im großen und ganzen alle Beteiligten zufriedenstellen muß und keinerlei Beanstandungen auslösen darf. Natürlich besteht immer die Möglichkeit, jemanden zu konsultieren, etwa die Amtskollegen aus dem diplomatischen Korps oder das Außenministerium des Gastlandes. Und ein Doyen darf nicht vergessen, daß er im Gastland weiterhin seine Regierung vertritt und sich in seinen Handlungen von den Prinzipien der Außenpolitik seines Heimatlandes, von den Einschätzungen der jeweiligen politischen Ereignisse und der internationalen Lage durch seine Regierung leiten lassen muß.

Eine der wichtigsten Aufgaben des Doyens besteht darin, daß diplomatische Korps zusammenzuschließen, eine Atmosphäre guter und sachlicher Zusammenarbeit sowie freundschaftliche Beziehungen zu schaffen und besondere Aufmerksamkeit den jeweils neuernannten Leitern der diplomatischen Vertretungen zu schenken. Ich hatte es mir zur Regel gemacht, einen neuernannten Botschafter stets einen Tag nach Überreichung der Beglaubigungsurkunden in der sowjetischen Botschaft zu empfangen.

Jeder Diplomat weiß, wie wichtig in der diplomatischen Praxis die Wahrung bestimmter zeremonieller und protokollarischer Gepflogenheiten und Regeln ist. Noch aus meiner Arbeit in China kenne ich das chinesische Sprichwort: »Das Zeremoniell ist der Weihrauch der Freundschaft«, das mich zunächst einmal befremdet hatte, als ich es zum ersten Mal hörte. Später erinnerte ich mich oft daran und bewunderte diese Volksweisheit. Viele Generationen von Diplomaten konnten sich von der Richtigkeit dieser Feststellung überzeugen.

Ich denke oft an die Zeiten zurück, als in unserem Außenministerium F. F. Molotschkow, eine Prominenz auf diplomatischem Gebiet, Chef des Protokolls war. Er genoß hohes Ansehen in allem, was das Zeremoniell und das Protokoll betraf.

Für uns damals noch unerfahrene Menschen, die aus dem Parteiapparat in die Diplomatie gekommen waren, galten die Worte »F. F. hat das gesagt«. Und wir handelten so, wie »F. F.«, Fjodor Fjodorowitsch Molotschkow, es gesagt hatte. Heute unterrichtet Molotschkow, Botschafter der Sowjetunion, als Dozent an der Diplomatischen Akademie des Außenministeriums der UdSSR und vermittelt einer neuen Generation von Diplomaten seine großen Erfahrungen, die er während seiner jahrelangen Tätigkeit im Ministerium für Auswärtige Angelegenheiten der UdSSR gesammelt hat.

Der 10. März 1982 unterschied sich in seinem Ablauf in nichts von anderen Arbeitstagen des Botschafters. Auf meinem Terminplan standen mehrere Besuche. Zum ersten Mal sollte ich aber den schwedischen Botschafter Rune Niström empfangen, der soeben in der DDR eingetroffen war. Es entspricht eben der allerersten Pflicht eines Doyens.

Wir sprachen über die innenpolitische Entwicklung unserer Länder. Niström erzählte offen über das politische Kräfteverhältnis in Schweden im Vorfeld der Parlamentswahlen, über die voraussichtlichen Erträge in der Landwirtschaft sowie über Formen bäuerlicher Genossenschaften in Schweden. Schließlich sprachen wir über die DDR. Als Doyen mußte ich den neuen Botschafter über die politische und ökonomische Lage der DDR sowie über die Beziehungen zwischen der Sowjetunion und der DDR informieren. Eine solche orientierende Information konnte Niström in seiner neuen Tätigkeit einen gewissen Nutzen bringen.

Abschließend berichtete ich ihm über kulturelle Veranstaltungen, die von Jahr zu Jahr nur für die Mitglieder des diplomatischen Korps organisiert werden, unter anderem auch über die traditionelle Jagd. Wie sich schnell herausstellte, hatte Niström für die Jagd leider kein Interesse und konnte deswegen die Jagdbegeisterung seines Amtskollegen nicht teilen. Mehr Interesse hatte er an Filmvorführungen und anderen kulturellen Veranstaltungen.

Anderthalb Stunden waren im Fluge vergangen. Und wieder saß ich in meinem Arbeitszimmer, an meinem Arbeitstisch, auf dem sich Papiere und Telegramme häuften, wieder mußte ich Entscheidungen treffen. Nun, alles nimmt seinen Gang. Meine Mitarbeiter wollen mich sprechen; der eine möchte zur Eröffnung einer Ausstellung fahren, die der sowjetischen Raumfahrt gewidmet ist, der andere möchte einen Rat für seine Rede im Haus für Deutsch-Sowjetische Freundschaft einholen, der dritte hat ein anderes Anliegen . . .

Der Kampf um das Viermächte-Abkommen

Gleich nach meiner Ankunft in der DDR und viele Jahre danach mußte ich mich unmittelbar auch mit der Frage um Berlin (West) befassen, mit seiner Vergangenheit, Gegenwart und Zukunft. Ich möchte zumindest kurz darüber erzählen, wie die Sowjetunion und die sowjetische Diplomatie zur Regelung von Fragen, die mit Berlin (West) zusammenhängen, und dann auch zur Unterzeichnung des Vierseitigen Abkommens führten, beigetragen haben. Selbstverständlich werde ich besondere Aufmerksamkeit den Ereignissen schenken, deren Teilnehmer und Zeuge ich gewesen bin.

Zuerst kurz über das Problem Berlin. Die Nachkriegszeit kennt zahlreiche Brennpunkte auf unserem Planeten, Stellen, an denen Krisensituationen ausbrachen oder ausbrechen konnten, die mitunter recht bedrohliche Formen annehmen konnten. Zu solchen Stellen gehört auch Berlin (West). Mit Berlin (West) sind viele Linien der Weltpolitik verflochten, die Interessen sowohl der vier Großmächte als auch vieler anderer Länder tangieren diese Stadt. Lange Zeit war das Thema Zündstoff für internationale Auseinandersetzungen. Ein Kompromiß war nötig, dessen strategisches Ziel die Normalisierung auf der Grundlage einer völkerrechtlichen Regelung für diese Region sein sollte. Dieses Ziel wurde erreicht: Das am 3. September 1971 unterzeichnete Viermächte-Abkommen hinterließ eine deutliche Spur im internationalen Leben, entkrampfte spürbar die Lage in Mitteleuropa und schuf die Voraussetzung für bessere Ost-West-Kontakte. Aber der Weg bis zu diesem Abkommen war schwierig.

Als Botschafter der Sowjetunion in der DDR mußte ich gemeinsam mit den Behörden der DDR und den Vertretern anderer Mitgliedsstaaten des Warschauer Vertrages handeln. In die DDR war ich ein Jahr nach den denkwürdigen Maßnahmen vom 13. August 1961 eingetroffen, die eine wichtige Wende sowohl in der Geschichte Europas als auch im ganzen internationalen Leben bedeuteten. Die von der DDR ergriffenen Maßnahmen vom 13. August stabilisierten im großen und ganzen die Lage an der Grenze zu Berlin (West). Nun mußten die Menschen in der DDR durch harte Arbeit jenen Schaden gutmachen, den das Land während der Zeit einer offenen Grenze erlitten hatte. Den verschiedenen Formen des Wirtschaftskrieges wurde ein zuverlässiger Riegel vorgeschoben. Die Grenze verwehrte Saboteuren und Terroristen aus dem Westen nun den Zugang in die DDR. Die Ereignisse jener Zeit waren für mich eigentlich der Ausgangspunkt, von dem ich tagaus, tagein in den Kampf ziehen mußte.

Trotz der von der DDR-Regierung im August 1961 eingeführten üblichen Grenzkontrollen blieb Berlin (West) ein permanenter »Unruheherd«. Zugleich wurde zunehmend deutlich, daß diejenigen gescheitert waren, die in Berlin (West) eine »Frontstadt« sahen. Das sahen nach und nach sogar jene, die die Sadt für ihre aggressiven Zwecke mißbraucht und sich jahrelang einer politischen Regelung beharrlich widersetzt hatten.

In einem Vortrag über die internationale Lage auf der Tagung des Obersten Sowjets der UdSSR im Juli 1969 betonte unser Minister für auswärtige Angelegenheiten, Andrej Gromyko: »Wenn die anderen Mächte, unsere Alliierten im Krieg, die ihren Teil der Verantwortung für die Lage um Berlin (West) tragen, bei diesem Problem die Interessen der europäischen Sicherheit mitberücksichtigen, dann finden sie auch in der Sowjetunion die Bereitschaft zum Meinungsaustausch darüber, wie jetzt und in der Zukunft die Schwierigkeiten um Berlin (West) behoben werden können.«

Diese Erklärung fand eine breite Resonanz im Westen. Die Presse kommentierte den Vortrag mit Schlagzeilen wie: »Sowjetunion zeigt neue Initiative«, »Sowjets schlagen Verhandlungen vor!«, »Gromyko lädt zu neuem Meinungsaustausch über Berlin ein«.

Die Initiative der Sowjetregierung wurde in Washington, London und Paris richtig verstanden, denn man reagierte schnell darauf. Als Ergebnis der Kontakte und der Briefwechsel vom Oktober 1969 bis Februar 1970 wurde eine Vereinbarung über den Beginn der Verhandlungen getroffen.

Ich wurde beauftragt, die sowjetische Seite während der Verhandlungen zu vertreten. Der US-Botschafter in der BRD, Kenneth Rush, vertrat die USA, der französische Botschafter in der BRD, Jean Sauvagnargues, Frankreich und der britische Botschafter in der BRD, Robert W. Jackling, Großbritannien.

Der Botschafter der USA, Rush, fühlte sich zu Beginn der Verhandlungen noch nicht ganz sicher auf dem diplomatischen Parkett. Er wurde von unzähligen Beratern umringt, bereitete sich sorgfältig auf die Beratungen vor, arbeitete zu allen Fragen schriftliche Dokumente aus, die er dann sorgfältig vortrug. Er überwand diese Unsicherheit recht schnell und gewann mit jeder Beratung mehr Erfahrungen und Kenntnisse bezüglich der anstehenden Fragen. Rush leistete im wesentlichen einen gewichtigen Beitrag zur Vorbereitung des Abkommens, wenn nötig, handelte er schnell und entschlossen.

Der französische Botschafter Sauvagnargues las seine Erklärungen niemals ab; seine Mitarbeiter behaupteten, er lerne sie fast auswendig. Er war kein schlechter Redner, benutzte gekonnt durchdachte Gesten, effektvolle Redewendungen und Zitate aus der klassischen Belletristik.

Der Botschafter Großbritanniens, Jackling, war ein typischer Vertreter der englischen konservativen Diplomatischen Schule, akkurat, tadellos gekleidet, peinlich genau in juristischen Fragen, konnte aber nicht reagieren, wenn eine Angelegenheit einmal über den Rahmen von Paragraphen und Instruktionen hinausging.

Diese Eigenschaften der Botschafter der Westmächte zeigten sich sogar während der Essen, die sie nach den Beratungen, mitunter auch direkt im Sitzungssaal, veranstalteten. Die Essen des US-Botschafters zeichneten sich durch eine gewisse Einfachheit und, man kann sagen, trockene Sachlichkeit aus, die des französischen Botschafters durch eigenartige Raffinesse, die des britischen durch eine recht schwere Küche in echt britischem Stil und den Reichtum an altem Silber.

Das erste Treffen der vier Botschafter der Großmächte fand am 26. März 1970 im Gebäude des ehemaligen Kontrollrates der Alliierten in der Potsdamer Straße statt. Die unmittelbaren Verhandlungen dauerten etwa eineinhalb Jahre. 33 angespannte, zermürbende offizielle Sitzungen und eine nicht geringe Anzahl von schwierigen, inoffiziellen Treffen wurden abgehalten.

Es versteht sich von selbst, daß es eine langwierige und komplizierte Angelegenheit war. Zu vielen Fragen entstanden prinzipielle und scheinbar unüberwindbare Meinungsverschiedenheiten, sogar bei formellen Dingen, auch zu Kommas und Punkten...

Die Sitzungen mußten mehrmals unterbrochen werden, weil die drei westlichen Botschafter lange Zeit die Verwendung der exakten Bezeichnung meiner Funktion »Botschafter der UdSSR in der DDR« nicht zuwege brachten. Ich lehrte geduldig meine Kollegen, den Begriff »DDR« auszusprechen und anschließend auch zu schreiben. Ähnlich verhielt es sich mit einer Vielzahl von Fragen. Am Verhandlungstisch gab es ständige Zusammenstöße, die in diplomatische Schlachten übergingen.

Die Experten, die den Botschaftern bei der Arbeit halfen, hatten während der Beratungen den Auftrag, die Formulierungen des Abkommens abzustimmen. Sie trafen sich dann vor dem nächsten Treffen der Botschafter, zuweilen mehrere Tage hintereinander. Ihre Beratungstechnik war ziemlich kurios. Im Arbeitszimmer stand eine große schwarze Tafel, die durch einen Kreidestrich in der Mitte zweigeteilt war. Auf der einen Hälfte wurden die Formulierungen der sowjetischen Seite geschrieben, auf der anderen standen die im voraus abgestimmten Formulierungen der Westmächte. Danach traten die Experten buchstäblich über Stunden in Reihenfolge an die Tafel und jeder schrieb auf seiner Hälfte Dutzende Varianten einzelner Wörter oder ganzer Sätze, nachdem er sie vorher am Tisch beraten hatte. Aber auch eine solche Arbeitsweise brachte häufig keine Übereinstimmung. Die nicht abgestimmten Formulierungen wurden den Botschaftern zur Verhandlung übergeben, denn sie hatten das letzte und entscheidende Wort. Und hier wurden buchstäblich um jedes Komma und erst recht um die Wörter und Sätze heiße Schlachten geschlagen.

Mit den Botschaftern der USA und Frankreichs wurde auch außerhalb der offiziellen Treffen intensiv gearbeitet. Der amerikanische Botschafter Rush gestand mir einmal während einer dieser Gespräche, daß er das State Department der USA und insbesondere Henry Kissinger häufig ignorierte und die direkte Verbindung mit Präsident Nixon aufnahm, um mit ihm seine Verhandlungen abzustimmen. Seinen Worten zufolge bekam er vom Präsidenten volle Unterstützung für seine privaten Treffen mit dem sowjetischen Botschafter, was wiederum das State Department nicht wissen durfte, weil Rush negative Reaktionen befürchtete: »Hätten sie von meinen Treffen gewußt, hätten sie sagen können, daß ich meine Befugnisse übersteige.«

Ende 1970 wurde bei den Beratungen der Botschafter der vier Mächte ein bedeutender Abschnitt auf dem schweren Wege zurückgelegt. Am 10. Dezember 1970 legte der sowjetische Botschafter im Auftrag seiner Regierung neue, reale Vorschläge auf den Verhandlungstisch. Die westliche Seite versuchte, mit ihrem Entwurf des Abkommens vom 5. Februar 1971 erneut eine harte Position einzunehmen. Aber die sowjetische Seite brachte die notwendige Festigkeit auf und gleichzeitig die Bereitschaft, eine gegenseitig annehmbare Lösung zu finden. Am 26. März legte der sowjetische Botschafter in den Verhandlungen den Entwurf einer komplexen Vereinbarung zu allen erörterten Fragen vor, der zur Grundlage für die Abschlußetappe der Arbeit wurde.

Nach einer mehr als fünfstündigen Sitzung wurde am 23. August 1971 um 15.00 Uhr das 33. Treffen der Botschafter abgeschlossen. Ein gemeinsames Kommuniqué wurde angenommen, in dem es hieß: »Die Botschafter erreichten hinsichtlich des gesamten Vereinbarungsentwurfs Übereinstimmung; er wird ihren Regierungen zur Erörterung übergeben.«

Danach begaben sich die Botschafter in den Westberliner Bezirk Dahlem. Die Journalisten erwarteten ungeduldig die Nachrichten im Garten der Residenz des amerikanischen Botschafters. Ich sagte kurz: »Die Sache steht gut.« Die westlichen Kollegen brachten ebenfalls ihre Befriedigung über den im Verhandlungsverlauf erteilten Fortschritt zum Ausdruck.

Das Viermächte-Abkommen wurde elf Tage später, am 3. September 1971, im Gebäude des ehemaligen Alliierten Kontrollrates in Berlin (West) feierlich unterzeichnet. Millionen Fernsehzuschauer wurden unmittelbar Zeugen dieses wichtigen Ereignisses. Die Botschafter gaben nach der Paraphierung der Dokumente kurzgefaßte Erklärungen ab. Sie würdigten einmütig die große Bedeutung dieses Abkommens als Beispiel für die erfolgreiche Lösung internationaler Probleme sowie die historische Bedeutung der erzielten Vereinbarungen, die einen großen Schritt auf dem Weg zur Regelung eines der wichtigsten Probleme in Europa darstellte. Ich hob hervor: »Die Übereinstimmung der vier Seiten ist eine vernünftige Bilanz der gegenseitigen Interessen. Es wäre falsch, sie vom Standpunkt aus zu beurteilen, wem sie mehr Vorteile oder Begünstigungen gebracht haben. Dieses Abkommen bringt für alle einen Gewinn, weil die Sache des Friedens, der Entspannung und der Zusammenarbeit gewinnt.«

Rush schloß sich dieser Haltung an, als er erklärte: »Eines ist klar – das ist kein Vertrag, der für die eine oder die andere Seite oder gar für eines der an den Verhandlungen teilnehmenden Länder einen Triumph darstellen würde. Das ist ein Abkommen, dessen Ziel im Nutzen für die Menschen durch praktische Verbesserungen besteht, nicht aber nationalen Interessen dient.«

Somit hatten die im Verlaufe von 17 Monaten mit einer Gesamtdauer von über 150 Stunden geführten Verhandlungen der vier Mächte (das sind nur die offiziellen Sitzungen, ohne Berücksichtigung der vielen inoffiziellen Treffen und Gespräche) einen erfolgreichen Abschluß gefunden. Man muß sagen, daß die Presse sich enorm für den Ablauf der Verhandlungen interessierte, obwohl nicht alle Journalisten sofort die Bedeutung erkannten. Dieses Interesse nahm noch mehr zu, als sich abzeichnete, wie gewichtig Botschaftertreffen werden konnten.

Die Journalisten waren in den Sitzungsräumen nicht zugelassen. Dieses »Glück« hatten sie nur dreimal: am Tage der ersten Beratung am 26. März 1970, im Sommer 1971, als die Botschafter den Fotografen erlaubten, einige Aufnahmen von einer Arbeitssitzung zu machen, und schließlich am 3. September 1971 bei der Unterzeichnung des Abkommens. Obwohl in den Saal formell nur die Fotografen zugelassen wurden, gab es da viele führende Journalisten und Kommentatoren, die einfach einmal die Atmosphäre der Treffen aufnehmen wollten und wenigstens ein paar Worte mit Mitgliedern der Delegationen wechseln wollten.

Um die Einlaßscheine wurde am Tage der Unterzeichnung regelrecht gekämpft. Der »Kaminsaal«, in welchem die Zeremonie stattfinden sollte, war mit Menschen sowie von Fotoapparaten, Film- und Fernsehkameras überfüllt. Eine mehrstufige Tribüne wurde gar vor dem Tisch mit den zur Unterzeichnung vorbereiteten Texten errichtet, damit möglichst viel Journalisten die Prozedur fotografieren konnten.

Im allgemeinen hatten die vier Botschafter im Interesse einer sachlichen Erörterung der Fragen von Anfang an beschlossen, die Presse über den Verlauf der Verhandlungen nicht zu informieren. Doch die westliche Seite ließ ab und zu Informationen durchsickern, wobei der Sachverhalt oft entstellt wurde. Und wenn ich meine Kollegen bei solchen beabsichtigten Indiskretionen regelrecht »ertappte«, machten sie gute Miene zum bösen Spiel und empörten sich lauthals über die »Disziplinlosigkeit« von Mitarbeitern, die stets »unbekannt« blieben.

Der Botschafter und die sowjetische Presse waren während der Verhandlungen mehrmals gezwungen, die im Westen verbreiteten Gerüchte und Erfindungen über den Verlauf der Verhandlungen zu dementieren. Jedesmal, wenn die Botschafter das Gebäude des ehemaligen Kontrollrates verließen, wurden sie von Journalisten umringt. Die Korrespondenten attakkierten den sowjetischen Botschafter besonders eifrig. Ich konnte ihnen über den Verlauf der Verhandlungen nichts verraten, doch demonstratives Schweigen war auch nicht das Richtige. Auf dem Weg zum Wagen sprach ich zu den Journalisten ein paar Worte, meistens griff ich auf russische Sprichwörter zurück, für die meine Mitarbeiter sofort ein deutsches Äquivalent fanden: »Küken zählt man erst im Herbst«, »Ende gut, alles gut« und dergleichen. Die Journalisten hatten ihren Spaß daran, und sie nutzten diese Redensarten in ihren Berichten, wodurch es sogar in der westlichen Presse möglich wurde, den Verhandlungsablauf objektiver zu beleuchten und eine für uns günstige Atmosphäre zu schaffen.

Nach Abschluß der Verhandlungen bedankte sich bei mir ein Vertreter der Journalisten »für das Verständnis der Spezifik der journalistischen Arbeit und die ausgezeichnete Zusammenarbeit mit der Presse« und überreichte mir einen Sammelband mit Sprichwörtern, auf dem die Unterschriften von über 70 Journalisten standen.

Der erfolgreiche Abschluß der Verhandlungen zwischen den Botschaftern der vier Mächte machte die Unterzeichnung des Viermächte-Abkommens möglich, das wichtige Fragen des Status von Berlin (West) und seiner Beziehungen mit der Außenwelt regelte. Von entscheidender Bedeutung ist hierbei die erreichte Vereinbarung, daß die Westsektoren von Berlin »so wie bisher kein Bestandteil der Bundesrepublik Deutschland sind und auch weiterhin nicht von ihr regiert werden«.

Das Abkommen wurde in der ganzen Welt begrüßt. In einem Telegramm Leonid Breschnews an Erich Honecker hieß es unter anderem: »Das erreichte Abkommen ist ohne Zweifel ein Erfolg der Politik der friedlichen Koexistenz, der Linie der sozialistischen Länder zur Festigung des Friedens, der Sicherheit und Zusammenarbeit in Europa. (...) Es schafft gute Voraussetzungen für die Gesundung der Lage im Zentrum Europas für die Beseitigung der Meinungsunterschiede und Zwistigkeiten in bezug auf Berlin (West), die früher häufig die politische Atmosphäre in diesem Gebiet vergiftet haben. Das Abkommen geht von den auf dem europäischen Kontinent entstandenen territorialen und politischen Realitäten aus und berücksichtigt völlig die souveränen Rechte der Deutschen Demokratischen Republik. Es trägt zur Erhöhung der internationalen Autorität des sozialistischen deutschen Staates, seiner

Die vier Botschafter zu
Beginn der Verhandlun-
gen um das Viermächte-
Abkommen, 1970 (v. l.
n. r.: P. A. Abrassimow,
R. W. Jackling,
K. Rush,
J. Sauvagnargues)

Nach der Unterzeich-
nung des Viermächte-
Abkommens im
Kontrollratsgebäude in
Berlin (West)
am 3. September 1971

Rolle und seines Einflusses in internationalen Angelegenheiten bei.« (Prawda vom 11. September 1971)

Die Weltpresse reagierte lebhaft auf den Abschluß des Viermächte-Abkommens.

Die Wiener »Arbeiterzeitung« schrieb, daß das Abkommen der vier Mächte über Berlin »ein historisches Ereignis« sei. Das dänische Presseorgan »Dagens Nyheter« stellte mit Erleichterung fest: »Das Berlinproblem ist geregelt.« Die einflußreiche westdeutsche »Frankfurter Allgemeine Zeitung« schrieb jedoch gereizt, daß die Stadt von nun an eher ein besetztes Gebiet mit besonderem Status sei, als ein Bundesland der BRD, da der völkerrechtliche Status über dem deutschen Recht steht.

Was brachte nun das Viermächte-Abkommen? Heute, nach mehr als 14 Jahren seit seiner Unterzeichnung, kann man mit vollem Recht sagen, daß es – und das ist das Wichtigste – sich völlig in den Entspannungsprozeß einfügte und zu seinem untrennbaren Bestandteil wurde. Die West-Berliner selbst spürten die Erleichterungen.

Es muß betont werden, daß das Abkommen über Berlin (West) selbst in kleinsten Nuancen die abgestimmten Interessen der vier Seiten berücksichtigt. Trotzdem versuchten manche westliche und vor allem westdeutsche Politiker gleich nach der Unterzeichnung des Viermächte-Abkommens, diese Bilanz nachträglich zugunsten des Westens zu korrigieren. Sie wollten die Grundthese des Abkommens anzweifeln, daß die Stadt kein Bestandteil der BRD sei und auch weiterhin nicht von ihr regiert werde. Alle möglichen Vorwände wurden dafür ausgenutzt, um den Anschein zu erwecken, Berlin (West) unterscheide sich von keinem anderen Bundesland der BRD.

Die Sitzungen verschiedener politischer Fraktionen und Kommissionen des westdeutschen Bundestages werden regelmäßig in Berlin (West), Hunderte Kilometer entfernt von Bonn, abgehalten. Es ist in der letzten Zeit zur Mode geworden, offizielle Bonner Behörden in Berlin (West) unterzubringen. Dem Geist und dem Buchstaben des Viermächte-Abkommens widersprechen die Wahl des Regierenden Bügermeisters

Dietrich Stobbe zum Bundesratspräsidenten der BRD, die im Jahre 1978 erfolgte, sowie die sich immer wieder in der letzten Zeit wiederholenden Versuche, die Stadt in die Organisation der Europäischen Wirtschaftsgemeinschaft einzubeziehen.

Solche demonstrativen Schritte vergiften die Situation um Berlin (West). Die vergangenen Jahre haben gezeigt, daß diese politische Linie nicht zufällig ist. Ihre Durchsetzung wird hartnäckig von bestimmten Kreisen in der BRD und den anderen NATO-Ländern unterstützt. Dieses sich in die Länge ziehende politische Spiel ist aussichtslos, denn es führt zur Untergrabung des Abkommens mit allen daraus folgenden schwerwiegenden Konsequenzen.

Die Position der Sowjetunion in dieser Frage ist völlig klar. Wir suchen nicht nach Komplikationen in den Angelegenheiten der Stadt. Wir wollen, daß sie ruhig leben kann. Alle durch das Viermächte-Abkommen gebotenen Möglichkeiten müssen unserer Meinung nach genutzt werden, damit Berlin (West) endgültig und unwiderruflich zu einem konstruktiven Faktor des Friedens und der Entspannung wird. Deshalb sind wir für die strikte und vollständige Einhaltung aller Leitsätze, die im Viermächte-Abkommen verankert sind. Die führenden Persönlichkeiten von CDU/CSU veranstalteten am 14. September 1981, fast auf den Tag zehn Jahre nach der Unterzeichnung des Viermächte-Abkommens, eine ihrer Provokationen im ehemaligen Gebäude des Reichstags. Man organisierte hier die Beratung der Ministerpräsidenten all jener Länder der BRD, in denen diese Partei regierte. Mehr noch: Die gesamte Bundestagsfraktion der CDU/CSU flog am nächsten Tag aus Bonn nach Berlin (West), um zweihundert Kilometer von den Grenzen der BRD entfernt die Fragen des Bundesetats und – kann man sich das überhaupt vorstellen? – die der Einsparung von Staatsmitteln zu besprechen. Bonn ist bestrebt, die Wirkung seiner internationalen Verträge unabhängig von ihrem Inhalt auf die Stadt auszudehnen, obwohl es entsprechend dem Viermächte-Abkommen nur in den Fällen gemacht werden kann, in denen solche Verträge den Status und die Sicherheit von Berlin (West) nicht antasten. Es werden Versuche unternommen, die

Stadt in den Prozeß der westeuropäischen politisch-staatlichen Integration einzubeziehen.

Unsere westlichen Partner, die sich verpflichteten, nicht nur selbst die im Viermächte-Abkommen enthaltenen Vereinbarungen einzuhalten, sondern auch darauf zu achten, daß sie von der BRD ebenfalls eingehalten werden, unternahmen leider bei weitem nicht immer die notwendigen Schritte, um solche Verletzungen durch die Bonner Regierung zu verhindern.

Ich mußte mehrmals die offiziellen Vertreter der USA, Frankreichs und Großbritanniens in Berlin (West) auf die Verletzung des Abkommens aufmerksam machen; ich kann mich daran erinnern, daß ich ihnen auch öfters einmal empfohlen hatte, in den Text des Abkommens einen Blick zu werfen. Obwohl sie auch manchmal die BRD ermahnten, wenn Bonns Aktivitäten die Interessenssphäre der westlichen Großmächte verletzten, drückten sie doch im allgemeinen ein Auge zu.

Berlin (West) wird verstärkt als »gesamtdeutscher nationaler Herd«, als »Unterpfand dafür, daß die deutsche Frage offenbleibt«, mißbraucht. Das trägt natürlich in keiner Weise dazu bei, die Lage im Zentrum Europas zu verbessern, und das Problem der Stadt ist trotz stabilisierender Faktoren seit Unterzeichnung des Viermächte-Abkommens noch weit von seiner endgültigen Lösung entfernt. Nach ihren wiederholten Erklärungen sind aber die Botschafter der USA, Großbritanniens und Frankreichs, die gleichzeitig an der Spitze der Militäradministrationen der drei Westmächte in Berlin (West) stehen, willens, das Abkommen einzuhalten.

*

Die sozialistischen Staaten zeigen auch Verständnis für die Entwicklung von Kontakten, die Berlin (West) auf der Grundlage des Viermächte-Abkommens verwirklicht, so zum Beispiel für die Ausdehnung bestimmter völkerrechtlicher Verträge und Vereinbarungen der BRD auf Berlin (West), für die Durchführung der verschiedensten internationalen Veranstaltungen, die gemeinsame Beteiligung mit der BRD am internationalen Leben auf nichtstaatlicher Ebene usw. So wurden in den ersten zwei Jahren nach der Unterzeichnung des Viermächte-Abkommens über 20 Verträge, die die BRD mit sozialistischen Ländern abschloß, in Übereinstimmung mit dem Viermächte-Abkommen auf Berlin (West) ausgedehnt. Als Beispiel seien die Abkommen zwischen der UdSSR und der BRD über kulturelle sowie wirtschaftliche, industrielle und technische Zusammenarbeit vom 19. Mai 1973 genannt. In beiden Abkommen heißt es: »Gemäß dem Vierseitigen Abkommen vom 3. September 1971 wird das vorliegende Abkommen in Übereinstimmung mit den festgelegten Verfahren auf Berlin (West) ausgedehnt.«

Das Viermächte-Abkommen, demzufolge Berlin (West) kein Bestandteil der BRD ist und von dieser nicht regiert wird, die entsprechenden Abkommen und Vereinbarungen zwischen der DDR und der BRD sowie zwischen der DDR und dem Senat von Berlin (West) haben demnach die erforderliche Grundlage geschaffen, um in diesem Gebiet eine normale und ruhige Atmosphäre zu gewährleisten. Die strikte Einhaltung dieser Abkommen und Vereinbarungen garantiert einen Konsens aller Seiten, die an den Angelegenheiten um Berlin (West) interessiert sind.

In Dokumenten, die die Sowjetunion mit den USA und der BRD auf bilateraler Grundlage unterzeichnet hat, wird der untrennbare Zusammenhang zwischen der konsequenten Einhaltung des Viermächte-Abkommens und seinem allseitigen Funktionieren unterstrichen. Im Kommuniqué vom 3. Juli 1974 über die Ergebnisse des sowjetisch-amerikanischen Gipfeltreffens wird dem Viermächte-Abkommen »eine Schlüsselrolle für die Gewährleistung der Stabilität und Entspannung in Europa« zugewiesen. »Die strenge und konsequente Erfüllung dieses Abkommens durch alle Seiten halten die UdSSR und die USA für eine notwendige Bedingung zur Aufrechterhaltung und Festigung des gegenseitigen Vertrauens und der Stabilität im Zentrum Europas.« Im gleichen Sinne ist die am 21. Mai 1973 unterzeichnete Gemeinsame Erklärung anläßlich des Besuchs von Leonid Breschnew in der BRD verfaßt.

Die sozialistischen Länder sind an einer gleichberechtigten

und gegenseitig vorteilhaften Zusammenarbeit mit Berlin (West) interessiert. Das ergibt sich aus den Prinzipien ihrer Politik, insbesondere aus der Politik der friedlichen Koexistenz. Zudem weist Berlin (West) kraft seiner geographischen Lage eine Reihe besonderer Vorzüge für die Entwicklung von Beziehungen zu den sozialistischen Staaten auf. Allein schon die Tatsache, daß Berlin (West) geographisch innerhalb der DDR liegt, erfordert die Entwicklung der Beziehungen zu der sozialistischen Umgebung.

Die sozialistischen Staaten haben das Interesse an Verbindungen mit Berlin (West) und ihre Bereitschaft dazu wiederholt unterstrichen. In der Deklaration des Politischen Beratenden Ausschusses der Teilnehmerstaaten des Warschauer Vertrages auf der Tagung in Bukarest vom 26. November 1976 heißt es, daß sie bereit sind, »zu Berlin (West) vielfältige Verbindungen zu unterhalten und zu entwickeln«.

Doch die Entwicklung von Beziehungen zwischen den sozialistischen Ländern und Berlin (West) erweist sich in der Praxis als höchst kompliziert. Eine Hauptursache dafür ist die Haltung des Senats von Berlin (West), der jeglichen Abkommen ausweicht und sich bei der Gestaltung der Beziehungen der Stadt zum Ausland ausschließlich auf die Möglichkeiten einer Vertretung durch die BRD beschränken möchte. Auf diese Weise wird versucht, die in Widerspruch zum Viermächte-Abkommen stehende These von der Zugehörigkeit zur BRD zu bekräftigen. Gleichzeitig möchte der Westberliner Senat die DDR zum Abschluß sogenannter innerstädtischer Abkommen bewegen, um gemäß den Weisungen aus Bonn hinsichtlich der »besonderen Beziehungen« diese auch für die Beziehung zwischen der Stadt und der DDR zu legalisieren und so die »deutsche Frage« »offen« zu halten. Diese Politik ist jedoch nicht nur kurzsichtig, sondern auch konflikt- und spannungsgeladen.

Ungeachtet dieser Schwierigkeiten konnten die sozialistischen Staaten dank ihrer koordinierten Außenpolitik einige nützliche und konstruktive Schritte tun, die dazu berechtigen, die zurückliegende Entwicklung der Beziehungen zu Berlin (West) positiv zu bewerten. Den Nutzen davon hatte in erster

Linie die Stadt selbst. Sie gelangte aus der Isolierung, in die sie durch die imperialistische Politik des kalten Krieges geraten war. Sie erhielt günstige Möglichkeiten, um normale, gutnachbarliche Beziehungen in alle Richtungen zu entwickeln. Die Länder der sozialistischen Gemeinschaft bewiesen durch Taten, daß die Entwicklung wirtschaftlicher, wissenschaftlicher, kultureller und sonstiger Kontakte mit Berlin (West) keine zeitweilige, vorübergehende Maßnahme, sondern eine langfristige Politik ist. Und sie sind bereit, ihre Zusammenarbeit mit der Stadt in jeder Weise zu forcieren.

Nach dem Abschluß des Viermächte-Abkommens entstanden weitaus bessere Möglichkeiten für den Ausbau der Beziehungen zwischen der Sowjetunion und Berlin (West). Die Regierung der UdSSR entwickelte eine Reihe von Initiativen, um die gegenseitigen Beziehungen vorteilhafter zu gestalten.

Von großer Bedeutung war dabei, daß auf der Grundlage des Viermächte-Abkommens in Berlin (West) ein Generalkonsulat der UdSSR und ein Büro der sowjetischen Außenhandelsvereinigungen eröffnet sowie die Vertretungen von »Intourist« und »Aeroflot« vergrößert worden sind. Diese Einrichtungen haben neue Möglichkeiten für die Erweiterung der Beziehungen geschaffen.

Seit 1972 führte die UdSSR in Berlin (West) alljährlich große repräsentative Veranstaltungen durch. 1972 fanden Tage der sowjetischen Kultur statt; 1973 gab es eine sowjetische Handels- und Industrieausstellung, 1974 Tage der UdSSR, 1975 eine große Fotoausstellung über die UdSSR, 1976 wiederum eine Handels- und Industrieausstellung, 1977 Tage Wolgograds usw. Anläßlich der Olympischen Spiele 1980 in Moskau wurde in Berlin (West) im Herbst 1979 eine interessante Fotoausstellung »Olympisches Moskau« gezeigt. Mit allen diesen Veranstaltungen ging ein zunehmender Austausch in den Bereichen Kultur und Wissenschaft einher.

Nachdem Dietrich Stobbe Klaus Schütz im Amt des Regierenden Bürgermeisters abgelöst hatte, zeigte sich der Senat von Berlin (West) in außenpolitischen Fragen etwas elastischer. Er vermied spektakuläre Kampagnen gegen die Sowjetunion und die DDR und ging auf eine gewisse Erweiterung der Kontakte zur Sowjetunion, der DDR und anderen sozialistischen Ländern ein, was vor allem im Eigeninteresse der Stadt lag. Außerdem wollte der Senat die Entwicklung der Beziehungen zu den sozialistischen Ländern nutzen, um eine günstigere politische Atmosphäre für die Lösung der akuten innenpolitischen Probleme zu schaffen.

Doch entsprechend den strategischen Richtlinien Bonns gingen die Behörden von Berlin (West) nicht darauf ein, politische Beziehungen mit der UdSSR herzustellen. Die Mitarbeiter des Senats suchten die Kontakte mit den Vertretern des sowjetischen Generalkonsulats in Berlin (West) auf Fragen zu beschränken, die mit dem kulturellen, sportlichen und wissenschaftlich-technischen Austausch zusammenhingen.

Die Entwicklung der kommerziellen, wirtschaftlichen, wissenschaftlich-technischen, kulturellen, sportlichen und sonstigen Beziehungen zwischen der Sowjetunion und Berlin (West) wurde dadurch gehemmt, daß es hierfür keine vertragliche Grundlage gab. Dennoch konnte das Viermächte-Abkommen die gegenseitigen Beziehungen, vor allem im Bereich des Handels und der Wirtschaft, beträchtlich beleben.

Der Warenaustausch zwischen der UdSSR und Berlin (West) wuchs nach der Unterzeichnung des Viermächte-Abkommens rasch an. 1979 belief sich das Handelsvolumen auf reichlich 200 Mill. Rubel und war damit achtmal so groß wie 1970. Die jährlichen Zuwachsraten betrugen in dieser Zeitspanne durchschnittlich 25 Prozent, das heißt, sie machten das Fünffache der Zuwachsraten des Westberliner Außenhandelsumsatzes insgesamt aus.

Die UdSSR steht im Außenhandelsumsatz der Stadt nach der BRD, der DDR, den Niederlanden, Frankreich und Italien an sechster Stelle, etwa gleich mit den USA.

Der Export sowjetischer Waren nach Berlin (West) hatte 1979 einen Wert von 150 Mill. Rubel. Sowjetische Außenhandelsvereinigungen lieferten Westberliner Firmen 1,2 Mill. t Erdölprodukte, 9000 t Asbeste, 600 000 l Weine und Spirituosen, 13 000 t Chemikalien und beträchtliche Mengen Holz.

Weiter werden Preßlufthämmer, Radioeinzelteile, Zerspanungsmaschinen und Werkzeuge sowie Meßgeräte exportiert. In der Stadt zählte man Anfang der achtziger Jahre über 3500 sowjetische PKW vom Typ »Lada«. Außerdem werden nach Berlin (West) verschiedene Delikatessen, Rauchwaren, Teppiche, Edelsteine usw. geliefert.

Der Import der UdSSR aus Berlin (West) belief sich 1979 auf 50 Mill. Rubel. Die Sowjetunion führt aus Berlin (West) verschiedene Maschinen und Ausrüstungen, Chemikalien, Textilien, Konfektion, Medikamente usw. ein.

Im März 1978 wurde mit einer Westberliner Firma der bisher größte Vertrag in der Geschichte der Beziehungen zu Berlin (West) über die Lieferung von zwei kompletten Werken für die Herstellung von flüssigem Kohlensäuregas mit einer Jahreskapazität von 2,4 Mill. t für die Summe von 72 Mill. DM in die UdSSR abgeschlossen. Eine andere Westberliner Firma hat sich durch langfristige Verträge Holzlieferungen aus der UdSSR gesichert. Dies sind nur Beispiele.

Außerdem werden die Möglichkeiten geprüft, mit Westberliner Firmen eine Zusammenarbeit auf der Basis der industriellen Kooperation zu organisieren.

Auch die wissenschaftlich-technische Zusammenarbeit ist angelaufen. So wurde mit einer Firma ein Vertrag über die gemeinsame Entwicklung von Magnetköpfen unterzeichnet. Die gemäß diesem Abkommen geleistete Arbeit erreichte ihren Höhepunkt mit dem Abschluß eines Vertrages über die Lieferung der kompletten Ausrüstung für ein entsprechendes Werk in die Sowjetunion. Die Leningrader Vereinigung »Swetlana« entwickelt gemeinsam mit einer Westberliner Firma eine leistungsstarke Funkröhre. Schließlich wurde ein Abkommen über wissenschaftlich-technische Zusammenarbeit in den Bereichen der Pharmakologie, der Pflanzenschutz- und Schädlingsbekämpfungsmittel und der Galvanotechnik geschlossen, das 1979 um weitere fünf Jahre verlängert wurde.

Gleichzeitig sei bemerkt, daß sich die wissenschaftlich-technischen und Handelsbeziehungen zwischen der Sowjetunion und Berlin (West) unter komplizierten Bedingungen entwikkeln. Es gibt keine allgemeinen Handelsverträge, der Handel vollzieht sich auf der Grundlage einzelner Export- und Importverträge zwischen den sowjetischen Außenhandelsvereinigungen und den Westberliner Firmen. Die Übermacht der westdeutschen und westeuropäischen Monopole in der Stadt hat den Westberliner Markt so eingeengt, da einige Unternehmen in Berlin (West) als Filialen dieser Monopole keine kommerzielle Tätigkeit betreiben.

Die Sowjetunion und andere sozialistische Länder stoßen auf diesem Markt nicht nur auf die Übermacht dieser Monopole, sondern auch auf eine kommerzielle und politische Diskriminierung, verursacht durch die illegitime Einbeziehung der Stadt in das Finanzsystem der BRD und der anderen EG-Länder, was hohe Zölle und Importkontingentierungen für einige sowjetische Waren zur Folge hat. Der Entwicklung der Beziehungen dienen ebensowenig die Stagnationserscheinungen in der Westberliner Wirtschaft; manche Angebote von Firmen für den Export von Maschinen und Ausrüstungen in die UdSSR sind nicht konkurrenzfähig.

Die sich vertiefende internationale Arbeitsteilung erschließt dennoch günstige Möglichkeiten, um die Handels- und Wirtschaftsbeziehungen zu entwickeln. Die Hauptrichtung für die Erweiterung der Außenwirtschaftsbeziehungen zwischen der UdSSR und Berlin (West) kann und muß die Kooperation im Bereich der Industrie werden.

Die Entwicklung der Handels- und Wirtschaftsverbindungen zwischen der UdSSR und Berlin (West) würde ihrerseits zur weiteren Verbesserung der politischen Beziehungen beitragen und die Komplikationen um die Stadt abbauen.

Auch die Zusammenarbeit zwischen den Hochschulen konnte erweitert werden; unter anderem hat der Austausch von Professoren, Aspiranten und Studenten zwischen der Leningrader Staatlichen Universität und der Moskauer Hochschule für Bauingenieure einerseits und den Westberliner Universitäten andererseits zugenommen.

Ständig werden Kontakte zwischen den Gewerkschafts-, Jugend- und anderen gesellschaftlichen Organisationen gepflegt. Das Interesse der Westberliner Jugend für die Sowjetunion wächst. Von Jahr zu Jahr kommen mehr Touristengruppen in die UdSSR, besuchen mehr Vertreter der sowjetischen Jugend Berlin (West). In den letzten Jahren sind auch die Verbindungen zwischen gesellschaftlichen Verbänden und Organisationen fester geworden.

*

In beträchtlichem Umfang haben sich nach dem Abschluß des Viermächte-Abkommens auch die Beziehungen zwischen der DDR und Berlin (West) entwickelt. Als untrennbarer Bestandteil der sozialistischen Gemeinschaft trat die DDR von den ersten Tagen ihres Bestehens an für normale Beziehungen zu Berlin (West) ein, wovon bereits die Rede war. Doch eine merkliche Wende vollzog sich erst, nachdem der Komplex der Abkommen und Vereinbarungen in Kraft trat. Dabei ging die DDR-Führung von folgender Prämisse aus: Da die DDR ein souveräner Staat und Berlin (West) ebenfalls Träger völkerrechtlicher Rechte und Pflichten ist, können sich die Beziehungen zwischen ihnen nur auf der Grundlage des Völkerrechts entwickeln und regulieren; da die DDR ein sozialistischer Staat ist und in Berlin (West) die kapitalistische Ordnung herrscht, können die Beziehungen zwischen ihnen nur auf den Prinzipien der friedlichen Koexistenz beruhen.

Von diesen Prämissen geht auch das Viermächte-Abkommen aus, und zwar in der Anlage III, Abschnitte 1 bis 4. Damit wurden die erforderlichen Grundlagen geschaffen, auf denen sich die Beziehungen zwischen der DDR und Berlin (West) in Übereinstimmung mit dem besonderen Status dieser Stadt entwickeln konnten.

Die daraufhin aufgenommenen Verhandlungen zwischen der DDR und dem Senat von Berlin (West) führten Ende 1971 zum Abschluß entsprechender Abkommen und Vereinbarungen, wovon bereits die Rede war; sie wurden später durch weitere Regelungen ergänzt. So wurde in Weiterführung der Vereinbarung über Erleichterungen und Verbesserungen des Reise- und Besucherverkehrs vom 20. Dezember 1971 der Protokollvermerk vom 12. Juni 1972 über die medizinische und gesundheitliche Betreuung sowie den Krankentransport von Personen mit ständigem Wohnsitz in Berlin (West) vereinbart. In Ergänzung der Vereinbarung über die Regelung der Frage von Enklaven durch Gebietsaustausch vom 20. Dezember 1971 wurde am 21. Juli 1972 die Vereinbarung über die Einbeziehung des Gebietes am ehemaligen Potsdamer Bahnhof in die erstgenannte Vereinbarung unterzeichnet.

Auf dem Gebiet des Umweltschutzes und der Wasserwirtschaft wurden zwei wichtige Vereinbarungen erzielt, und zwar über die Beseitigung von Abfallstoffen aus Berlin (West) und ihre Verbringung in die DDR sowie über die Fortleitung und Behandlung von Abwasser (alljährlich etwa 100 Mill. m³) aus dieser Stadt.

Auf der Grundlage konkreter Vorschläge der DDR wurde zwischen der Regierung der DDR und dem Westberliner Senat am 29. Oktober 1975 das Problem der Rettungsmaßnahmen für hilfsbedürftige Personen auf Grenzgewässern der DDR geregelt.

Im März 1978 unterzeichneten die DDR und der Senat eine Vereinbarung über die Verbringung von industriellen und sonstigen Abfallstoffen aus Berlin (West) und deren Verarbeitung in der DDR. Demzufolge wird die DDR bis 1994 nicht weniger als 100 Mill. m³ Abfallstoffe aus der Stadt verarbeiten.

Dank der Abkommen und Vereinbarungen auf verschiedenen Gebieten ist bereits eine relativ breite vertragliche Basis in den Beziehungen zwischen der DDR und Berlin (West) entstanden.

Im Handel ist ebenfalls eine positive Entwicklung zu beobachten. Insgesamt wuchs das Außenhandelsvolumen zwischen der DDR und Berlin (West) von 1970 bis 1979 auf reichlich das Doppelte an und hat die Summe von 1,5 Mrd. DM erreicht. Doch entspricht dies bei weitem noch nicht den ökonomischen Möglichkeiten der beiden Partner.

Nach dem Abschluß des Viermächte-Abkommens verstärkten die sozialistischen Länder ihre Anstrengungen, um die Beziehungen zu Berlin (West) zu normalisieren. Vor 1971

waren nur Polen, Jugoslawien und die ČSSR durch ihre Militärmissionen in Berlin (West) vertreten. Diese Militärmissionen
waren noch in den Viermächtevereinbarungen der Kriegs- und
Nachkriegszeit festgelegt worden. 1974 eröffneten Bulgarien,
Ungarn und Rumänien ihre Generalkonsulate. Diese Vertretungen tragen wesentlich zur Entwicklung der Zusammenarbeit bei, die sich hauptsächlich auf Wirtschaft und Kultur er-
streckt.

Bei der Erweiterung der Beziehungen zwischen den sozialistischen Ländern und Westberlin erwiesen sich Ausstellungen
oder Sonderveranstaltungen, wie zum Beispiel die Ungarische
Exportschau 1971, die Polnische Industrie- und Handelsaus-
stellung 1974 oder die Veranstaltung »Bulgarien zu Gast« im
März 1975, als besonders wirksam. Sie verstärkten das Interesse für diese Länder, was auch darin zum Ausdruck kommt,
daß Westberliner in wachsender Zahl sozialistische Länder
besuchen möchten.

Insgesamt kann man sagen, daß die Aussichten auf eine
weitere Entwicklung bei der wirtschaftlichen Zusammenarbeit
besonders günstig sind. Berlin (West) besitzt ein beträchtliches
Wirtschaftspotential und hat infolge seiner geographischen
Lage objektiv günstige Voraussetzungen für den Ausbau der
Handels- und Wirtschaftsbeziehungen zu den Ländern des
Sozialismus. Seit dem Abschluß des Viermächte-Abkommens
ist auf diesem Gebiet ein erheblicher Fortschritt zu verzeich-
nen. Das Handelsvolumen mit den RGW-Ländern belief sich
1978 auf 2,5 Mrd. DM. Der Handel zwischen den Ländern der
sozialistischen Gemeinschaft und Berlin (West) wuchs wesentlich rascher als der Handel zwischen dieser Stadt und den
kapitalistischen bzw. den Entwicklungsländern.

*

Anfang 1981 gab ich dem ARD-Korrespondenten Fritz Pleitgen ein Interview zu internationalen Fragen. Es wurde in der
BRD und in Berlin (West) gesendet. Fragmente aus diesem
Interview konnten die Fernsehschauer in vielen anderen Ländern sehen. Ich kannte Pleitgen als einen energischen und

erfahrenen Journalisten. Er sprach gut Russisch, arbeitete er doch früher als Korrespondent in Moskau. Er pflegte im Laufe des Interviews unerwartete, mitunter scharfe Fragen zu stellen.

Nachdem das Interview aufgenommen war und die Kameraleute ihre Filmapparate abgestellt hatten, schlug Pleitgen unerwartet vor: »Wie wäre es, wenn wir uns wieder anläßlich des zehnten Jahrestages des Viermächte-Abkommens im Fernsehstudio treffen würden?«

Ich antwortete ausweichend, gab jedoch zu verstehen, daß man sich über ein Treffen der vier Botschafter von damals Gedanken machen könnte. Ich hegte schon lange den Wunsch, ein Treffen mit den Kollegen, den ehemaligen Botschaftern der USA, Frankreichs und Großbritanniens, zu arrangieren. Ich hatte den Eindruck, daß ein solches Treffen angesichts der zugespitzten internationalen Lage und den konkreten Schwierigkeiten bei der Verwirklichung des Abkommens von ernsthafter politischer Bedeutung sein könnte.

Wir vier Diplomaten gaben uns an jenem denkwürdigen Herbsttag im Jahre 1971 das feierliche Versprechen, uns nach Möglichkeit mindestens alle fünf Jahre einmal zu treffen. Ich konnte mich jedoch nur einmal mit dem ehemaligen US-Botschafter Kenneth Rush treffen, als er Berlin (West) und die DDR besuchte.

Ich dachte über Pleitgens Vorschlag noch einmal am späten Abend während des üblichen Spazierganges nach. Ich hatte schon oft vor Journalisten auf Pressekonferenzen und im Fernsehen gesprochen, gab Radiointerviews auch schon im Westen, sowohl in Berlin (West) als auch in Paris. Es ging jedoch damals um ein Treffen ganz anderer Art – eine Fernsehdiskussion von vier Diplomaten, die politische Vertreter der vier Siegermächte waren. So eine Fernsehsendung hatte es noch nicht gegeben. Je mehr ich darüber nachdachte, desto mehr konnte ich mir die Bedeutung und das mögliche Ziel der Diskussion vorstellen: Man mußte das Fernsehen als Forum ausnutzen, um weiten Kreisen der westlichen Öffentlichkeit zu verdeutlichen, daß die Kommunistische Partei der Sowjetunion, die Sowjetregierung auch heute, wo die Zeiten für Entspannungspolitik nicht einfach sind, einen festen Kurs des Friedens, der Abrüstung, der Festigung gutnachbarlicher Beziehungen und der Zusammenarbeit in Europa und der ganzen Welt verfolgen.

Ich konnte sehr wohl annehmen, daß auch die anderen Diskussionsteilnehmer meine These unterstützen würden, daß das Viermächte-Abkommen ein Musterbeispiel dessen ist, wie die komplizierten, die verwickelten Fragen der internationalen Politik gelöst werden können, wenn ein guter Wille vorhanden ist. Ich glaube, meine Verhandlungspartner waren beim Abschluß des Abkommens konstruktiver als viele ihrer damaligen offiziellen Regierungsvertreter.

Meine Überlegungen wurden in Moskau unterstützt, und ich gab Fritz Pleitgen mein grundsätzliches Einverständnis. Vom Kölner Sender erhielt ich bald die offizielle Einladung zur Diskussion. Auch meine drei ehemaligen Kollegen waren einverstanden, nachdem sie sich davon überzeugt hatten, daß auch der sowjetische Vertreter beteiligt sei.

Alle drei waren erfahrene Diplomaten, die eine langjährige Schule der großen Politik durchgemacht hatten. Kenneth Rush war inzwischen Mitglied im Kabinett zweier amerikanischer Präsidenten als Wirtschaftsberater sowie Botschafter in Frankreich gewesen. Jean Sauvagnargues war Minister für Auswärtige Angelegenheiten und Botschafter in London. Robert W. Jackling stand an der Spitze der Delegation Großbritanniens auf der Internationalen Konferenz für Seerechtsfragen.

Unerwartete Schwierigkeiten entstanden, als der Ort für das Treffen gewählt werden sollte. Zuerst wollte man das Treffen im Gebäude des ehemaligen Alliierten Kontrollrates in Berlin (West) veranstalten. Dies war ein guter Vorschlag, da wir gerade dort für anderthalb Jahre unseren Treffpunkt hatten und das Viermächte-Abkommen unterzeichnet hatten. Die Vertreter der USA (das Gebäude befindet sich im amerikanischen Sektor) aber waren dagegen. Ihre ablehnende Antwort zögerten sie so sehr in die Länge, daß man den Eindruck gewann, sie wollten die Diskussion verhindern. Tatsächlich hörte ich später, daß die amerikanische Seite gegen unser Treffen war, weil offizielle Persönlichkeiten befürchteten, daß die drei westlichen Botschafter »nach Punkten« verlieren könnten . . .

Der Westdeutsche Rundfunk mußte dringend nach einem neuen Raum suchen. Das damals gerade fertiggestellte, einem Silo oder einer riesigen Werkhalle ähnelnde Gebäude des Pressezentrums in Berlin (West) kam aus mehreren Gründen nicht in Betracht. Es wurde vorgeschlagen, das Treffen im Pavillon des UFA-Filmstudios abzuhalten, wo in den Jahren des Faschismus die propagandistischen Machwerke unter Goebbels entstanden. Doch dorthin wollte keiner gehen. Die Veranstalter fanden endlich ein kleines Studio am Ufer der Havel. Mit großem Aufwand wurden die Vorbereitungen getroffen.

Gerade im September mußte ich mich mit den Delegationen aus Moskau beschäftigen, hatte einen Partei-Vortrag zu halten und eine Menge wichtiger unaufschiebbarer Angelegenheiten zu bewältigen. Sie fallen, wie ich inzwischen feststellen muß, gerade in solchen Momenten höchster Anspannung geradezu vom Himmel. Es blieb absolut keine Zeit für die Vorbereitung auf die Diskussion; die Stunde aber nahte.

Wir fuhren quer durch die Stadt zur Havel in Begleitung britischer Militärwagen, da sich das Aufnahmestudio im britischen Sektor befand. Ich blätterte noch einmal während der Fahrt den Text des Viermächte-Abkommens durch. Da erreichten wir ein kleines Gebäude am Fuße eines bewaldeten Hügels. Ein malerischer See plätscherte nahe dem Eingang, in der Ferne waren die Segel der Yachten zu erkennen; ein idyllischer Ort, wo ich mit meinen alten Bekannten die Degen kreuzen sollte.

Weder ihr Äußeres noch ihre Gewohnheiten hatten sich durch die Jahre verändert. Der grauhaarige Rush lächelte wie immer, Jackling drückte fest die Hand, Sauvagnargues war wie immer energisch und elegant. Wir setzten uns gemeinsam mit dem Moderator Pleitgen an den runden Tisch. Die Uhren schlugen dumpf die Minuten. Sie erinnerten daran, daß jeder Teilnehmer die gleiche Zeit zur Verfügung hatte. Der sowjetische Botschafter aber bekam entsprechend einem Gentlemen's Agreement für den Fall verschärfter Diskussion zusätzliche Redezeit eingeräumt, da er ja gegen drei zu kämpfen hatte.

Ich freute mich über eine große Fotografie des Alliierten Kontrollratsgebäudes, die die Veranstalter als Hintergrund für unsere Diskussionsrunde gewählt hatten, konnten die Fernsehzuschauer doch auf diese Weise das historische Gebäude sehen. Zugleich war hinter uns in großer Schrift »10 Jahre Viermächteabkommen« – auf Russisch, Englisch, Französisch und Deutsch – zu lesen. Vor uns standen die Kabinen für die Simultanübersetzungen, die die Fernsehzuschauer nicht sehen konnten. Fast ein Dutzend Übersetzer der »Extra-Klasse« waren aus London und Brüssel geholt worden, um sich auf die Fernsehsendung vorzubereiten.

Ich kann nicht auf alle Einzelheiten der fast anderthalbstündigen Sendung eingehen; sie verging für mich wie im Fluge. Ich kann mich noch daran erinnern, daß Pleitgen mir ständig Zettel zuschob; darauf stand jeweils, wie viele Minuten die anderen Botschafter noch sprachen.

Moderator Fritz Pleitgen eröffnete die Diskussion mit der Vorbemerkung, man habe, um den zehnten Jahrestag des Viermächte-Abkommens auf die angemessenste Art zu begehen, diejenigen zur Diskussion eingeladen, die damals die Verhandlungen führten. Allein die Tatsache, daß diese ungewöhnliche Diskussion in einer Zeit stattfände, in der die Beziehungen zwischen Ost und West nicht die besten sind, könne man als Zeichen des guten Willens ansehen. Die eingeladenen Herren hätten Geschichte gemacht, indem sie durch das Viermächte-Abkommen einen Gefahrenherd unschädlich machten, wo sich ständig Spannungen zwischen Ost und West sammelten und zuspitzten. Das Abkommen habe große Erleichterungen für die Menschen in der Stadt gebracht. Das Viermächte-Abkommen übe bis jetzt einen bedeutenden Einfluß auf internationaler Ebene aus.

Nun weiß ich nicht, von welchen Überlegungen meine Partner ausgingen, als sie sich zu unserem Treffen im Fernsehstudio bereit erklärten. Ich denke, ihnen war es angenehm, zu einem der aktuellsten internationalen Probleme erneut einen Meinungsaustausch zu führen und Bilanz zu ziehen. Ich wollte meinerseits die Gelegenheit ergreifen, um der Bevölkerung in der BRD und Berlin (West) unsere Position zu den Angelegenheiten um Berlin (West) zu erläutern. Meine damaligen Gedanken haben meines Erachtens ihre Aktualität bis heute nicht verloren und sollten für den deutschen Leser interessant sein.

Ich führe sie in einer gekürzten Form, aber in der Reihenfolge an, in welcher mir die Fragen vom Moderator gestellt wurden. Zunächst spielte er auf jene Äußerung an, die ich zehn Jahre zuvor nach der Unterzeichnung des Viermächte-Abkommens gemacht hatte: »Ende gut, alles gut!« und fragte, ob ich noch heute das Abkommen ebenso einschätzen würde.

Meine Antwort: »Es wäre wohl verfrüht, heute im Zusammenhang mit dem funktionierenden Viermächte-Abkommen »alles gut« zu sagen. Man kann aber sagen, daß wir heute wissen, wo der Hase im Pfeffer liegt. Mit anderen Worten: Das Abkommen ist auch jetzt dazu geeignet, einer guten Sache zu dienen. Dank ihm ist es um Berlin (West) in den siebziger Jahren wesentlich ruhiger geworden, als es in den vergangenen Jahrzehnten der Fall war. Das hat die Bevölkerung gespürt, das spürt man auch außerhalb der Stadt. Die Westsektoren Berlins bleiben auch Anfang der achtziger Jahre eine verhältnismäßig ruhige Zone – dank dem Abkommen.«

Pleitgen fragte nach dem Zeitpunkt der damaligen Verhandlungen, warum sie Anfang der siebziger Jahre begonnen und abgeschlossen wurden, nicht früher und nicht später, was meiner Meinung nach der Auslöser dafür gewesen sei und welche Rolle dabei der Moskauer Vertrag zwischen der UdSSR und der BRD gespielt habe.

»Die Zeit selbst drängte das Problem um Berlin (West) auf die Tagesordnung. Schon zu Beginn des Entspannungsdialogs ist allen Beteiligten klargeworden, daß dieses Problem eines der hauptsächlichen Belastungsmomente ist, um aufeinander zugehen zu können. Heute ist es nicht mehr möglich, sich die europäische Entspannung ohne das Viermächte-Abkommen vorzustellen, so wie dieser Entspannungsprozeß zugleich mit den Verträgen und Abkommen der BRD mit der UdSSR, Polen, der ČSSR und der DDR nicht bestehen könnte. Indem die Sowjetunion allen interessierten Seiten empfahl, die Ärmel hochzukrempeln, um das Hindernis, das allen im Wege lag, wegzuräumen, konnte sie ihr Friedensprogramm verwirklichen.

Der Meinungsaustausch zwischen der UdSSR und der BRD über die Normalisierung der Beziehungen zwischen beiden Staaten, der mit der Unterzeichnung des Vertrages vom 12. August 1970 seinen Abschluß fand, half ohne Zweifel, diese schwere Arbeit zu bewältigen. Ich erinnere mich daran, daß die ›Frankfurter Allgemeine Zeitung‹ damals schrieb: ›Die entscheidende Wende in den Verhandlungen begann nach der Unterzeichnung des Moskauer Vertrags.‹ Dem kann man nur zustimmen, da der Vertrag ein wichtiger Beitrag zur Entspannung ist. Er zog eine Bilanz der Nachkriegsperiode in Europa und verankerte zusammen mit den Abkommen der anderen sozialistischen Länder mit der BRD die wichtigsten Ergebnisse des Krieges und der Nachkriegsentwicklung. Man kann eine bekannte Redewendung ein wenig abändern, indem man sagt, daß in den sechziger Jahren die Luft in Europa und in der ganzen Welt noch zu kühl war, so daß es noch verfrüht gewesen wäre, den Dialog über die Schaffung eines so komplizierten und feinen Konstrukts wie das Viermächte-Abkommen zu führen. In den achtziger Jahren wäre es zu spät gewesen, Anfang der siebziger gab es dafür die günstigsten Voraussetzungen.«

Wie Europa und die ganze Welt ohne Viermächte-Abkommen aussehen würde und ob der Weg nach Helsinki auch ohne das Abkommen möglich gewesen wäre, fragte Fritz Pleitgen.

»Ich möchte nicht behaupten, daß Berlin (West) das Zentrum der ganzen Welt ist. Zugleich muß man zugeben, daß die Europäer, wie auch die Menschen auf den anderen Kontinenten nach dem Abschluß des Viermächte-Abkommens begonnen haben, irgendwie ruhiger zu leben. Meiner Meinung nach kann man sich jetzt sehr schwer unsere Welt ohne dieses Abkommen vorstellen. Der Weg nach Helsinki wäre ohne das Abkommen sicher sehr viel länger und schwieriger geworden.

Das in komplizierten und mitunter schweren Verhandlungen ausgearbeitete Viermächte-Abkommen enthält mit seinen

Kompromißlösungen unserer Meinung nach die wichtigsten Elemente der sowjetischen Position: Anerkennung des besonderen völkerrechtlichen Status von Berlin (West), das kein Bundesland der BRD ist, so daß politische Aktivitäten in Berlin (West) gesetzwidrig sind; die Anerkennung der souveränen Rechte der DDR; Wahrnehmung der Interessen der Bevölkerung von Berlin (West) auf dieser Grundlage.

Der wichtigste Grundsatz des Abkommens liegt in der Feststellung, daß die Westsektoren Berlins ›so wie bisher kein Bestandteil der Bundesrepublik Deutschland sind und auch weiterhin nicht von ihr regiert werden‹. Aus diesem Grundsatz folgt nicht nur, daß diese Stadt nicht zum System der Bundesrepublik gehört, sondern auch der klare Auftrag an die BRD, damit zu beginnen, die gesetzwidrige Tätigkeit der Staats-, Parlaments- und Gerichtsorgane in Berlin (West) einzustellen. Die Festlegung des besonderen Status von Berlin (West) bahnte zugleich den Weg für die Lösung praktischer Fragen; neue Regelungen brachten unschätzbare Erleichterungen vor allem für Westberliner Bürger. Ich kann also sagen, daß ich im ganzen mit den Ergebnissen der Verhandlungen zufrieden bin.«

Worum es eigentlich im Abkommen ginge, wo doch von dem entsprechenden Rayon die Rede sei, wollte Pleitgen dann wissen. »Das Viermächte-Abkommen hat zwar einen Kompromißcharakter, es verletzt aber nicht das Prinzip der Anerkennung der politischen Realitäten im modernen Europa. Sein Kernstück besteht wie gesagt in der Festlegung, daß die Stadt nicht zur BRD gehört, die BRD nicht Berlin (West) verwalten kann.

Trotz dieser unmißverständlichen Sachlage versuchen meine Gesprächspartner, wie ich es im übrigen erwartet habe, die Kompromißformeln des Abkommens zu mißbrauchen, um nun schon zum wiederholten Male eine haltlose Rechtsposition zur Frage nach dem sogenannten Viermächtestatus von ›ganz Berlin‹ aufzubauen. Damit wollen sie einerseits die unbestreitbare Zuständigkeit der DDR für ihre Hauptstadt anzweifeln und andererseits von der im Viermächte-Abkommen festgelegten

Realität des bestehenden Viermächtestatus gerade für Berlin (West) ablenken. Ich werde hier die zahlreichen, durch verschiedene westliche Quellen bestätigten Fakten nicht anführen, die davon zeugen, daß es im Abkommen nur um Berlin (West) und ausschließlich um Berlin (West) geht. Die zehnjährige Praxis der Verwirklichung des Abkommens gab uns ständig neue Belege dafür, daß das Abkommen in dieser Periode keinesfalls auf die Hauptstadt der DDR anzuwenden ist. Ich möchte dabei betonen, daß die Unterschrift des Vertreters der Sowjetregierung unter einem Dokument nicht stehen würde, das auch in minimalster Weise die Interessen der souveränen DDR verletzen könnte.

Einige Worte über die Londoner Verhandlungen. Sie werden ausgenutzt, um die vorsätzlich falsche These von irgendeinem ›besonderen‹ Status Berlins, sogar von der ›fünften‹ Besatzungszone Deutschlands zu beweisen. Ich kann mich nicht über diese Behauptungen meiner Kollegen hinwegsetzen. Die historische Wahrheit besteht darin, daß Berlin in keinem Abkommen der Kriegs- und Nachkriegszeit aus der sowjetischen Besatzungszone ausgesondert wurde. Die Truppen der Westmächte erschienen in der Stadt nicht deshalb, weil die drei Mächte, wie sie behaupten, ein ursprüngliches Recht auf den Aufenthalt in der Stadt hatten, das vom Willen der Sowjetunion unabhängig war, sondern weil sie entsprechend der unterzeichneten Abkommen in der Stadt zugelassen wurden, um die in Potsdam gestellten Aufgaben zur Schaffung eines einheitlichen, friedliebenden, demokratischen Deutschlands zu erfüllen und um diesbezüglich an der Verwaltung Berlins teilzunehmen.

Die Fälschung besteht darin, daß man im Westen die Übergabe jenes Teiles der Rechte der UdSSR zur Verwaltung Berlins durch die angebliche Übergabe der Oberbefehlsrechte über die sowjetische Besatzungszone ersetzen will. Es ging ja im Londoner Abkommen ebenfalls um die gemeinsame Verwaltung von ›Groß-Berlin‹, das zur sowjetischen Besatzungszone gehört. Es ging in der Sprache der Juristen um eine Zession, um die Abtretung der Verwaltung, und nicht um die

Abtretung des Oberbefehls, was gar nicht möglich ist. Im Vier-mächte-Abkommen ist daher die Rede von jenem Stadtteil, der nach dem Krieg von den drei Westmächten gesetzwidrig von Berlin abgespalten und zur Quelle der permanenten Spannungen im Zentrum Europas wurde.

Der Gebrauch der Formulierung ›entsprechendes Rayon‹ sowie der anderen Kompromißformeln im Text des Abkommens wurde erforderlich, weil man sich über das zentrale Problem, die Bestimmung von Berlin (West) als besonderes politisches Gebilde auf der ›Entspannungskarte‹ in Europa mit allen entsprechenden Folgen einigen wollte.«

Dann richtete sich Pleitgens Interesse auf die Verhandlungen von damals: Worin damals die Hauptprobleme bestanden hätten, und ob es Krisensituationen im Verlauf der Verhandlungen gab, zu welchen Fragen die sowjetische Seite Zugeständnisse gemacht habe, und wo Kompromisse erreicht wurden, und schließlich, ob es auch Momente gegeben habe, in denen ich dachte, die Verhandlungen könnten scheitern.

»Die Hauptprobleme bestanden in der Bestimmung des möglichen Umfangs bzw. der ›Grenzen‹ der bestehenden Übereinstimmung der vier Seiten sowie in der Suche nach Wegen, die zum Erfolg führen konnten, ohne die grundsätzlichen Positionen der Beteiligten anzugreifen. Was die letzte Frage betrifft, so dachte ich während der Verhandlungen nie daran, daß sie scheitern würden. Ich zweifelte keine Sekunde daran, daß sie mit der Unterzeichnung des Abkommens enden würden – den guten Willen aller vorausgesetzt.

Aus dem Wortlaut des Abkommens ist ersichtlich, in welchen Fragen die Partner Zugeständnisse gemacht haben und wo Kompromisse erreicht wurden. Ich möchte auf etwas anderes hinweisen: Das ganze Paket des Abkommens ist ein vernünftiger, sehr feiner, genau abgewogener Kompromiß, bei dem die Interessen der Seiten ausbilanziert wurden und alle gewonnen haben. Ich wünschte, daß auch die derzeitigen komplizierten internationalen Probleme, wie es oft von der Sowjetunion vorgeschlagen wurde, am Verhandlungstisch auf einer gegenseitig annehmbaren Grundlage gelöst würden – ohne sinnlose Suche nach einseitigen Zugeständnissen oder Vorteilen dieser oder jener Seite.«

Was ich heute anders tun würde, wenn die Verhandlungen zur selben Frage nochmals geführt werden würden, ob ich dazu besondere Wünsche hätte, fragte mich Pleitgen.

»Man sagt, man kann nicht zweimal ein und denselben Strom betreten. Würden die Verhandlungen über eine vierseitige Vereinbarung jetzt geführt, hätte die allgemeine internationale Lage dies bewirkt. Ich hätte dann in der gegebenen Etappe mit größerer Hartnäckigkeit nach den Wegen gesucht, um eine gegenseitig annehmbare Regelung zu finden und zur Entspannungspolitik zurückzukehren; im größeren politischen Kontext führen dazu die Friedens-Initiativen des XXVI. Parteitages der KPdSU. Was mich persönlich betrifft, hätte ich mir kaum erfahrenere Kollegen für die Verhandlungen gewünscht, mit denen ich zwischen 1970 und 1971 letztlich eine gemeinsame Sprache gefunden habe.«

Dann wollte Pleitgen wissen, ob ich im Laufe der Verhandlungen Kontakte zu meinen Partnern auch außerhalb der gemeinsamen Sitzungen pflegte. »Ich kann heute gestehen, daß wir uns im Laufe der langen und komplizierten Verhandlungen nicht so sehr langweilten, daß wir uns außerhalb des Kontrollratsgebäudes nicht treffen wollten. Solche Kontakte waren üblich. Auf jeden Fall haben sie in bedeutendem Maße günstige Atmosphäre geschaffen und letzten Endes zum Erfolg der Verhandlungen geführt. Mit solchen Treffen sind angenehme, mitunter auch kuriose Erinnerungen verbunden. So hat an einem heißen Tag einer von meinen Partnern auf dem See seine Fähigkeiten im Schwimmen demonstriert, obwohl er, soweit ich unterrichtet bin, zur Moskauer Olympiade nicht mitgenommen wurde.«

Auch über meine Verhandlungspartner wurde ich befragt, welche Eigenschaften ich bei ihnen geschätzt habe, in welchen Fragen sie engstirnig bzw. kleinlich gewesen wären, was vielleicht den konstruktiven Ablauf der Verhandlungen verhinderte.

»Wenn wir uns schon im Laufe von dreiunddreißig zermürbenden Sitzungen nicht zerstritten haben, so gelingt es Ihnen, Herr Pleitgen, jetzt auch nicht, uns auseinanderzubringen . . . Ich gestehe, daß mich vor zehn Jahren manch eine Charaktereigenschaft meiner Partner reizte. Ich war ihnen sicher auch nicht immer angenehm. Aber nachdem wir durch gemeinsame Anstrengungen zum Erfolg kamen, empfand ich meine Kollegen als Menschen, ohne Fehl und Tadel.

Um wieder ernst zu werden, so möchte ich doch betonen, daß neben den menschlichen Eigenschaften der Teilnehmer an der Verhandlung auch so eine ›Kleinigkeit‹ wie der Wunsch des jeweiligen Staates entscheidend ist, um zu einer Einigung zu kommen. Sturheit bzw. Kleinlichkeit des Botschafters bzw. jedes anderen Vertreters bei den Verhandlungen ist natürlich unerfreulich, aber letzten Endes nicht das Wichtigste. Die Engstirnigkeit in der politischen Linie der Staaten ist schon eine ernste und sogar gefährliche Sache. Alle vier Seiten demonstrierten vor zehn Jahren den guten Willen und den Wunsch, sich zu einigen. Ich beneide aber nicht jene Vertreter von Staaten, die, wenn sie auch selber zahm wie die Schäflein sind, die Instruktionen ihrer Regierungen zu Verhandlungen mitbringen, in denen alles im voraus abgelehnt wird.«

Dann stellte Pleitgen die ganz wichtige Frage nach dem Funktionieren des Viermächte-Abkommens, wie ich dies sehen würde und welche Verletzungen des Abkommens bzw. Versuche, das Abkommen zu umgehen, die sowjetische Seite fixiert habe.

»Das Abkommen funktioniert nach meinem Dafürhalten befriedigend und erfüllt im ganzen seine wichtigste Funktion, indem es der Entstehung neuer Komplikationen in den Angelegenheiten um Berlin (West) vorbeugt. Es wäre gleichzeitig ein unverzeihlicher Fehler, besonders zum gegenwärtigen Zeitpunkt, da die Entspannungsgegner stärker werden, die Augen davor zu verschließen, daß man nach wie vor Versuche startet, zentrale Punkte des Viermächte-Abkommens wie die Nichtzugehörigkeit von Berlin (West) zur BRD zu unterlaufen. Es wurde sogar ein ganzes System von Maßnahmen ausgearbeitet, um das Abkommen zugunsten der Entspannungsgegner zu

›korrigieren‹. Man könnte sicher einen ganzen Katalog von direkten und indirekten, heimlichen und offenen Verletzungen des Abkommens aufstellen. Ein Teil dieser Verletzungen und unsere Reaktionen darauf wurden jedenfalls in dem Sammelband veröffentlicht, der gemeinsam von den Ministerien für Auswärtige Angelegenheiten der UdSSR und der DDR herausgebracht wurde. (UdSSR–DDR. 30 Jahre Beziehungen 1949–1979. Dokumente und Materialien. Moskau 1981).

Jeder muß wissen, daß die UdSSR und die DDR jede Untergrabung des Viermächte-Abkommens verfolgen, das, wie ich nochmals betonen möchte, einen außerordentlich präzise abgewogenen politischen Mechanismus darstellt, in dem alle Details fein aufeinander abgestimmt sind. Eine leichtsinnige bzw. vorsätzlich gewissenlose Einstellung zu diesem Mechanismus kann ihn außer Kraft setzen, und dann würde kaum eine Hoffnung auf seine Wiederherstellung bestehen.«

Schließlich wollte Pleitgen wissen, welche Rolle heute meiner Meinung nach das »entsprechende Rayon« (nach sowjetischer Auslegung ›Westberlin‹, nach westlicher Auslegung ›Berlin‹) im System der internationalen Beziehungen spielt.

»Westberlin kann und soll seinen Beitrag zur wichtigen und gerechten Sache der gegenseitigen Verständigung zwischen den europäischen Völkern leisten, da es inzwischen kein weißer Fleck mehr auf der Karte der Entspannung ist. Was ist dafür notwendig? Vor allem strikte Einhaltung und vollständige Verwirklichung des Viermächte-Abkommens. Nur unter dieser Bedingung kann es effektiv funktionieren, ohne einen Anlaß für Mißverständnisse zu bieten. Die Übereinstimmung zwischen den vielen Staaten orientiert alle interessierten Seiten darauf, geleitet von den Prinzipien des guten Willens und der gegenseitigen Achtung, im ›entsprechenden Rayon‹ für Ruhe und Entspannung zu sorgen und Reibungen und Komplikationen nicht entstehen zu lassen.

Ist das keine gute Grundlage für die Lösung anderer komplizierter internationaler Probleme? Man darf nicht zulassen, daß mit Mühe aufgestellte Beziehungen gebrochen werden. Es ist wünschenswert, daß sie lange andauern, daß aus einzelnen

Regelungen eine stabile umfassende Zusammenarbeit im Interesse der Entspannung und gegen das Wettrüsten, im Interesse des Friedens und der internationalen Sicherheit entsteht.«

Zuletzt stellte Pleitgen fest, daß das Viermächte-Abkommen nicht befristet sei, da es in seinem Wortlaut keine Klausel über die Einstellung seiner Gültigkeit gibt; ob dieses Abkommen meines Erachtens den internationalen Krisen standhielte, von denen wir gerade eine erlebten, und welche Bedeutung es in der Zukunft haben würde, fragte er. »Das Viermächte-Abkommen kann meiner Meinung nach den internationalen Krisen standhalten und sie gewissermaßen lindern, wenn es strikt und zuverlässig eingehalten wird. Man darf nicht vergessen, daß das Abkommen im Lichte der Entspannung entstand. Es braucht daher seine Wärme und nicht, bildlich gesprochen, die Luft des kalten Krieges und des Wettrüstens. Man darf nicht vergessen, daß die neuen amerikanischen Raketen, falls sie in Westeuropa stationiert werden, nicht nur gegen die DDR, sondern auch gegen Berlin (West) und dadurch gegen das Viermächte-Abkommen gerichtet werden. Man muß sich im klaren darüber sein, daß die UdSSR und ihre Verbündeten genügend Mittel haben, um die provokativen Schritte der NATO, die von Übersee initiiert sind, entsprechend zu beantworten. Die Sowjetunion orientiert sich jedoch nicht an dieser Entwicklung. Unser Kurs ist nach wie vor auf die Entspannung, auf die Verhinderung des Wettrüstens gerichtet. Das Friedensprogramm des XXVI. Parteitages der KPdSU zeugt davon.

Und noch eine Bemerkung. Ich konnte im Mai 1945 in Berlin sein. Ich sah die tote Stadt, den zerstörten Kurfürstendamm. Welch enorme Arbeit hat es gekostet, Berlin (West) aus den Ruinen wieder aufzubauen und aus ihm eine blühende, schöne Stadt zu machen! Ich möchte aufrichtig sagen: keiner meiner 265 Millionen Landsleute will das ›entsprechende Rayon‹ als tote Stadt sehen.

Und nehmen wir das Viermächte-Abkommen. Welche Meinungsunterschiede mußten wir überwinden, bevor wir einig geworden waren! Das beweist nochmals, daß infolge der hartnäckigen Arbeit und besonders mit gutem Willen alles möglich ist. Die Sowjetunion legt zur Zeit nicht weniger guten Willen als vor zehn Jahren an den Tag. Ich meine, daß auch unsere westlichen Partner ebenso handeln sollten.«

Ich war todmüde, als ich abends nach Hause kam, und konnte dennoch nicht einschlafen. In meinem Kopf flimmerte es noch immer von den Scheinwerfern, ich sah die Gesichter der Diskussionspartner vor mir und hörte Satzfetzen. Am nächsten Tag klingelte unaufhörlich das Telefon. Es waren meine deutschen Freunde, die die Sendung gut fanden und mir für die Verteidigung unserer gemeinsamen Positionen und der Interessen der DDR danken wollten. Auch meine Kollegen, die Botschafter der sozialistischen Staaten, der Entwicklungsländer und einiger westlicher Staaten in der DDR, riefen ebenfalls an. Schließlich erhielt ich viele Zuschauerbriefe zugesandt. Eine Frau aus Düsseldorf schrieb mir: »Es ist gut, daß die Vertreter der vier Mächte, von denen das Schicksal der Welt maßgeblich abhängt, an einem Tisch zusammenkommen, um wichtige Probleme friedlich zu besprechen. Man möchte, daß sich so etwas öfter wiederholt. Ich danke Ihnen für Ihre lebhaften, warmen Worte zur Verteidigung der Position Ihrer Regierung, ich habe Ihnen in vielem geglaubt.«

Und dann die Pressereaktionen. Die »Frankfurter Allgemeine Zeitung« betonte: »Im Programm hatte es sich wie eine langweilige Pflichtübung zu bester Sendezeit gelesen, aber es wurde spannend.

(...) Da saßen sie, etwas gealtert, wieder an einem Tisch – das war viel. Es gab dem Ost-Berliner ARD-Korrespondenten Pleitgen, der die Sendung mit Sachkunde und Gespür über die angesetzten fünfviertel Stunden brachte, Anlaß zu einem freundlichen Wort für Abrassimow: ›Mein Respekt, daß Sie hier sind.‹ Aber darüber hinaus gab es für den Ost-Berliner Sowjetbotschafter keine Vorzugsbehandlung außer in puncto Redezeit. Er bekam – einer gegen drei – etwas mehr.«

Im weiteren führte die Zeitung aus:

»Gleich zu Anfang hatte Abrassimow zur Kenntnis nehmen müssen, daß seine westlichen Gesprächspartner 1981 ebenso wie 1971 darauf beharrten, ein Berlin-Abkommen und nicht ein ›Abkommen zu Westberlin‹, wie die Sowjetunion es haben will, ausgehandelt zu haben. Achtundvierzigmal seien in ihm, protestierte er, die Westsektoren erwähnt und kein einziges Mal ›Berlin‹.

(...) Daß er das Funktionieren des Abkommens nur mit der Note ›befriedigend‹ versah – westliche Gesprächspartner gaben die Note ›gut‹ oder ›sehr gut mit Vorbehalt‹ –, vervollständigt den Eindruck einer Realdiskussion, für die dem ersten Programm zu danken war.«

Der inzwischen verstorbene Matthias Walden, bekannt durch seine antikommunistischen Anschauungen, berichtete in der Springerzeitung »Berliner Morgenpost« und machte in seinem haßerfüllten Artikel ein höchst denkwürdiges Geständnis:

»Der Geburtsfehler des Abkommens wurde sichtbar: Substantiell ging es nur um Berlin (West) und nicht um Berlin (Ost) – dieses Ungleichgewicht, das dem Sowjetsektor Berlins schließlich zu seinem von den West-Mächten geduldeten, mit dem Vier-Mächte-Status nicht zu vereinbarenden ›Rang‹ als ›Hauptstadt der DDR‹ verholfen hatte, machte den grünen Tisch nun wieder zur schiefen Ebene.«

Solche Bemerkungen kann man nicht oft lesen; genauso, wie die folgende Feststellung:

»Und wer Abrassimow auf dem Fernsehschirm beobachtete, bekam Anschauungsunterricht in sowjetischer Massivität und Rigorosität. Sie hat – unter anderem – ja auch dazu geführt, daß nicht gewagt wurde, eine deutsche Nationalstiftung in Berlin anzusiedeln und daß die Stifter stiften gingen.«

Und dies ist die Wirklichkeit; die Haltung der sowjetischen Seite, die dem Geist und dem Buchstaben des Abkommens entspricht, verhinderte in der Tat die Realisierung der geplanten gesetzeswidrigen Unterbringung dieser Institution in Berlin (West).

*

In dieser Diskussionsrunde wurden außer den Fragen, die sich auf die Regelung über Berlin (West) beziehen, auch, wenn auch mittelbar, die allgemein gültigen Aspekte der modernen internationalen Beziehungen angedeutet. Der sowjetische Standpunkt zur Verhandlungsführung über die umstrittenen politischen Fragen wurde dargelegt. Ich habe immer wieder versucht, breite Bevölkerungskreise in den westlichen Ländern mit den außenpolitischen Aktivitäten unseres Landes bekanntzumachen, wie sie von reaktionären Kreisen dieser Länder und ihrer bürgerlichen Presse bewußt entstellt werden. Die Pflicht jedes sowjetischen Diplomaten besteht darin, die antisowjetischen Erfindungen zu entlarven und die auf ein friedliches Zusammenleben ausgerichtete sowjetische Außenpolitik deutlich zu machen. Wenn er eine solche Möglichkeit hat, muß er alles tun, um so das politische Klima auf dieser Erde ständig zu verbessern.

So verteidigte ich in meinen Beiträgen in der Presse, im Rundfunk und im Fernsehen entschlossen unsere Position und erteilte den falschen und verfälschten westlichen Einschätzungen unserer Innen- und Außenpolitik, der sowjetisch-amerikanischen Beziehungen, der Verhandlungen in Genf sowie der Probleme der Mittelstreckenwaffen in Europa eine Abfuhr. Ich verteidigte die Vorschläge der sozialistischen Länder auf dem Madrider Treffen, die Regelung des Afghanistanproblems sowie unsere Initiativen zur Sicherung des Friedens am Persischen Golf, zu den Ereignissen in Polen und den Beziehungen zwischen den beiden deutschen Staaten. Alle Fragen kann man nicht aufzählen, geschweige denn auf ihren Inhalt eingehen. Ich verbleibe nur bei einer Frage, der Perspektive der Beziehungen zwischen Ost und West.

Von einem Korrespondenten des westdeutschen Fernsehens wurde mir Anfang 1981 folgende Frage gestellt: »Sie sind 1945 in das zerstörte Berlin gekommen. Seitdem sind Sie – sozusagen in vorderster Front – mit Ost-West-Fragen konfrontiert. Ist für Sie die Bilanz seit dem Krieg enttäuschend? Sehen Sie gerade in den letzten Jahren die Gefahr einer Konfrontation wachsen oder glauben Sie nach wie vor an gute Möglichkeiten für eine friedliche Koexistenz?« Ich habe ihm folgendermaßen geantwortet:

»Wir Kommunisten sind Optimisten; von Natur aus. Aber

auch von unserer Weltanschauung und unserer Geschichtsbetrachtung. Tatsächlich kam es nach dem Zweiten Weltkrieg zu 150 bewaffneten Konflikten, von denen viele zu verhindern gewesen wären. Aber das wichtigste ist, daß der tragische Zyklus – Weltkrieg, kurze Friedenspause, Weltkrieg – durchbrochen wurde.

Etwa 36 Jahre lebt bereits die Mehrheit der Menschen auf der Erde im Frieden. Zweifellos haben unserer Meinung nach diejenigen Recht, die zwischen dieser Tatsache und der ständigen Zunahme der Kräfte des Friedens und des Sozialismus, der nationalen Befreiungsbewegung und der Arbeiterbewegung in den letzten Jahrzehnten einen direkten Zusammenhang sehen.

Wir gehen davon aus, daß man den Weltkrieg verhindern kann. Aber dafür ist das Zusammengehen, das entschiedene Handeln aller Friedenskräfte erforderlich.

Eben deshalb hat unser Land mehrmals erklärt, daß wir bereit sind, jeden konstruktiven und realistischen Vorschlag zu erörtern und auch jede Waffenart bei Einhaltung des Prinzips der Gleichheit und der gleichen Sicherheit zu reduzieren. Die KPdSU und die Sowjetregierung handeln beharrlich danach. Gewisse Kreise im Westen haben versucht, den Prozeß der Entspannung zu stoppen. Es ist ihnen nicht gelungen. Davon zeugten im vorigen Jahr die Treffen Leonid Iljitsch Breschnews mit dem Präsidenten Frankreichs und mit dem Bundeskanzler sowie der Indien-Besuch Leonid Breschnews.

Die Verhandlungen in Genf und Wien gehen weiter. Es wird in Madrid gearbeitet. Ost und West entwickeln ihre ökonomischen Beziehungen trotz aller mißlungenen Boykottversuche weiter. Die Zahl der Anhänger konkreter Abrüstungsschritte nimmt zu, übrigens auch in Ihrem Land, wie man gerade in den letzten Tagen sieht.

Ja, ich habe das zerstörte Berlin und ich habe auch die in Ruinenfelder verwandelten sowjetischen Städte, darunter auch meine Heimatstadt Witjebsk gesehen. Ich bin bereits über 20 Jahre im Diplomatischen Dienst und kann mit aller Verantwortung feststellen, daß unser Land alles dafür tut, damit weder die Menschen meiner Generation noch unsere Kinder und Enkel jemals wieder zerstörte Städte sehen müssen. Ich möchte daran glauben, daß dies ein reales und erreichbares Ziel ist.«

Statt eines Nachworts

300 Meter vom Brandenburger Tor entfernt . . . Nur 300 Meter – wie schnell hat man sie heute zurückgelegt. 1945 war das einmal anders.

Und das Gedächtnis? Gehe ich von der Botschaft zum Brandenburger Tor, denke ich an die letzten, die schwierigsten Meter . . . Doch dann kam die friedliche Arbeit, die Schaffensfreude, die Arbeitsleistungen, die internationale Anerkennung als Ergebnis unseres großen Sieges im Mai 1945.

Die erfolgreiche Entwicklung der DDR, das Wachstum ihrer internationalen Autorität, ihr enges Bündnis mit der UdSSR und den anderen Ländern der sozialistischen Staatengemeinschaft ist das beste Denkmal für die Pioniere der kommunistischen Bewegung in Deutschland, für alle deutschen Antifaschisten. Und es ist das beste Denkmal für die Sowjetsoldaten, die in den Kämpfen für die Befreiung des deutschen Volkes gefallen sind.

Während meiner 25jährigen diplomatischen Tätigkeit auf dem Posten eines Außerordentlichen und Bevollmächtigten Botschafters der Union der Sozialistischen Sowjetrepubliken habe ich mehrmals den Augenblick des Abschieds von der Vergangenheit erleben müssen. Der aufmerksame Leser wird sich an einige dieser Augenblicke erinnern. Doch die Abreise an jenem Maitag des Jahres 1983 berührte mich ganz besonders. Wie herzlich verabschiedeten mich meine deutschen Freunde, meine Kollegen aus der Botschaft und aus dem diplomatischen Korps – Zivilisten und Militärangehörige und viele andere Freunde und Kameraden.

Dieser Maitag war auch für mich persönlich ein besonderer Tag. Ringsherum herrschte das Treiben der Abreise, ich wollte allen, mit denen ich gearbeitet und mich getroffen, mit denen ich alle Freuden und Probleme des diplomatischen Dienstes geteilt hatte, etwas Herzliches sagen. Auf dem Flugfeld heulten die Flugzeugmotoren auf. Maschinen landeten und flogen ab. Ganz in der Nähe liefen die Triebwerke jenes sowjetischen Flugzeuges warm, das mich aus dem Land, das für mich jahrelang zum Ort meiner Arbeit und meines Lebens geworden war, wegbringen sollte.

Auf einmal ertappte ich mich, wie ich weder an die Vergangenheit noch an meine Abreise und nicht einmal an das Flugzeug dachte, dessen Gangway ich einige Minuten später besteigen würde. Meine Gedanken hatten schon das schnellste Flugzeug überholt. Sie waren schon zu Hause. In Moskau. Ich wußte bereits, welche Arbeit mich dort erwartete. Alle Gedanken galten dem neuen Kapitel meines Lebens, der neuen wichtigen Arbeit, die mir die Partei anvertraut hatte.

Seit kurzem ist es mir nun wieder vergönnt, in die Rolle eines Botschafters zu schlüpfen, ich konnte erneut die feierliche Zeremonie der Überreichung der Beglaubigungsschreiben mitmachen und einen jener unvergeßlichen Augenblicke erleben, in denen man sich mit den großen Taten seiner Heimat besonders stark identifiziert, Augenblicke, die zum Leben eines jeden gehören, dem anvertraut wurde, die Heimat im Ausland zu vertreten. Und ich danke dem Schicksal, das mir das einmalige Glück geschenkt hat, diese Augenblicke des vollen und freudigen Einsseins mit der Heimat, die Augenblicke der großen Verantwortung für ihr Gedeihen und für ihr hohes Ansehen in der ganzen Welt erleben zu können.

Anhang

Das Viermächte-Abkommen über Berlin (West)
3. September 1971

Die Regierungen der Union der Sozialistischen Sowjetrepubliken, des Vereinigten Königreiches von Großbritannien und Nordirland, der Vereinigten Staaten von Amerika und der Französischen Republik,

vertreten durch ihre Botschafter, die in dem früher vom Alliierten Kontrollrat benutzten Gebäude im amerikanischen Sektor Berlins eine Reihe von Sitzungen abgehalten haben,

handelnd auf der Grundlage ihrer vierseitigen Rechte und Verantwortlichkeiten und der entsprechenden Vereinbarungen und Beschlüsse der vier Mächte aus der Kriegs- und Nachkriegszeit, die nicht berührt werden;

unter Berücksichtigung der bestehenden Lage in dem betreffenden Gebiet;

von dem Wunsch geleitet, zu praktischen Verbesserungen der Lage beizutragen;

unbeschadet ihrer Rechtspositionen,

haben folgendes vereinbart:

Teil I Allgemeine Bestimmungen

1. Die vier Regierungen werden bestrebt sein, die Beseitigung von Spannungen und die Verhütung von Komplikationen in dem betreffenden Gebiet zu fördern.

2. Unter Berücksichtigung ihrer Verpflichtungen nach der Charta der Vereinten Nationen stimmen die vier Regierungen darin überein, daß in diesem Gebiet keine Anwendung oder Androhung von Gewalt erfolgt und daß Streitigkeiten ausschließlich mit friedlichen Mitteln beizulegen sind.

3. Die vier Regierungen werden ihre individuellen und gemeinsamen Rechte und Verantwortlichkeiten, die unverändert bleiben, gegenseitig achten.

4. Die vier Regierungen stimmen darin überein, daß ungeachtet der Unterschiede in den Rechtsauffassungen die Lage, die sich in diesem Gebiet entwickelt hat und wie sie in diesem Abkommen sowie in den anderen in diesem Abkommen genannten Vereinbarungen definiert ist, nicht einseitig verändert wird.

Teil II Bestimmungen, die die Westsektoren Berlins betreffen

A. Die Regierung der Union der Sozialistischen Sowjetrepubliken erklärt, daß der Transitverkehr von zivilen Personen und Gütern zwischen den Westsektoren Berlins und der Bundesrepublik Deutschland auf Straßen, Schienen- und Wasserwegen durch das Territorium der Deutschen Demokratischen Republik ohne Behinderungen sein wird; daß dieser Verkehr erleichtert werden wird, damit er in der einfachsten und schnellsten Weise vor sich geht; und daß er Begünstigung erfahren wird.

Die diesen zivilen Verkehr betreffenden konkreten Regelungen, wie sie in Anlage I niedergelegt sind, werden zwischen den zuständigen deutschen Behörden vereinbart.

B. Die Regierungen der Französischen Republik, des Vereinigten Königreiches und der Vereinigten Staaten von Amerika erklären, daß die Verbindungen zwischen den Westsektoren Berlins und der Bundesrepublik Deutschland aufrechterhalten und entwickelt werden, wobei sie berücksichtigen, daß diese Sektoren so wie bisher kein Bestandteil der Bundesrepublik Deutschland sind und auch weiterhin nicht von ihr regiert werden.

Konkrete Regelungen, die das Verhältnis zwischen den Westsektoren Berlins und der Bundesrepublik Deutschland betreffen, sind in Anlage II niedergelegt.

C. Die Regierung der Union der Sozialistischen Sowjetrepubliken erklärt, daß die Kommunikationen zwischen den

Westsektoren Berlins und Gebieten, die an diese Sektoren grenzen, sowie denjenigen Gebieten der Deutschen Demokratischen Republik, die nicht an diese Sektoren grenzen, verbessert werden. Personen mit ständigem Wohnsitz in den Westsektoren Berlins werden aus humanitären, familiären, religiösen, kulturellen oder kommerziellen Gründen oder als Touristen in diese Gebiete reisen und sie besuchen können, und zwar unter Bedingungen, die denen vergleichbar sind, die für andere in diese Gebiete einreisende Personen gelten.

Die Probleme der kleinen Enklaven einschließlich Steinstükkens und anderer kleiner Gebiete können durch Gebietsaustausch gelöst werden.

Konkrete Regelungen, die die Reisen, die Kommunikationen und den Gebietsaustausch betreffen, wie in Anlage III niedergelegt, werden zwischen den zuständigen deutschen Behörden vereinbart.

D. Die Vertretung der Interessen der Westsektoren Berlins im Ausland und die konsularische Tätigkeit der Union der Sozialistischen Sowjetrepubliken in den Westsektoren Berlins können, wie in Anlage IV niedergelegt, ausgeübt werden.

Teil III Schlußbestimmungen

Dieses Viermächte-Abkommen tritt an dem Tage in Kraft, der in einem Viermächte-Schlußprotokoll festgelegt wird, das abzuschließen ist, sobald die in Teil II dieses Viermächte-Abkommens und in seinen Anlagen vorgesehenen Maßnahmen vereinbart worden sind.

Geschehen in dem früher vom Alliierten Kontrollrat benutzten Gebäude im amerikanischen Sektor Berlins am 3. September 1971, in vier Urschriften, jede in russischer, englischer und französischer Sprache, wobei jeder Wortlaut gleichermaßen verbindlich ist.

Für die Regierung der Union der Sozialistischen Sowjetrepubliken
Pjotr A. Abrassimow

Für die Regierung des Vereinigten Königreiches von Großbritannien und Nordirland
    R. W. Jackling

Für die Regierung der Vereinigten Staaten von Amerika
    Kenneth Rush

Für die Regierung der Französischen Republik
    Jean V. Sauvagnargues

Anlage I

Mitteilung der Regierung der Union der Sozialistischen Sowjetrepubliken an die Regierungen der Französischen Republik, des Vereinigten Königreiches und der Vereinigten Staaten von Amerika

Die Regierung der Union der Sozialistischen Sowjetrepubliken hat die Ehre, unter Bezugnahme auf Teil II Abschnitt A des Viermächte-Abkommens vom heutigen Tage und nach Konsultationen und in Übereinkunft mit der Regierung der Deutschen Demokratischen Republik den Regierungen der Französischen Republik, des Vereinigten Königreiches und der Vereinigten Staaten von Amerika folgendes mitzuteilen:

1. Der Transitverkehr von zivilen Personen und Gütern zwischen den Westsektoren Berlins und der Bundesrepublik Deutschland auf Straßen, Schienen- und Wasserwegen durch das Territorium der Deutschen Demokratischen Republik wird erleichtert werden und ohne Behinderungen sein. Er wird in der einfachsten, schnellsten und günstigsten Weise erfolgen, wie es in der internationalen Praxis vorzufinden ist.

2. In Übereinstimmung damit:

a) können für die Beförderung von zivilen Gütern auf Straßen, Schienen- und Wasserwegen zwischen den Westsektoren Berlins und der Bundesrepublik Deutschland vor der Abfahrt verplombte Transportmittel benutzt werden. Die Kontrollverfahren werden auf die Prüfung der Plomben und der Begleitdokumente beschränkt werden;

b) werden bei Transportmitteln, die nicht verplombt werden können, wie zum Beispiel offene Lastwagen, die Kontrollverfahren auf die Prüfung der Begleitdokumente beschränkt werden. In besonderen Fällen, in denen hinreichende Verdachtsgründe dafür vorliegen, daß nichtverplombte Transportmittel Materialien enthalten, die zur Verbreitung auf den vorgesehenen Wegen bestimmt sind, oder daß sich in ihnen Personen oder Materialien befinden, die auf diesen Wegen aufgenommen worden sind, kann der Inhalt der nichtverplombten Transportmittel geprüft werden. Die Verfahren zur Behandlung derartiger Fälle werden zwischen den zuständigen deutschen Behörden vereinbart;

c) können für Reisen zwischen den Westsektoren Berlins und der Bundesrepublik Deutschland durchgehende Züge und Autobusse benutzt werden. Die Kontrollverfahren umfassen außer der Identifizierung von Personen keine anderen Formalitäten;

d) werden Personen, die als Transitreisende identifiziert sind und individuelle Transportmittel zwischen den Westsektoren Berlins und der Bundesrepublik Deutschland auf den für den Durchgangsverkehr vorgesehenen Wegen benutzen, zu ihrem Bestimmungsort gelangen können, ohne individuelle Gebühren und Abgaben für die Benutzung der Transitwege zu zahlen. Die Verfahren, die auf solche Reisende Anwendung finden, werden keine Verzögerungen mit sich bringen. Die Reisenden, ihre Transportmittel und ihr persönliches Gepäck werden nicht der Durchsuchung und der Festnahme unterliegen oder von der Benutzung der vorgesehenen Wege ausgeschlossen werden, außer in besonderen Fällen, wie das zwischen den zuständigen deutschen Behörden vereinbart werden kann, in denen hinreichende Verdachtsgründe bestehen, daß ein Mißbrauch der Transitwege für Zwecke beabsichtigt ist, die nicht mit der direkten Durchreise von und nach den Westsektoren Berlins in Zusammenhang stehen und die den allgemein üblichen Vorschriften bezüglich der öffentlichen Ordnung zuwiderlaufen;

e) kann eine entsprechende Kompensation für Abgaben,

Gebühren und andere Kosten, die den Verkehr auf den Verbindungswegen zwischen den Westsektoren Berlins und der Bundesrepublik Deutschland betreffen, einschließlich der Instandhaltung der entsprechenden Wege, Einrichtungen und Anlagen, die für diesen Verkehr benutzt werden, in Form einer jährlichen Pauschalsumme erfolgen, die von der Bundesrepublik Deutschland an die Deutsche Demokratische Republik gezahlt wird.

3. Regelungen zur Durchführung und Ergänzung der in den Absätzen 1 und 2 genannten Bestimmungen werden zwischen den zuständigen deutschen Behörden vereinbart.

Anlage II

Mitteilung der Regierungen der Französischen Republik, des Vereinigten Königreiches und der Vereinigten Staaten von Amerika an die Regierung der Union der Sozialistischen Sowjetrepubliken

Die Regierungen der Französischen Republik, des Vereinigten Königreiches und der Vereinigten Staaten von Amerika beehren sich, unter Bezugnahme auf Teil II Abschnitt B des Viermächte-Abkommens vom heutigen Tage und nach Konsultation mit der Regierung der Bundesrepublik Deutschland der Regierung der Union der Sozialistischen Sowjetrepubliken folgendes mitzuteilen:

1. In Ausübung ihrer Rechte und Verantwortlichkeiten erklären sie, daß die Verbindungen zwischen den Westsektoren Berlins und der Bundesrepublik Deutschland aufrechterhalten und entwickelt werden, wobei sie berücksichtigen, daß diese Sektoren so wie bisher kein Bestandteil der Bundesrepublik Deutschland sind und auch weiterhin nicht von ihr regiert werden. Die Bestimmungen des Grundgesetzes der Bundesrepublik Deutschland und der in den Westsektoren Berlins in Kraft befindlichen Verfassung, die zu dem Vorstehenden in Widerspruch stehen, sind suspendiert worden und auch weiterhin nicht in Kraft.

2. Der Bundespräsident, die Bundesregierung, die Bundesversammlung, der Bundesrat und der Bundestag, einschließlich ihrer Ausschüsse und Fraktionen, sowie sonstige staatliche Organe der Bundesrepublik Deutschland werden in den Westsektoren Berlins keine Verfassungs- oder Amtsakte vornehmen, die in Widerspruch zu Absatz 1 stehen.

3. Die Regierung der Bundesrepublik Deutschland wird in den Westsektoren Berlins bei den Behörden der drei Regierungen und beim Senat durch eine ständige Verbindungsbehörde vertreten sein.

Anlage III

Mitteilung der Regierung der Union der Sozialistischen Sowjetrepubliken an die Regierungen der Französischen Republik, des Vereinigten Königreiches und der Vereinigten Staaten von Amerika

Die Regierung der Union der Sozialistischen Sowjetrepubliken hat die Ehre, unter Bezugnahme auf Teil II Abschnitt C des Viermächte-Abkommens vom heutigen Tage und nach Konsultationen und in Übereinkunft mit der Regierung der Deutschen Demokratischen Republik den Regierungen der Französischen Republik, des Vereinigten Königreiches und der Vereinigten Staaten von Amerika folgendes mitzuteilen:

1. Die Kommunikationen zwischen den Westsektoren Berlins und Gebieten, die an diese Sektoren grenzen, sowie denjenigen Gebieten der Deutschen Demokratischen Republik, die nicht an diese Sektoren grenzen, werden verbessert werden.

2. Personen mit ständigem Wohnsitz in den Westsektoren Berlins werden aus humanitären, familiären, religiösen, kulturellen oder kommerziellen Gründen oder als Touristen in diese Gebiete reisen und sie besuchen können, und zwar unter Bedingungen, die denen vergleichbar sind, die für andere in diese Gebiete einreisende Personen gelten. Zur Erleichterung der oben beschriebenen Besuche und Reisen von Personen mit

ständigem Wohnsitz in den Westsektoren Berlins werden zusätzliche Übergangsstellen eröffnet.

3. Die Probleme der kleinen Enklaven einschließlich Steinstückens und anderer kleiner Gebiete können durch Gebietsaustausch gelöst werden.

4. Die Telefon-, Telegraphen-, Transport- und anderen Verbindungen der Westsektoren Berlins nach außen werden erweitert werden.

5. Regelungen zur Durchführung und Ergänzung der Bestimmungen der Absätze 1 bis 4 werden zwischen den zuständigen deutschen Behörden vereinbart.

Anlage IV/A

Mitteilung der Regierungen der Französischen Republik, des Vereinigten Königreiches und der Vereinigten Staaten von Amerika an die Regierung der Union der Sozialistischen Sowjetrepubliken

Die Regierungen des Vereinigten Königreiches, der Vereinigten Staaten von Amerika und der Französischen Republik beehren sich, unter Bezugnahme auf Teil II Abschnitt D des Viermächte-Abkommens vom heutigen Tage und nach Konsultation mit der Regierung der Bundesrepublik Deutschland der Regierung der Union der Sozialistischen Sowjetrepubliken folgendes mitzuteilen:

1. Die Regierungen der Französischen Republik, des Vereinigten Königreiches und der Vereinigten Staaten von Amerika behalten ihre Rechte und Verantwortlichkeiten hinsichtlich der Vertretung der Interessen der Westsektoren Berlins und ihrer ständigen Einwohner im Ausland, einschließlich der Rechte und Verantwortlichkeiten, die Angelegenheiten der Sicherheit und des Status betreffen, sowohl in internationalen Organisationen als auch in Beziehungen zu anderen Ländern bei.

2. Unbeschadet des Vorstehenden und unter der Voraussetzung, daß Angelegenheiten der Sicherheit und des Status nicht berührt werden, haben sie sich einverstanden erklärt, daß

a) die Bundesrepublik Deutschland die konsularische Betreuung für Personen mit ständigem Wohnsitz in den Westsektoren Berlins ausüben kann;

b) in Übereinstimmung mit den festgelegten Verfahren völkerrechtliche Vereinbarungen und Abmachungen, die die Bundesrepublik Deutschland schließt, auf die Westsektoren Berlins ausgedehnt werden können, vorausgesetzt, daß die Ausdehnung solcher Vereinbarungen und Abmachungen jeweils ausdrücklich erwähnt wird;

c) die Bundesrepublik Deutschland die Interessen der Westsektoren Berlins in internationalen Organisationen und auf internationalen Konferenzen vertreten kann;

d) Personen mit ständigem Wohnsitz in den Westsektoren Berlins gemeinsam mit Teilnehmern aus der Bundesrepublik Deutschland am internationalen Austausch und an internationalen Ausstellungen teilnehmen können. Tagungen internationaler Organisationen und internationale Konferenzen sowie Ausstellungen mit internationaler Beteiligung können in den Westsektoren Berlins durchgeführt werden. Einladungen werden vom Senat oder gemeinsam von der Bundesrepublik Deutschland und dem Senat ausgesprochen.

3. Die drei Regierungen genehmigen die Errichtung eines Generalkonsulates der UdSSR in den Westsektoren Berlins, das gemäß den üblichen in diesen Sektoren geltenden Verfahren bei den entsprechenden Behörden der drei Regierungen zum Zwecke der Ausübung konsularischer Betreuung nach Maßgabe der in einem gesonderten Dokument vom heutigen Tage niedergelegten Bestimmungen akkreditiert wird.

Anlage IV/B

Mitteilung der Regierung der Sozialistischen Sowjetrepubliken an die Regierungen der Französischen Republik, des Vereinigten Königreiches und der Vereinigten Staaten von Amerika

Die Regierung der Union der Sozialistischen Sowjetrepubliken hat die Ehre, unter Bezugnahme auf Teil II Abschnitt D des

Vierseitigen Abkommens vom heutigen Tage und auf die Mitteilung der Regierungen der Französischen Republik, des Vereinigten Königreiches und der Vereinigten Staaten von Amerika, die die Vertretung der Interessen der Westsektoren Berlins und ihrer ständigen Einwohner im Ausland betreffen, den Regierungen der Französischen Republik, des Vereinigten Königreiches und der Vereinigten Staaten von Amerika folgendes mitzuteilen:

1. Die Regierung der Union der Sozialitischen Sowjetrepubliken nimmt die Tatsache zur Kenntnis, daß die drei Regierungen ihre Rechte und Verantwortlichkeiten in bezug auf die Vertretung der Interessen der Westsektoren Berlins und ihrer ständigen Einwohner im Ausland, einschließlich der Rechte und Verantwortlichkeiten, die Angelegenheiten der Sicherheit und des Status betreffen, sowohl in internationalen Organisationen als auch in Beziehungen zu anderen Ländern beibehalten.

2. Unter der Voraussetzung, daß Angelegenheiten der Sicherheit und des Status nicht berührt werden, wird sie ihrerseits keine Einwände haben gegen

a) die Ausübung der konsularischen Betreuung für Personen mit ständigem Wohnsitz in den Westsektoren Berlins durch die Bundesrepublik Deutschland;

b) die Ausdehnung von völkerrechtlichen Vereinbarungen und Abmachungen, die die Bundesrepublik Deutschland schließt, auf die Westsektoren Berlins in Übereinstimmung mit den festgelegten Verfahren, vorausgesetzt, daß die Ausdehnung solcher Vereinbarungen und Abmachungen jeweils ausdrücklich erwähnt wird;

c) die Vertretung der Interessen der Westsektoren Berlins durch die Bundesrepublik Deutschland in internationalen Organisationen und auf internationalen Konferenzen;

d) die Teilnahme von Personen mit ständigem Wohnsitz in den Westsektoren Berlins gemeinsam mit Teilnehmern aus der Bundesrepublik Deutschland am internationalen Austausch und an internationalen Ausstellungen oder die Durchführung von Tagungen internationaler Organisationen und von internationalen Konferenzen sowie Ausstellungen mit internationaler Beteiligung in diesen Sektoren, wobei berücksichtigt wird, daß Einladungen durch den Senat oder gemeinsam durch die Bundesrepublik Deutschland und den Senat ausgesprochen werden.

3. Die Regierung der Union der Sozialistischen Sowjetrepubliken nimmt die Tatsache zur Kenntnis, daß die drei Regierungen der Errichtung eines Generalkonsulates der UdSSR in den Westsektoren Berlins zugestimmt haben. Es wird bei den entsprechenden Behörden der drei Regierungen für die Zwecke und in Übereinstimmung mit den Bestimmungen akkreditiert, die in ihrer Mitteilung genannt und in einem gesonderten Dokument vom heutigen Tage niedergelegt sind.

Vereinbartes Verhandlungsprotokoll I

Es wird davon ausgegangen, daß Personen mit ständigem Wohnsitz in den Westsektoren Berlins zur Erlangung von Einreisevisa für die Union der Sozialistischen Sowjetrepubliken bei entsprechenden sowjetischen Einrichtungen vorlegen:

a) einen Paß, der mit dem Stempel versehen ist: »Ausgestellt in Übereinstimmung mit dem Viermächte-Abkommen vom 3. September 1971«;

b) einen Personalausweis oder ein anderes entsprechend abgefaßtes Dokument, das bestätigt, daß die Person, die das Visum beantragt, ihren ständigen Wohnsitz in den Westsektoren von Berlin hat, und das die volle Anschrift sowie ein Lichtbild enthält.

Während des Aufenthaltes in der Union der Sozialistischen Sowjetrepubliken kann die Person mit ständigem Wohnsitz in den Westsektoren von Berlin, die auf diese Weise ein Visum erhalten hat, nach eigenem Ermessen beide Dokumente oder eines von beiden bei sich haben. Das von einer sowjetischen Einrichtung ausgestellte Visum ist Grundlage für die Einreise in die Union der Sozialistischen Sowjetrepubliken. Der Paß oder der Personalausweis dienen als Grundlage für die konsularische Betreuung in Übereinstimmung mit dem Viermächte-Abkommen während des Aufenthaltes dieser Personen auf dem Territorium der Union der Sozialistischen Sowjetrepubliken.

Mit dem oben genannten Stempel werden alle Pässe versehen, die von Personen mit ständigem Wohnsitz in den Westsektoren von Berlin für Reisen in solche Länder benutzt werden, die das verlangen.

P. A.

J. S.

R. J.

K. R.

3. September 1971

Vereinbartes Verhandlungsprotokoll II

Hiermit wird die Errichtung eines Generalkonsulates der Union der Sozialistischen Sowjetrepubliken in den Westsektoren von Berlin vorgesehen. Es wird davon ausgegangen, daß die Einzelfragen, die dieses Generalkonsulat betreffen, folgendes beinhalten werden:

Das Generalkonsulat wird bei den entsprechenden Behörden der drei Regierungen in Übereinstimmung mit den in diesen Sektoren üblichen Verfahren akkreditiert. Die geltenden alliierten und deutschen Gesetze und Regeln werden auf das Generalkonsulat Anwendung finden. Die Tätigkeit des Generalkonsulates wird konsularischen Charakter tragen und keine politischen Funktionen oder andere Fragen beinhalten, die sich auf die vierseitigen Rechte und Verantwortlichkeiten beziehen.

Die drei Regierungen erklären sich einverstanden, eine Erweiterung der sowjetischen kommerziellen Tätigkeit in den Westsektoren von Berlin, wie nachstehend dargelegt, zu gestatten. Es wird davon ausgegangen, daß die entsprechenden alliierten und deutschen Gesetze und Regeln auf diese Tätigkeit angewandt werden. Diese Genehmigung wird unter

Beachtung der in dieser Niederschrift dargelegten Bestimmungen unbefristet erteilt. Es werden entsprechende Konsultationsmöglichkeiten vorgesehen. Diese Erweiterung der Tätigkeit wird die Errichtung eines »Büros der sowjetischen Außenhandelsvereinigungen in den Westsektoren von Berlin« mit kommerziellem Status einschließen, dem die Genehmigung erteilt wird, im Namen der Außenhandelsvereinigungen der Union der Sozialistischen Sowjetrepubliken Einkäufe und Verkäufe zu tätigen. »Sojuspuschnina«, »Prodintorg« und »Nowoexport« können in den Westsektoren von Berlin je ein Konsignationslager für die Aufbewahrung und Ausstellung ihrer Waren eröffnen. Die Tätigkeit der Vertretung von »Intourist« im britischen Sektor von Berlin kann ausgedehnt werden auf den Verkauf von Fahrkarten und Reisegutscheinen für Einzel- und Gruppenreisen in die Union der Sozialistischen Sowjetrepubliken und in andere Länder. Es kann ein Büro der »Aeroflot« für den Verkauf von Flugkarten und für den Luftfrachtdienst errichtet werden.

Die Entsendung von Mitarbeitern zur Tätigkeit im Generalkonsulat und in den zugelassenen sowjetischen kommerziellen Organisationen wird mit Zustimmung der entsprechenden Behörden der drei Regierungen erfolgen. Die Anzahl der Mitarbeiter wird 20 Sowjetbürger im Generalkonsulat, 20 im Büro der sowjetischen Außenhandelsvereinigungen, je einen in jedem Konsignationslager, 6 in der Vertretung von »Intourist« und 5 im Büro der »Aeroflot« nicht übersteigen. Die Mitarbeiter des Generalkonsulates und der zugelassenen sowjetischen kommerziellen Organisationen und ihre Familienangehörigen können auf der Grundlage individueller Genehmigungen in den Westsektoren von Berlin ihren Wohnsitz haben.

Das Eigentum der Union der Sozialistischen Sowjetrepubliken in der Lietzenburger Straße 11 und Am Sandwerder 1 kann für Zwecke genutzt werden, die zwischen entsprechenden Vertretern der drei Regierungen und der Regierung der Union der Sozialistischen Sowjetrepubliken vereinbart werden.

Einzelheiten der Durchführung der oben genannten Maßnahmen und die zeitliche Reihenfolge ihrer Verwirklichung werden zwischen den vier Botschaftern in der Zeit zwischen der Unterzeichnung des Vierseitigen Abkommens und der Unterzeichnung des in diesem Abkommen vorgesehenen vierseitigen Abschlußprotokolls vereinbart.

P. A.

J. S.

R. J.

3. September 1971   K. R.

Note

Die Botschafter der Französischen Republik, des Vereinigten Königreiches von Großbritannien und Nordirland und der Vereinigten Staaten von Amerika haben die Ehre, unter Bezugnahme auf die Erklärungen, die in der Anlage II zum Vierseitigen Abkommen, das am heutigen Tage unterzeichnet wird, enthalten sind und die Beziehungen zwischen der Bundesrepublik Deutschland und den Westsektoren von Berlin betreffen, dem Botschafter der Union der Sozialistischen Sowjetrepubliken ihre Absicht mitzuteilen, an den Bundeskanzler der Bundesrepublik Deutschland unmittelbar nach Unterzeichnung des Vierseitigen Abkommens ein Schreiben zu richten, das Klarstellungen und Auslegungen enthält, die das wiedergeben, was ihre Regierungen unter den in Anlage II des Viermächte-Abkommens enthaltenen Erklärungen verstehen.

Eine Kopie dieses Schreibens, das dem Bundeskanzler der Bundesrepublik Deutschland übersandt wird, ist dieser Note beigefügt.

Die Botschafter benutzen diese Gelegenheit, um dem Botschafter der Union der Sozialistischen Sowjetrepubliken erneut die Versicherung ihrer vorzüglichen Hochachtung auszudrücken.

J. Sauvagnargues

R. Jackling

K. Rush   3. September 1971

Schreiben der drei Botschafter an den Bundeskanzler der Bundesrepublik Deutschland betreffend die Auslegung der Anlage II

Exzellenz,

unter Bezugnahme auf das Viermächte-Abkommen, das am 3. September 1971 unterzeichnet wurde, möchten unsere Regierungen mit diesem Schreiben der Regierung der Bundesrepublik Deutschland folgende Klarstellungen und Auslegungen der Erklärungen mitteilen, die in Anlage II enthalten sind, welche Gegenstand der Konsultationen mit der Regierung der Bundesrepublik Deutschland während der Viermächte-Verhandlungen war.

Diese Klarstellungen und Auslegungen stellen die Auffassung unserer Regierungen zu diesem Teil des Viermächte-Abkommens wie folgt dar:

a) Der Satz des Absatzes 2 der Anlage II zum Viermächte-Abkommen, der lautet: ». . . werden in den Westsektoren von Berlin keine Verfassungs- oder Amtsakte vornehmen, die zu den Bestimmungen des Absatzes 1 im Widerspruch stehen«, ist im Sinne von Handlungen zur Ausübung unmittelbarer staatlicher Macht über die Westsektoren von Berlin auszulegen.

b) Sitzungen der Bundesversammlung werden nicht durchgeführt, und Plenarsitzungen des Bundesrates und des Bundestages werden auch weiterhin nicht in den Westsektoren von Berlin durchgeführt. Einzelne Ausschüsse des Bundesrates und des Bundestages können im Zusammenhang mit der Unterhaltung und Entwicklung der Verbindungen zwischen diesen Sektoren und der Bundesrepublik Deutschland in den Westsektoren von Berlin zusammentreten. Im Falle der Fraktionen werden Sitzungen nicht gleichzeitig abgehalten werden.

c) Das Verbindungsorgan der Bundesregierung in den Westsektoren von Berlin umfaßt Abteilungen, denen in ihren jeweiligen Bereichen Verbindungsfunktionen obliegen.

d) Festgelegte Verfahren, die die Anwendbarkeit der Gesetzgebung der Bundesrepublik Deutschland auf die Westsektoren von Berlin betreffen, bleiben unverändert.

e) Der Ausdruck »staatliche« Organe im Abschnitt 2 der

Anlage II bedeutet: der Bundespräsident, der Bundeskanzler, das Bundeskabinett, die Bundesminister und die Bundesministerien und ihre Zweigstellen, der Bundesrat und der Bundestag und alle Bundesgerichte.

Für die Regierung der Französischen Republik
J.-V. Sauvagnargues

Für die Regierung des Vereinigten Königreiches von Großbritannien und Nordirland
R. Jackling

Für die Regierung der Vereinigten Staaten von Amerika
K. Rush

3. September 1971

Viermächte-Schlußprotokoll

3. Juni 1972

Die Regierungen der Union der Sozialistischen Sowjetrepubliken, des Vereinigten Königreiches von Großbritannien und Nordirland, der Vereinigten Staaten von Amerika und der Französischen Republik, eingedenk des Teils III des Viermächte-Abkommens vom 3. September 1971 und mit Befriedigung davon Kenntnis nehmend, daß die nachstehend genannten Vereinbarungen und Regelungen getroffen wurden, sind wie folgt übereingekommen:

1. Die vier Regierungen setzen mittels dieses Protokolls das Vierseitige Abkommen in Kraft, das ebenso wie dieses Protokoll die vierseitigen Vereinbarungen oder Beschlüsse, die früher abgeschlossen oder gefaßt wurden, nicht berührt.

2. Die vier Regierungen gehen davon aus, daß die Vereinbarungen und Regelungen, die zwischen den zuständigen deutschen Behörden getroffen wurden: »Abkommen zwischen der Regierung der Deutschen Demokratischen Republik und der Regierung der Bundesrepublik Deutschland über den Transitverkehr von zivilen Personen und Gütern zwischen der Bun-

desrepublik Deutschland und Berlin (West)« vom 17. Dezember 1971;

»Vereinbarung zwischen der Regierung der Deutschen Demokratischen Republik und dem Senat über Erleichterungen und Verbesserungen des Reise- und Besucherverkehrs« vom 20. Dezember 1971;

»Vereinbarung zwischen der Regierung der Deutschen Demokratischen Republik und dem Senat über die Regelung der Frage von Enklaven durch Gebietsaustausch« vom 20. Dezember 1971;

Punkte 6 und 7 des »Protokolls über Verhandlungen zwischen einer Delegation des Ministeriums für Post- und Fernmeldewesen der Deutschen Demokratischen Republik und einer Delegation des Bundesministeriums für das Post- und Fernmeldewesen der Bundesrepublik Deutschland« vom 30. September 1971; gleichzeitig mit dem Vierseitigen Abkommen in Kraft treten.

3. Das Viermächte-Abkommen und die nachfolgenden Vereinbarungen und Regelungen zwischen den zuständigen deutschen Behörden, die in diesem Protokoll erwähnt werden, regeln wichtige Fragen, die im Verlaufe der Verhandlungen erörtert wurden, und bleiben zusammen in Kraft.

4. Bei Schwierigkeiten in der Anwendung des Viermächte-Abkommens oder einer der oben erwähnten Vereinbarungen oder Regelungen, die eine der vier Regierungen als ernst ansieht, oder bei Nichtdurchführung eines Teils des Vierseitigen Abkommens oder der Vereinbarungen und Regelungen hat diese Regierung das Recht, die drei anderen Regierungen auf die Bestimmungen des Viermächte-Abkommens und dieses Protokolls aufmerksam zu machen und die erforderlichen vierseitigen Konsultationen zu führen, um die Einhaltung der eingegangenen Verpflichtungen sicherzustellen und die Situation mit dem Viermächte-Abkommen und diesem Protokoll in Einklang zu bringen.

5. Dieses Protokoll tritt am Tage seiner Unterzeichnung in Kraft.

Geschehen in dem früher vom Alliierten Kontrollrat benutzten Gebäude, im amerikanischen Sektor Berlins am 3. Juni 1972, in vier Urschriften, jede in russischer, englischer und französischer Sprache, wobei jeder Wortlaut gleichermaßen verbindlich ist.

Für die Regierung der Union der Sozialistischen Sowjetrepubliken
A. Gromyko

Für die Regierung des Vereinigten Königreiches von Großbritannien und Nordirland
Douglas-Home

Für die Regierung der Vereinigten Staaten von Amerika
William Rogers

Für die Regierung der Französischen Republik
Maurice Schumann

Inhalt

Vorbemerkung 5

Das Haus unter den Linden –
ein Stück deutsch-sowjetischer Geschichte 8

Der Große Vaterländische Krieg 1941–1945 62

Gründung der DDR –
Wendepunkt in der Geschichte Europas 75

Zweimal Botschafter in der DDR 97

Auf dem Weg in die achtziger Jahre 130

Der Kampf um das Viermächte-Abkommen 160

Statt eines Nachworts 199

Anhang
Das Viermächte-Abkommen über Berlin (West) 201

CIP-Kurztitelaufnahme der Deutschen Bibliothek

Abrasimov, Petr Andreevič:
300 [Dreihundert] Meter vom Brandenburger Tor:
Erinnerungen e. Botschafters / Pjotr A.
Abrassimow. Aus d. Russ. von Juri Sharow. Dt.
Bearb.: Harro Schweizer. – Berlin : Quadriga-
Verlag Severin, 1985.
  Einheitssacht.: Trista metrov ot
  Brandenburgskich vorot 〈dt.〉
  ISBN 3-88679-134-3

Titel der Originalausgabe
»300 metrow ot Brandenburgskich worot«
© 1983 by Politisdat, Moskau
Aus dem Russischen von Juri Sharow
Deutsche Bearbeitung: Harro Schweizer

© der deutschen, gekürzten Ausgabe
1895 by Quadriga Verlag J. Severin
Verlagsbuchhandlung KG
Alle Rechte, auch das der fotomechanischen
Wiedergabe, vorbehalten
Alle Abbildungen sind dem Archiv des Autors entnommen
Umschlaggestaltung: Dirk Bayer-Eynck
Satz: Utesch Satztechnik GmbH, Hamburg
Druck: Beltz, Hemsbach
ISBN 3-88679-134-3
Printed in Germany